人生の意味の心理学

実存的な問いを生むこころ

浦田 悠 著

京都大学学術出版会

プリミエ・コレクションの創刊にあたって

　「プリミエ」とは，初演を意味するフランス語の「première」に由来した「初めて主役を演じる」を意味する英語です。本コレクションのタイトルには，初々しい若い知性のデビュー作という意味が込められています。
　いわゆる大学院重点化によって博士学位取得者を増強する計画が始まってから十数年になります。学界，産業界，政界，官界さらには国際機関等に博士学位取得者が歓迎される時代がやがて到来するという当初の見通しは，国内外の諸状況もあって未だ実現せず，そのため，長期の研鑽を積みながら厳しい日々を送っている若手研究者も少なくありません。
　しかしながら，多くの優秀な人材を学界に迎えたことで学術研究は新しい活況を呈し，領域によっては，既存の研究には見られなかった潑剌とした視点や方法が，若い人々によってもたらされています。そうした優れた業績を広く公開することは，学界のみならず，歴史の転換点にある21世紀の社会全体にとっても，未来を拓く大きな資産になることは間違いありません。
　このたび，京都大学では，常にフロンティアに挑戦することで我が国の教育・研究において誉れある幾多の成果をもたらしてきた百有余年の歴史の上に，若手研究者の優れた業績を世に出すための支援制度を設けることに致しました。本コレクションの各巻は，いずれもこの制度のもとに刊行されるモノグラフです。ここでデビューした研究者は，我が国のみならず，国際的な学界において，将来につながる学術研究のリーダーとして活躍が期待される人たちです。関係者，読者の方々ともども，このコレクションが健やかに成長していくことを見守っていきたいと祈念します。

　　　　　　　　　　　　　　第25代　京都大学総長　松本　紘

目　次

序章　人生の意味への問い …………………………………………… 1
　1　意味を問う人間　1
　　（1）　永遠の問いとして　1
　　（2）　現代的な問いとして　5
　　（3）　学問上の問いとして　12
　2　本書の構成　14

第Ⅰ部　人生の意味の哲学と心理学

1章　人生の意味の哲学 ……………………………………………… 21
　1-1　哲学から見た人生の意味　21
　　（1）　人生の意味を扱うことの問題点　22
　　（2）　哲学と心理学における人生の意味の概念　27
　1-2　人生の意味論の諸相　30
　　（1）　意味は与えられるとする立場　32
　　（2）　意味は創造されるとする立場（主観的意味）　36
　　（3）　無意味（ニヒリズム）　37
　　（4）　前意味・超意味・脱意味　38
　　（5）　物語としての人生の意味　40
　　（6）　人生の意味をめぐる用語の混乱　42
　Topic1　様々な人が語る人生の意味　45

2章　人生の意味の心理学 …………………………………………… 51
　2-1　人生の意味の心理学の歴史　53

(1) 心理学の源流における人生の意味（〜1970年代）　53
　　(2) 現代心理学へ（1980年代〜）　59
　2-2　フランクルの理論　61
　　(1) 意味への意志　62
　　(2) 実存的空虚　62
　　(3) 人生の意味についての問いのコペルニクス的転回　65
　　(4) 超意味　66
　　(5) 自己超越　67
　　(6) 3つの価値　67
　　(7) フランクル心理学の現在　68
　2-3　人生の意味の理論モデルおよび知見　70
　　(1) 意味の構成要素　71
　　(2) 意味の源と幅　77
　　(3) 意味の深さ（レベル）　84
　　(4) ナラティヴとしての人生の意味　87
　　(5) システムとしての人生の意味　92
　　(6) 意味の階層モデル　97
　2-4　人生の意味を測定する——代表的な心理尺度の概要　99
　　(1) 人生の意味に関する心理尺度　102
　　(2) 代表的な心理尺度の概要と問題点　102
　2-5　これまでの心理学的研究における課題　111
　　(1) 概念をめぐる問題点　111
　　(2) 方法論上の問題　112

第Ⅱ部　人生の意味を心理学する

3章　人生の意味の喪失 ………………………………………… 117
　　——実存的空虚を測定する

3-1　実存的空虚尺度（EVS）の開発（調査1）　118
　　　　──PIL の問題点を踏まえて
　　（1）　実存的空虚に関する項目の作成　118
　　（2）　尺度項目の選定と PIL との関連の検討　119
　3-2　実存的空虚に関連する要因は何か（調査2）　122
　　（1）　実存的空虚と関連要因についての質問紙調査　123
　　（2）　人生の意味への態度と実存的空虚　126
Topic 2　無常観について　132

4章　人生の意味への問い──問いの諸相　137
　4-1　人生の意味への問いの諸相（調査3）　140
　　（1）　意味への問いの質問紙調査の実施　140
　　（2）　人生の意味への問いの分析　141
　4-2　「語り」から見る自我体験と人生の意味への問いとの関連
　　　　（調査4）　149
　　（1）　意味への問いについてのインタビュー調査　149
　　（2）　自我体験者の語りにおける人生の意味への問い　150
　　（3）　自我体験者にとっての意味への問いとは　152
　4-3　人生の意味への問いの文脈（調査5）　154
　　（1）　人生の意味への問いについてのインタビュー調査　154
　　（2）　質的コード化によるインタビューデータの分析　155
　　（3）　3パターンの人生の意味への問い　156
　　（4）　語りから見えてきたもの　163
Topic 3　人はなぜ「なぜ」を問うのか？　167

5章　人生の意味の追求と実現　173
　　　　──意味の内容と構造を掘り下げる
　5-1　人生の意味の内容──源と幅，深さの検討（調査6）　174
　　（1）　意味の源についての質問紙調査の実施　175

(2)　意味の源・深さ，実存的空虚の関連　176
　5-2　意味の源を評価する尺度の開発（調査7）　185
　　　　——Important Meaning Index（IMI）の構成
　　(1)　意味の源を評価する新たな尺度の開発　186
　　(2)　Important Meaning Index（IMI）の作成にあたっての準備　187
Topic 4　究極的な人生の意味を捉える試み——意味の木を描く　197

第Ⅲ部　人生の意味のモデル構成とその応用

6章　人生の意味のモデルの構成 ……………………………………… 205
　　　——哲学と心理学の知見の融合
　6-1　人生の意味の場所（トポス）モデルの構成　208
　　(1)　モデル構成の方法論　208
　　(2)　本研究におけるモデルの捉え方　210
　6-2　モデル構成　213
　　(1)　基本枠組み　213
　　(2)　基本要素　216
　　(3)　基本構図　216
　6-3　諸概念・諸知見の整理および仮説の生成　220
　　(1)　人生の意味の場所（トポス）モデルによる先行知見の整理　220
　　(2)　フランクル理論のモデルへの位置づけ　222
　　(3)　場所（トポス）モデルによる仮説の生成　225
　6-4　人生の意味の場所（トポス）モデルから人生の意味を捉えなおす　228
　　(1)　人生の意味の包括的定義　228
　　(2)　場所（トポス）モデルを採用することの意義　230
　　(3)　モデル構成という方法論の可能性　231
　　(4)　残された問題　233

7章　意味システム・アプローチの検討 ……………………………… 237
　　　　──人生の意味の構造の分析
　7-1　カクテルとしての人生の意味　237
　7-2　意味システム・アプローチの応用による語りの分析　239
　　（1）　人生の意味が述べられた事例　239
　　（2）　生活の意味が述べられた事例　243
　　（3）　その他の事例　246
　7-3　人生の意味を包括的・多次元的に捉えるモデルとして　251
Topic 5　宗教と人生の意味　254

終章　人生の意味のさらなる探究のために ……………………………… 257
　1　心理学で人生の意味を取り上げる意味とは何か？　257
　2　本書で得られた知見とその意義　259
　　（1）　人生の意味の概念の明確化　259
　　（2）　新たな方法論の発展　259
　　（3）　臨床的・実践的なモデルの提示　261
　3　人生の意味の心理学の未来　263
　　（1）　隣接領域との概念統合　263
　　（2）　尺度研究の限界　264
　　（3）　多様な領域での基礎づけと応用　265
　4　フランクルの遺産を継承して　271
　5　おわりに──本書における人生の意味への答え　273

付録（本書で用いた調査紙の質問項目）　279
付記　313
あとがき　315
引用文献　319
索引（事項・人名）　351

序章
人生の意味への問い

　こうして私は生活していた，が，五年前からなにかひどく奇妙なことが私の身に起こるようになった。すなわち，自分はいかに生きるべきか，何をなすべきかがまるで私に分からないような不可解な瞬間，生活の停滞の瞬間がまず私の上に訪れるようになったのである。そして私は途方にくれ，憂鬱に陥った。が，それがすぎ去ると，私は従前どおりの生活をつづけた。やがてこの不可解の瞬間は同じ形で次第に頻繁にくり返されるようになった。この生活の停滞はつねに，「なんのために？」「で，その先は？」という同じような疑問で表現されていた。
　　　　　　　トルストイ（Tolstoy, 1878-82 中村・中村訳 1973, pp.354-355）

1　意味を問う人間

(1) 永遠の問いとして
15万年の不安
　トルストイのような煩悶にとらわれるのは，何も文豪だけに与えられた特権ではないであろう。私達も，自分の人生観を揺るがすような困難にぶつかったときに，あるいは日常生活のふとした狭間で，「何のために生きているのか？」「いかに生きるべきか？」「生きることの目的は何か？」「私が存在する価値はあるのか？」「私はなぜ今ここにいるの

か？」「私はどこから来てどこへ行くのか？」という問いを抱くことがある。このような問いかけは，人間存在の最も根源的な問いであり，今もそうあり続けている。それらは，自分が生きて，老いて，病んで，死んでいくことの意味への問い，すなわち「人生の意味への問い」であり，古来，哲学者や文学者や宗教者のみならず，市井の人々によっても真剣に問われ続けてきた，文字通り「永遠の問い」である。トルストイは次のように回想している。「はじめのうち私には，これはまったく目的(めあて)もない，ふさわしからぬ疑問のように思われた。こんなことはみんなわかりきったことだ，もしその気になってその解決に当たるつもりになれば，こんなことはわけもない話だ，ただ，今の自分にはそんなことにかかずらっている暇はないが，その気になりさえすれば，解答は見つけられるさ」。しかし，それは，やがて「たえず一カ所に落ちる水滴のように」トルストイの心にこびりついてしまった。そして，これこそが「人生で最も重要・深刻な問題」であって，「自分にはとうていその解決などできるものではない」と悟ったトルストイは，文豪としての世界的名声や幸せな家庭生活，莫大な財産など，おおよそ現世で手に入れられるものをすべて手に入れた中年期に，この問いを絶望的に問い，自殺を真剣に考える日々を過ごしたのである。彼は，何かをするためには，それを何のためにするのかを知らなければならず，それがわからないうちには何もできず，生きてもゆけないと考えるようになった。その悩みや絶望は，首を括らないように紐を自分の目の届かないところに隠したり，銃を持って狩に行くこともやめてしまうほどに深刻であった。

　トルストイが抱えたような問いは，実存的な問いといわれ，「神が死んだ」（ニーチェ）近代以降の特有の考え方であり永遠の問いではないとされることもあるが，おそらくそうではない。理論心理学者・哲学者であるニコラス・ハンフリー（Humphrey, 2011 柴田訳 2012, pp.216-217）も主張するように，我々の祖先は，自分がいつか死んでしまうことに考え至る脳を持ってしまって以来のこの15万年間，おそらくこれらの実存的な問いに対する不安を抱き続けてきたのだ。人間は，理性的な自己制御が発

達する過程において，未来を見通し，自分の行為へ正当な理由や価値を与えることができるようになったが，その代償として人生の意味を考え始めてしまったのである。

危険な敷衍

　もう少し具体的に述べよう。私たちが何かの行為をするとき，常に意識的になされるわけでなくとも，そこにはたいてい何らかの目的や価値，すなわち，それをすることが正当化されるような理由が想定されている。ドアノブを回すのは外に出るため，ニュースを見るのは情報を集めるため，電車に乗るのは会社に行くため，といった短期的な目的もあれば，有名大学に入るのは大企業に入るため，会社に行くのは家族を養うため，お金を貯めるのは老後の生活を安泰にするため，などといった比較的長期的な目的もある。そして，いずれの目的も，自分の行動が正しく，無駄ではなく，意味のあるものだという確信を与えてくれる。この確信によって，「未来に向かって鉤を投げ，それを手掛かりにして自らを引き上げることができる」(Humphrey, 2011 柴田訳 2012, p.214)。

　しかし，そのような目的について考えるとき，人は，その目的志向を人生そのものにも当てはめられることに気づく。すなわち，目的についての問いは，単に生誕という出発点と死という終着点によって閉ざされた「人生の線分」(青木, 2005)の問題としてのみならず，その線分の外側まで押し広げて考えるという危険な敷衍が原理的に可能であるということに気づいてしまうのである(もっとも，人生を「線分」として見る見方自体についてもその本質を考えてみる必要があるだろう)。すなわち，そのような自分の価値や正当性を確認できるような多くの目的を完全に果たしたとしても(そしてその目的の後に，もっと長期的な次の目的を設定しようとも)，その先に必ず待っている自己の死を考えると，「自分が今まで頑張ってしてきたことや，将来のために今目的を持って取り組んでいることが何になるのだろう」という問いが必然的に芽生えてしまうわけである。「現在，目的を持って取り組んでいることの中に，自分が死ぬことによって

無にならないものがあるだろうか？」という問いは，自分の人生の意味に対する疑いを生むのに十分である。さらには，後に述べるように，たとえ自分の人生の線分を超えて後世に残る目的を掲げたとしても，自分の死後にも関心を抱くことができるようになった人間は，問いをさらに人類の滅亡，そして宇宙の終焉まで続けることができる。

このように「未来に向かって鉤(かぎ)を投げ，人生の目的の重みをそこにかけたとき，足下が崩れる」(Humphrey, 2011 柴田訳 2012, p.215)。いつか必ず死んでしまうという事実，そしていつか世界が終焉を迎えるという（かなり確からしい）予想は，「人生には意味がある」とする素朴で不確かな推論をすべて無に帰してしまうかもしれないという怖れをもたらすからだ。これは人間をおいて他の動物ではありえない怖れだが，人間にとっては根本的な実存を脅かす恐怖となる。

混成物としての問いと答え

さて，このような実存的不安が，様々な人生の意味への問いのリストを生んできた。「私はなぜ死なずに生きているのだろうか？」「神から与えられた使命とは何か？」「私の存在は，他人や社会にどのような影響を及ぼすのだろうか？」などである。そして同時に，（おそらく問いよりも多くの）人生の意味への答えのリストも生み出されてきた。その答えは，主観的なものから客観的なものまで，地上的なものから宇宙的なものまで，具体的なものから究極的なものまで，利己的なものから利他的なものまで，あるいは（マッキンタイア (MacIntyre, 1984 篠崎訳 1993) の有名な言葉である「ニーチェかアリストテレスか」に倣えば）瞬間的な歓喜に基づくニーチェ的な人生観から，共同体の統合的な物語としてのアリストテレス的な人生観まで，一定のパターンを示しつつ連綿と続いてきた。ある者は「人生の意味は神に与えられた使命を果たすことである」と断じ，別の者は「人生の意味は快楽だ」と言う。またある者は「我々の存在は夢のように儚く，そこに意味も目的もない」と嘆き，別の者は「人生の意味など考えたこともないし，考えるだけ無駄だ」と切り捨てる。それらの

人生の意味への答えもまた，有史以来繰り返されてきた根本的で普遍的なものである。かつて宗教や叙情詩によって取り上げられてきたこのテーマが，インターネット上の「知恵袋」やマンガ・アニメの吹き出しの中で問われ，答えられるようになった今も，それらの問いと答えのバリエーションはほとんど変わっていないように見える。

このように，人生の意味への問いや答えは，（後に繰り返し見ていくことになるが）極めて多次元的な「混成物（amalgam）」（Hepburn, 2000, p.262）であり，「人生は無意味」であると主張する場合にさえ，その「無意味」という言葉で意味されるものは多様である。言ってみれば，この問いは，「永遠の問い」といえども，答えがない問いだから永く問われてきたのではなく，いかようにでも答えられる問いだからこそ，「永遠の問い」であり続けてきたといえるのかもしれない。

(2) 現代的な問いとして
宇宙論的ニヒリズム

人生の意味への問いは，人類が古来飽くことなく問い続けてきた問いであるが，この問いは極めて「現代的な問い」，すなわち「時代精神の病理」（Frankl, 1955 霜山訳 2002）でもある。

山田邦男（2002）は，人生の意味が見失われやすい現代の精神状況について，すべては無意味であるというニヒリズム（実存的空虚），合理的・実証的に捉えられるもののみに還元するテクノロジー（科学技術），そして，物質中心的な欲望を際限なく解放するマテリアリズム（欲望）の三位一体的渦動運動として捉えており，その根底には自己中心主義が潜在していると見ている。

ウッディ・アレンの映画「アニー・ホール」の冒頭には，主人公である9歳のアルヴィ少年の印象的な問いが出てくる。以下は，ふさぎ込んでしまったアルヴィを心配した母親が，彼を医者に連れてきたところの会話である[*1]。

アルヴィ：宇宙はふくらんでいるんだ。
医者：宇宙がふくらんでいるだって？
アルヴィ：うん，宇宙は全部だから，それがふくらんでいくと，いつかばらばらになって全部が終わってしまうんだよ！
母親：それがあなたに何の関係があるの？
　　（彼女は医者のほうを向いて）
母親：アルヴィが宿題をやらなくなったんです！
アルヴィ：宿題に何の意味があるんだ。
母親：宇宙と宿題に何の関係があるの？　あなたはブルックリンにいるのよ！　ブルックリンはふくらんでないのよ！
医者：まだ何十億年もふくらまないよ，アルヴィ。だから僕たちは生きてる間は楽しまなくっちゃ。

(Allen, 1977 翻訳は筆者による)

　このアルヴィ少年の憂鬱と宿題をしない理由は滑稽に思えるが，アルヴィからすれば，それに対する母親の狼狽や医者の真っ当な答えこそ，滑稽で的外れなのだろう。アルヴィの憂鬱は，たとえ今宿題を頑張ってしようが，生きている間を楽しもうが，それらは最終的にはすべて無に帰ってしまうという，科学的説明に基づく宇宙論的な虚無からくるものだ。ここには，科学的・唯物論的な出口のない宇宙観と，そこに神の姿が見当たらないという虚無主義，すなわちテクノロジーとニヒリズムの連動がある。そして，そのような世界観において，我々ができるのは，医者の言う「生きてる間は楽しまなくっちゃ」という欲望中心主義（マテリアリズム）である。

　このように，「われわれの生の時間には限りがあること。人類の全歴史もまた，限りがあること。そのあとにつづく死の時間は無限であること。そのかなたには，たぶん，なにもないこと」（真木, 2003, p.322）というような近代的自我の認識は，神の存在を論理以前の直観として前提とできないようになってしまった現代では，理性それ自体の力では反証で

＊1　*http://www.imdb.com/title/tt0075686/quotes?qt=0373302*（2012年11月接続確認）

きないものになってしまった（真木，2003）。そのような現代科学の知見からは，人間は「いても不思議ではないが，いなくてもかまわない存在」であり，「（誰からもその存在意義を認知してもらえないという意味で）宇宙の孤児であって，しかも（死滅した後にその栄光を伝える存在がないという意味で）身元引受人すらいない存在」であり，かつ「（何の報いも償いもないままに必ず滅びるという意味で）何をするのも許されているが，何をやっても無駄な存在」であるというテーゼも導き出される（渋谷，2001）。

　そして，これらの大きな渦動運動は，当然，私達一人ひとりの生活や人生観に直接間接に染みこんでいる。オーストリアの精神科医であったフランクル（Frankl）は，それを「実存的空虚（das existentielle Vakuum, existential vacuum）」と呼んでいる。実存的空虚は，すなわち「むなしさ（空しさ・虚しさ）」である。「何をしてもしなくてもいい」「自分がいてもいなくてもいい」「神様や世間から与えられる意味はもはや存在しない」「それぞれが自分の快楽に従って生きて死ぬだけ」など，人生の意味がわからないというむなしさと，そこから逃避するための快楽主義は，多くの現代人にとってなじみの感情といえるだろう。そのような「むなしさ」に悩む人にとって，人生の意味への問いは，まさに「死に至る病」となるほど深刻になりうる。

地下水脈としてのむなしさ

　もっともこのような見方は少し大仰にすぎると感じるかもしれない。実際には，そんな宇宙論的な「むなしさ」をあまり感じずに生きている人のほうがはるかに多いであろう。それなりに順調に日常生活を送っている多くの人にとって，上記のように人生全体の意味をふと考えるときはあっても（もちろん，それは後述するように深刻になりうるが），意識的に意味を問う必要が生じることはあまりない。「この問いを突き詰めて考えるとトルストイ的苦悩に陥りそうだ」という漠然とした予感があっても（あるいはあるからこそ），とりあえず，そんな難しいことはあまり考えずに，日々の仕事や人間関係の中で「いい加減」に落ち着いているというのが

現実のところではないだろうか。そして，人生の大半をこのような「いい加減」な状態で過ごしていくことになるだろう。それはそれで「私は幸せだ」と主張することを妨げるものはないように思える。しかし，近年の心理学の知見によると，実はそのように日常生活を「いい加減」に続けていくのは，人生の無意味さや避けられない死に対する恐怖を隠蔽しておくためかもしれない。すなわち山田のいう渦動運動は，普段は意識的な問題とはならずに，地下水脈となって巧妙に隠されているという可能性がある。それを意地悪いほどに指摘するのが，社会心理学における「恐怖（存在脅威）管理理論（terror management theory）」である。

　この理論によれば，人間にとって，絶対的な無としての死への恐怖は普遍的であり，死ぬべき運命が顕在化されると，その脅威から身を守るために，ある種の防衛反応が起こるという（Greenberg, Koole, & Pyszczynski, 2004）。すなわち，いつか死んでしまうという自分の運命を思い起こさせられるようなことがあれば，自分が「意味ある世界の価値ある参加者である」という認識を強めようとする反応が生じるのである。そしてそれは，単に自分が価値ある存在であるという感覚（自尊感情）を高めようとするだけでなく，文化的世界観の要となる道徳規範や宗教観，また政治的見解にも影響を及ぼすことがわかっている（たとえば McGregor et al., 1998; Ochsmann & Reichelt, 1994; Rosenblatt et al., 1989）[*2]。もっと突飛なところでは，死ぬべき運命を見せつけられると，マテリアリズムが刺激され（Arndt, Solomon, Kasser, & Sheldon, 2004），自分の確固たるステイタスを信じさせてくれるような，（レクサスやロレックスなどの）高級車や高級な時計などの贅沢品への購入意欲が高まるという知見もある（Mandel & Heinem, 1999）。この理論が正しいのなら，まさに今このような死に関する文章を読んでいるあなたに，恐怖を管理するための反応が自動的に起

[*2] アメリカでは，9.11後に愛国心やナショナリズム，アメリカの価値観への過剰な信頼などが見られ，恐怖管理理論に注目が集まった（Pyszczynski, Solomon, & Greenberg, 2002）。おそらく3.11後の日本で起こった様々な現象（「がんばれ，日本」や「絆」のナラティヴ，「震災婚」の増加，幸福論の流行，なでしこジャパンへの熱狂など）は，恐怖管理理論で説明されうるだろう。

こっているかもしれない[*3]。

無意味さが管理できないとき

この恐怖管理理論からすれば、私たちは、自分の人生の無意味さへの脅威に対処するための様々な心理的処理が（コンピューターのメタファーを借りれば）「バックグラウンドで実行」されている状態にあるといえるだろう。その処理が円滑に行われている間は、さしあたりの問題はないかもしれない。また、中程度に抑うつ傾向がある場合には、死ぬべき運命を顕在化させられることによって、逆に人生の意味があるという自信を持ちやすくなるという知見もある（Simon et al., 1998）。だが、それらの心理的処理がうまくいかない瞬間が、しばしば（というよりも必然的に）訪れるというのが人生である。恐怖管理がうまく働かなくなる状況は、主に次の2つに分けることができるだろう。

まず1つは、人生を揺るがすような突然の悲劇が訪れるときである。たとえば、最愛の子どもを亡くした親の場合である。以下は、京都学派を築いた西田幾多郎が、我が子の死について述べた一節である。

> 特に深く我心を動かしたのは、今まで愛らしく話したり、歌ったり、遊んだりしていた者が忽ち消えて壺中の白骨となるのは、如何なる訳であろうか。もし人生はこれまでのものであるというならば、人生ほどつまらぬものはない、此処には深き意味がなくてはならぬ、人間の霊的生命はかくも無意義のものではない。死の問題を解決するというのが人生の一大事である、死の事実の前には生は泡沫の如くである、死の問題を解決し得て、始めて真に生の意義を悟ることができる。

（西田, 1996, p.77）

[*3] より正確にいえば、このような死を想起させる文章を読んだ直後は、直接的な防衛の結果として、むしろ死に関する考えは抑制される（近位防衛 proximal defense と呼ばれる）。しかし、しばらく遅延時間を設けると世界観の支持や自尊感情の欲求といった象徴的な形での防衛（遠位防衛 distal defense）が活性化されることになる（松田, 2003）。

あるいは，結婚式の10日後に突然がんを宣告された女性の場合はどうであろうか。

> で，そういう細胞がわたしの右胸にあって，今ではそれがいくつも集まっている。このことはわたし個人にとって，どういう象徴的な意味をもっているのだろう？ ……人生であまりにも多くのものを与えられたため，その罰を受けているのだろうか？ 人は幸せの量が一定ラインを越えると，災難に見舞われるというわけ？ それとも過去生のカルマのせい？ この経験の中に，学ぶべき教訓や，わたしの魂の成長をうながすための力が含まれているのだろうか？
>
> (Wilber, 1991 伊東訳 1999, pp.82-83)

このように，これまで生きてきた日常が突然暗転したとき，その日常を支えていた世界観は大きく崩れ，「バックグラウンドで実行」されていた処理がフリーズし，隠されていた生と死の意味がむき出しの形で問われることになる。これらのクリティカルな瞬間に求められているのは，子どもの死因や，がんが生じる医学的メカニズムについての説明ではない（ここから「意味」や「意義」という言葉が狭義の言語学的な意味合いのみで使われるのではないということがわかる）。彼らが求めているのは，まさに我が子の「夏草の上に置ける朝露よりも哀れ果敢なき一生」（西田, 1996, p.77）が持つべき「深き意味」であり，「そういう細胞がわたしの右胸にある」ということの「象徴的な意味」なのだ。

もちろん，このようなライフイベント自体は，現代に特有のものではなく，昔からすべての人が直面してきたものであるが，これらの人生の不確実さや死ぬべき運命の顕れにいかに対処できるのかについては，ここまで述べてきたような現代特有の困難があるといえよう。かつては，生死の境界を意識化させるような危機的な出来事に瀕したとき，究極の意味を提供してくれる宗教に頼ることができたが，現代は，科学的な説明，心理学的な説明にしか頼ることができず，私たちの意味への渇望が行き場を失ってしまいやすいというわけである。

そして，恐怖管理が失敗に至るもう 1 つの例は，上述の劇的な例とは対照的であるが，「ふと」考え始めてしまう場合である。これは，冒頭に挙げたトルストイの苦悩が当てはまるだろう。彼の経験は，いわば時代を先取りしたものであるといえるかもしれない。先にも書いた通り，トルストイが人生の意味の問題に囚われてしまったのは，（端から見れば）何一つ不自由がないどころか，誰しもがうらやむような地位，名声，富，健康を享受していた頃のことであり，そのとき，一般に人生を意味あるものにすると考えられていることはすべて達成されていたわけである。

　アメリカの哲学者であるシンガーも，このトルストイの経験は「個人的野心を満足させ社会の要請に十分に答えながらも虚無感を抱いている現代アメリカの裕福なベビーブーム世代の状況に似ている」（Singer, 1992 工藤訳 1995, p. 7）と指摘しているが，この状況は，生活環境の面では過去に類例のない「豊かさ」を手に入れてしまった現在の日本人の多くにも実はかなり通じるものがあるのかもしれない。インスタントに入手できる情報がいくらでもある現代において，意味は欠如するよりもむしろ過剰に氾濫している。にも関わらず（というよりもそれゆえに），意味への問いが先鋭化してしまうというのは皮肉なことである。

　心理学用語で，「ゲシュタルト崩壊（Gestaltzerfall）」「意味飽和（semantic satiation）」「意味の消滅（lapse of meaning）」という用語で古くから指摘されてきた現象がある（たとえば，Basselt & Warne, 1919; Esposito & Pelton, 1971; 二瀬・行場，1996）。これは，普段見慣れた語を長時間凝視したり，繰り返し唱えたりすると，文字の形態がばらばらになったかのように知覚されたり，その語の意味がなくなっていくように感じられる現象である。これらの研究の多くは，単一の語や文字に対する研究であるが，実は，これは比喩的には人生そのものへの捉え方にも当てはまるのではないだろうか。すなわち，過剰な意味の氾濫の只中にいるうちに，人生というゲシュタルト（全体）の意味が飽和し，崩壊してしまうというように，それぞれの断片的な意味をつなぎ止めてまとめている蝶番が外れて

しまった状態が，現代における意味喪失の様相なのかもしれない。

　ここまで，永遠の問いとしての人生の意味への問いの性質と現代における問われ方の特徴について見てきたが，それでは，このような人生の意味への問いにどうしようもなく絡め取られてしまったとき，私たちはどのようにその問いと向き合えばよいのだろうか？　それについて，学問から何らかの答えや慰めを得ることはできるのだろうか？

(3) 学問上の問いとして

　ここで，人生の意味の概念について，哲学や心理学ではどのような答えが示されてきたかを簡単に見ておこう。実は人生の意味の概念は，とりわけ20世紀以降には，学問的に常に微妙な位置に置かれ続けてきた。というのは，この問いは，哲学においては，素人的な問いとして（松田，2004），あるいは幸福や倫理の問題として（Metz, 2002）軽視される一方，心理学においては，後述するフランクルの実存心理学の流れを除き，心の問題を超えた哲学的な問いとして敬遠されがちであったため（Debats, 2000），どの学問領域でも独自に検討すべきテーマとして取り上げられることがほとんどなかったのである。哲学者は，「人生の意味への問い自体が無意味だ」と断じてそれ以上吟味せず，心理学者は，人生の意味への問いそのものよりも，抑うつや異常行動など，もっと具体的な症状やふるまいに着目することに専心してきた。

　また，心理学では，人生の意味が取り上げられる数少ない機会があっても，いわば常に途中から研究が進められてきた。すなわち，そもそもの基礎となる哲学的な議論には（半ば意図的に）関心が払われず，フランクルの弟子が作成したPILテスト（2章で詳述する）のような心理尺度が，人生の意味の概念を測定しているという前提のもと，専ら数量的な研究がなされてきたのだ。

　しかし，近年，その状況は哲学においても心理学においても少しずつ変化してきている。たとえば，分析哲学の分野では，最近この問題を真剣に扱おうとする論者も存在するようになってきているという（Metz,

2002; Seachris, 2013)。彼らは，1章で概観するように，人生の意味への問いが果たして有意味か，意味ある人生とはどのような人生か，人生に意味をもたらすのに必要な要素は何か，というような問題を巡って現在まで議論している。

　心理学でも状況は変化している。2章で見ることになるが，2000年前後から新しい分野として注目されているポジティブ心理学は，その主要なテーマの1つが人生の意味の問題であり，これまでポジティブ心理学という名前を冠せずに断片的に行われてきた諸研究も，幸福や徳，強みや知恵といった周辺概念とともにまとめられつつある。また，ポジティブ心理学の運動とは少しずれるが，客観性や普遍性を目指して人の「ふるまい」のみに着目し，それを数量化することに専念してきた従来の心理学を見直す動きも出てきている。たとえば，人が自らの人生を意味づける行為としての物語（ナラティヴ）に着目して，人が生きている質的な側面を見ようとするナラティヴ・アプローチなどは，心理学において，意味の概念を復権させる新たな流れであるといえる。

　このように，近年，哲学と心理学の双方で，人生の意味の問題が取り上げられることも比較的増えてきたといえるものの，そもそもの人生の意味の概念については，哲学および心理学では，現在も様々な議論あるいは前提があり，人生の意味は客観的に与えられるものか，それとも，主観的に創造されるものか，あるいは，関係性の中で意味が共同生成されるのか，といった様々な議論が現在でも続いている[*4]。

　たとえば，心理学者のフランクルは，人生の意味は客観的，あるいは「超主観的」(Frankl, 1969 大沢訳 1979, p.72) なものであり，断じて創造されるものではない，と主張し続けていた。また，人生の意味論を広汎に検討しているメッツ（Metz, 2002）も概観しているように，現在も少数派な

[*4] ただし，20世紀哲学の大まかな傾向としては，客観的・絶対的に（時には超自然主義的に）存在する意味よりも，主観的・相対的に（総じて自然主義的に）生成される意味が重視されつつあるという点では，哲学も心理学も，同じ方向性に向かってきたといえるかもしれない。

がら超越的・超自然的な意味の存在を前提とする重要な議論も根強く見られる（たとえばCottingham, 2003）。さらに，東洋の禅仏教では，いわば，意味・無意味といった分別から脱落した「脱意味」（山田, 1999）と言うべき境地も古来重視され，最近は奇しくもそのような禅仏教的な観点と，ポストモダン思想との接近が指摘されたりもする（森本, 1999）。そして，それと歩調を合わせるかのごとく，心理学や医学においても，個人を超えた超越性の自覚による人生の意味や目的の追求として，スピリチュアリティ[*5]の概念が洋の東西を問わず盛んに取り上げられるようになっており，心理学的にも，超越的な意味への欲求は重要な問題であるといわれることも多くなってきた。

いずれにしても，人生の意味への関心は諸学問において，概念の広がりを見せながらも高まってきているということができよう。しかし，まだその試みは始まったばかりであり，いくつかの根本的な問題も抱えている。ここからは，それらの問題を簡単にまとめつつ，本書の構成を概観する。

2　本書の構成

現在の人生の意味に関する心理学には，大きくは2つの問題があると筆者は考えている。すなわち，第1の問題は，これまでの心理学においては，哲学で人生の意味論として展開されてきた概念的な議論が十分に吟味されないままに，既存の心理尺度を使用した研究がなされてきたということであり，第2の問題は，既存の方法論上の問題ゆえに捉えられない人生の意味の諸側面（たとえば上に挙げたようなスピリチュアルな意味の側面や，意味の探求の側面など）については，これまでほとんど検討されてこなかったということである。そして，この2つの問題ゆえに，人生の

[*5] スピリチュアリティは非常に幅の広い概念であるが，ここでいうスピリチュアリティは，たとえば「人間に本来的に備わった生の意味や目的を求める無意識的欲求やその自覚」（安藤・湯浅, 2007, pp.29-30）のようなものである。

序章　人生の意味への問い

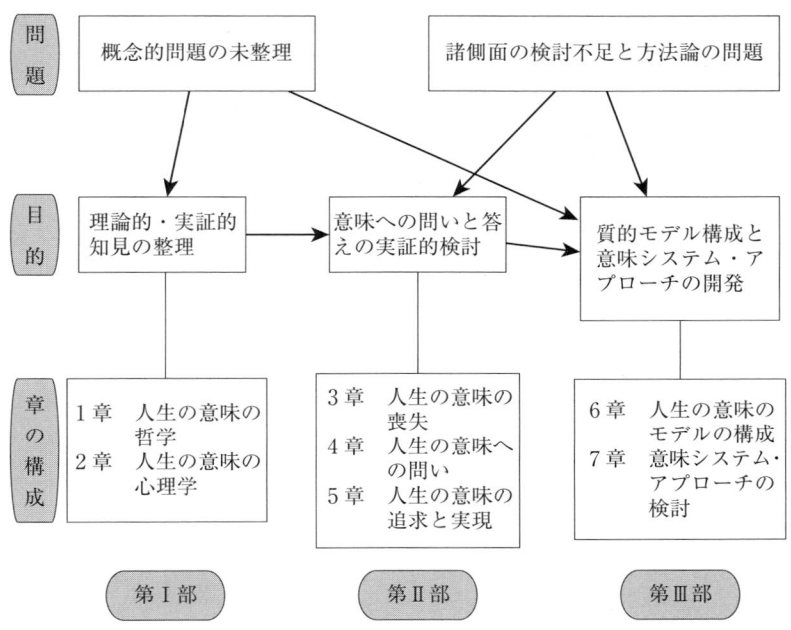

意味はいまだ断片的にしか取り上げられておらず，1つのまとまりを持った概念としての枠組みも知見の蓄積も十分とはいえない状況にある。

　本書では，このような現状を踏まえつつ，第1に，人生の意味についての理論的・実証的知見を整理し直すこと，第2に，人生の意味の心理学においていまだ検討が不十分であった点について量的な方法論を軸として補完・補強すること，そして第3に，人生の意味の心理学の知見と，哲学や人間学の議論も踏まえた人生の意味論を媒介するモデルを，質的方法論を用いて構成し，人生の意味の諸相をより広く整合的に捉えるための新たなアプローチを開発すること，の3点を目的とし，理論的・実証的検討を行う。以下，簡単に本書の流れを見ておこう。

　本書は，理論と実証とモデル構成の3部構成としている。

　第Ⅰ部では，まず心理学において人生の意味の概念を独立した概念と

して扱うための基盤を作るべく，人生の意味の概念的問題について，哲学と心理学の議論を踏まえた整理を試みる（1章）。そして，これまで個別に行われてきた人生の意味に関する心理学的研究を展望することによって，先行研究における問題や課題を洗い出し，それらを踏まえた実証的検討の必要性を指摘する（2章）。1章と2章における哲学と心理学の議論と研究は，それぞれの分野ではいずれも基本的な前提とされているところだが，相互の架橋がなされることがこれまでほとんどなかったため，詳しく整理しておく。

続く第Ⅱ部では，心理学的方法を用いた実証的研究を行う。すなわち，①実存的空虚を測定する新たな尺度の構成（3章），②意味への問いの検討（4章），そして，③意味の源，幅，深さの検討（5章）の3つの調査研究によって，人生の意味への問いと答えについての諸相を実証的に明らかにしていく。

そして，第Ⅲ部では，第Ⅰ部と第Ⅱ部を踏まえて，人生の意味の理論と実証を結ぶモデルの構成を行う（6章）。さらには，人生の意味の新たな分析法として，このモデルを用いたアプローチの可能性を模索する（7章）。筆者が最も力点を置いているのは，この第Ⅲ部である。

本書では，このような流れで人生の意味の概念について心理学の観点から考えていくが，予め断っておかなければならないことがある。すなわち，本書は，人生の意味について，何らかの「固定的・絶対的・究極的な解答」を示すということを目的にはしていない。それは，これまでも，そしてこれからも心理学の仕事ではなく，宗教（あるいはスピリチュアルな教えを説く人たち）の仕事であるだろう。だが，それは，本書が「固定的・絶対的・究極的な解答」を扱わないということではない。本書の主人公は，そのような実存的な問いを問わずにはいられない「人」という存在であり，「心」という概念である。そして，その人が暗黙に心のうちに抱いている人生観の問題としては，もちろん人生の意味に対する究極的な解答も含まれる。本書の主要な目的は，心理学の立場から，この人生観の諸相を探ることである。

そして，本書の副次的な目的（そして，実はこちらのほうが一般の読者が潜在的に求めていることしれないが）は，人生の意味に対して私たちが持つことができる多様な解答を提示することである。そこには，そもそも人生に意味を求めないという解答も含まれる。それほどに人生の意味が多様であり，かつ多次元的であるということを認識することは，心理学的に非常に重要である。それは，生き方に様々な意味を見出すことが可能であり，「人生の意味はこれである」「人生に意味はない」という固定的な意味に囚われた見方から脱することにつながるからである。

第Ⅰ部

人生の意味の哲学と心理学

1章
人生の意味の哲学

> 人は何の為に生き何の為に働き何の為に死するのであるか，これが最大最深なる人心の疑惑である。
>
> 西田幾多郎（西田, 2005, p. 71）

1-1　哲学から見た人生の意味

　人生の意味への問いは，まさに「最大最深なる人心の疑惑」であるが，ある種不思議な問いである。私たちが人生の意味を問うとき，それは，「「机」の意味とは何か」「「よい」の意味とは何か」「「意味」の意味とは何か」というような問いとは異なった問い方をしている。すなわち，それは「「人生」の意味（meaning of "life"）とは何か」を問うているのではなく，西田が「何の為」と問うように，「生まれて老いて病んで死んでいく」という「人生」そのものが持ちうる価値や目的を問うているのである。

　この章では，哲学的な観点から見た人生の意味についての議論をまとめる。人生の意味の概念を検討すれば，いかなる系譜を辿ろうとも，古来の学問の根本的な命題へ行きつくことになる。すなわち，最も根源的な真・善・美という価値の本質，主観と客観の対立，超越と内在への探求，持つこと（having）とあること（being），あるいはすること（doing）とあること（being）のせめぎ合い，利己主義と利他主義の相克，などである。それは，プラトン（Plato）からアリストテレス（Aristotle）へ至る

西洋倫理思想の源流から，ヒューム（Hume），カント（Kant），ミル（Mill）などの19世紀の倫理的哲学へ，さらには，シェーラー（Scheler），ウィトゲンシュタイン（Wittgenstein），ハイデガー（Heidegger），レヴィナス（Lévinas）などの20世紀哲学へ連綿と続いてきた問いである。

そして，これらの根本的な命題は，すべて「いかに生きるべきか」という道徳哲学の問いに密接に関わっている。それゆえ，道徳哲学で問題とされる諸概念の検討が，そのまま人生の意味の問題を考えることにもつながるといえる。

しかし，ここでこれらの系譜を綿密に辿ることは本書の範囲を超えているので他書に任せたい。本書では，人生の意味を直接的にテーマとした哲学的議論のみを取り上げ，それらを松田（2004）に倣って，さしあたり「人生の意味論」と呼ぶことにする。そして，この人生の意味論を概観するにあたり，主に道徳哲学および分析哲学の領域において，人生の意味や価値の問題がいかに論じられてきたのかを簡単にまとめることによって，現代の人生の意味論を概観する。

（1）人生の意味を扱うことの問題点
人生の意味論の貧困

人生の意味の問題は，言語学的志向にある20世紀以降の哲学の領域では，そもそも答えが存在しない無意味な問題として黙殺されたり，素人的（naïve）な問題として軽視されたりしてきた（松田, 2004; Seachris, 2013; Singer, 1992 工藤訳 1995）。たとえば，シークリス（Seachris, 2013, p.2）は，20世紀の分析哲学の傾向について，人生の意味への問いは，答えが存在しない問いであると考えられるか，あるいは，この問い自体が（たとえば「赤という色はどんな味がする？」というような問いと同じく）支離滅裂で無意味な問いではないか，という疑いを持たれてきたと述べている。

一方，メッツ（Metz, 2002）は，人生の意味論がなぜ貧困であったかということについて，その位置づけの難しさを挙げている。すなわち，従来の哲学者は，ウェルビーイングなどの「幸福（happiness）」の問題と，

正しい行為に関する「倫理（ethics）」の問題との2つに分けて規範の問題を取り上げてきたが，このような分け方において，人生の意味の問題は，いまだ明確で正確な分析がなされる領域として見なされておらず，これをどこに位置づければよいのかが困難であったというわけである。

しかしながら，序章でも述べたように，哲学においても状況は少しずつ変わり始めている（Metz, 2002; Seachris, 2013）。近年では，人生の意味に関して，哲学者による著作が相次いで出版されているとともに，複数の学術雑誌においても特集が組まれるなど[*1]，再び光が当てられてきているといえるだろう。

このような現状を踏まえつつ，ここからは，まず簡単に人生の意味論自体への批判を見た後に，人生の意味における「意味」という語の意味の捉え方について，それぞれの理論家における立場を整理していく。

人生の意味論への批判

まず，そもそも人生の意味への問い自体が無意味である，とする立場を見ておこう。問いそれ自体の意味に対する批判的な見方としては，たとえば「意味に満ちていること（to be meaningful）」とは象徴であり，人生は象徴となりえないがゆえに意味あるものになりうる類のものではないという批判や，人生の意味についての言明は命題を表現していないという論理実証主義からの批判などがある（Ellin, 1995, chap.10参照）。

また，分析哲学や現象学を専門とするミルコフ（Milkov, 2005）は，これまでの人生の意味についての検討は，人生の意味の概念の周縁を巡っ

[*1] たとえば，哲学者による著書としては，トムソン（Thomson, 2003）の『人生の意味について（*On the meaning of life*）』やコッティンガム（Cottingham, 2003）の『人生の意味について（*On the meaning of life*）』，バッジーニ（Baggini, 2004）の『全ては何？――哲学と人生の意味（*What's it all about?: Philosophy and the meaning of life*）』，イーグルトン（Eagleton, 2007）の『人生の意味――とても短いイントロダクション（*Meaning of life: A very short introduction*）』，ウルフ（Wolf, 2010）の，『人生の意味――なぜそれが問題なのか（*Meaning in life: Why it matters*）』などがある。これらの多くは一般向けの読みやすい入門書だが，哲学系の学術雑誌でも，2005年には *Philosophical Papers* 誌で，2009年には *Philo* 誌で，2010年には *Monist* 誌で，人生の意味をテーマとした特集が組まれている。

ているだけであり，検討とも呼べないと批判する。彼は，これまでの人生の意味を検討した哲学者を2つに分けている。すなわち，人生の意味は自ら創造するものであると主張する哲学者達と，人生は不条理であると主張する古典的な実存主義の伝統に基づいた哲学者達である。前者の論者は，何が人生を意味あるものにするか，いつ人生が無意味となるか，どのように意味ある人生を送ることができるかを見出そうし，人生の意味は，発見する（find, discover）ものではなく，構成する（construct）あるいは発明する（invent）ものであるとする。彼によればそれは，非現実的（anti-realistic），すなわちあらゆる客観的な実在を否定するような解決を求める立場である（たとえば Flanagan, 1996; Wiggins, 1988）。一方，後者の論者は，不条理という概念について明確な定義を与えることができておらず，いずれにしても検討と呼ぶに値しないというわけである。

　一方，このような批判に関連して，たとえば，シンガー（Singer, 1992 工藤訳 1995）は，言語学的な見方による人生の意味への問いが無意味であるという議論の強力さを認めつつも，この問いは必ずしも自己矛盾を起こしていないとする。たしかに，この問いは，往々にして宇宙全体の根底にあるより大きな目的へと向かおうとする危険な敷衍が行われる可能性を持っているが，比喩的・象徴的に扱う必要があり，それは探求に値するというわけである。また，今日の哲学者は，人生の意味についての記述は，その真偽はともかくとして，何らかの命題（特に人が追い求めるべき目的に関連したもの）を表現しており，幸福や道徳性といった概念とは異なる根本的な規範カテゴリーであると捉えているという（Metz, 2002）。実際，分析哲学の流れにおいて，ここ数十年（特にこの四半世紀）の間に人生の意味の問題は，比較的厳密に検討されるようになってきている。そして，その際，問題となるのが，「人生の意味」という術語が何を意味するのか，とりわけ「意味」という語が，ここで何を意味しているのか，ということである。

意味の意味

「意味（meaning, sense）」という語については，フレーゲ（Frege）の意味論や，『意味の意味（*Meaning of meaning*）』を著したオグデンとリチャーズ（Ogden & Richards, 1936 石橋訳 1982）の意味論など，特に20世紀半ばから無数の理論が存在し，主に言語学的な観点からの意味論が展開されてきた。「意味」という語の分類について，たとえば分析哲学者のホスパース（Hospers, 1967）は，「指示（indicator）」「原因（cause）」「結果（effect）」「意図（intention）」「説明（explanation）」「目的（purpose）」「含意（implication）」「意義（significance）」の8つに分類している。また，正義論で有名なノージック（Nozick, 1981）は，「外的な因果関係」「外的な指示的・語義的関係」「意図や目的」「レッスン」「個人的意義，重要性，価値，問題」の5つを取り上げている。人生の意味の概念も，広義にはこれらのいずれにも関連しているといえる。「人生の意味とは何か」という問いには，「人はどこから来て，どこへ行くのか」という原因や結果についての問いや，「何のために生きるのか」という目的に関する問い，そして「人生は生きるに値するのか」という価値への問いも含まれることが多いであろう。実際，少なくとも「意義（あるいは価値）」と「目的」が含まれていると考える理論家は多い（たとえば Joske, 2000; 村山, 2005; Quinn, 2000b; Singer, 1992 工藤訳 1995）。

しかし，言語学的な「意味」の意味と，「人生の意味」という語における「意味」の意味を同列に扱うべきか否かという点については，人生の意味を論じる者によって意見が分かれるところである。すなわち「『人生の意味』の『意味』という語には固有の意味がある」とする立場と，「『人生の意味』の『意味』という語も言語学的な意味とあまり変わるところがない」とする立場である。

前者の立場において，単に「人生」という語の用法や説明を求めているのではなく「人生というものそれ自体の意味」（すなわち meaning of life への問い）（たとえば Eagleton, 2007; Nielsen, 2000b）あるいは，より大きな文脈（世界観やメタナラティヴ）を見出そうとしている（Seachris, 2013）とされ

る。つまり,「意味」という語は,必ずしも言語学的な文脈でのみ使用されるわけではないという指摘である (Hepburn, 2000)。

　一方,後者の立場では,人生の意味というときの「意味」という語も,その他の用法と変わることなく解されるべきであるとされる。たとえば,社会心理学者のバウマイスター (Baumeister, 1991) は,『人生の諸意味 (Meanings in life)』と題された著書において,意味は物事や出来事,関係性に纏わる可能的な関係の心的表象 (mental representations) であるとし,人生の意味というときの「意味」という語も,「文の意味 (meaning of sentence)」という際の「意味」という語と基本的に同じものと捉えるべきであるとする。「人生の意味」も「文の意味」も,①部分を一貫したパターンへと組み合わせるものであり,②他の人によって理解されることが可能で,③より大きな文脈へと適合し,④ある文化におけるメンバーに共有される暗黙の前提を共有させようとする,などの点で同じものである,というわけである。これは,すなわち(バウマイスターの著書の題名にあるように) meaning(s) in life と呼ぶことができるだろう。

　おそらく,これらの議論はいずれも正しいといえる。序章でも述べたように,人生の意味という概念は非常に漠然としたものであり,自己存在の価値や,生きる目的,生きていることの理由,今ここにいることの根拠など,様々な問いと答えの「混成物 (amalgam)」(Hepburn, 2000, p.262) だからである。しかしながら,つぶさに見ていくと,学問的にも一般的にも,人生の意味という概念に含まれるものは無限ではなく一定のパターンが繰り返し出てきていることがわかる。ここでは,それらのパターンに纏わる哲学的な議論を逐一辿る余裕がないので他書に譲ることとし[*2],いわばそれらの議論の骨組みだけの提示にとどまるが,簡

---

*2　脚注＊1で挙げたものの他に,日本語で読める哲学者による人生の意味に関する著作としては,ハンフリング (Hanfling, 1987 良峯訳 1992) の『意味の探求――人生論の哲学入門』,シンガー (Singer, 1992 工藤訳 1995) の『人生の意味――価値の創造』,山田 (1999) の『生きる意味への問い――V・E・フランクルをめぐって』,青木 (2005) の『イメージから考える人生論』,佐藤 (2012) の『人生の意味の哲学――時と意味の探求』などがある。詳しい議論はそれらを参照されたい。

潔にそのパターンを見ておくことにしよう。

(2) 哲学と心理学における人生の意味の概念

人が人生の意味を問うとき，あるいは答えるときには，そこにその人なりの価値観・人生観が反映されている。ある人は，宗教が与えてくれるような大きな物語に基づく意味を問い，そのような人智を超えた究極的な視点から人生の意味に答えることこそが，問題の中核であると考えるかもしれない。しかし，ある人は，そのような大きな物語は特に必要とせず，日々の生活の中で，一時的であれ喜びや満足感が得られることで意味が形作られることが一番大事だと考えているかもしれない。この2つの問い方，答え方の違いについては，人生の意味論の中でも繰り返し指摘されてきたことである。次に示す表1.1は，主に1980年代以降の人生の意味に関する議論の中で，人生の意味という語の意味について言及されているところの概念を抽出したものである。

この表に示しているように，たとえば，分析哲学者のクイン（Quinn, 2000a）は個人的意味と宇宙的意味を，宗教哲学者として著名なヒック（Hick, 2000）は身体的次元，道徳的次元，審美的次元を分けている。いずれにしても，人生の意味にいくつかの種類や次元があるとし，それらには，非常に具体的・主観的・自然主義的な観点から捉えられるものと，抽象的・客観的・超自然主義的な観点から捉えられるものがあるとする議論が多いことが見て取れる。

一方，2章で詳しく取り上げる心理学の分野においても，人生の意味の概念については類似の分類がなされているため，先にここで見ておくことにしよう。表1.2では，心理学で提示されてきた主な概念を示している。

この表からも，具体的・主観的な意味と抽象的・客観的な意味を分ける論者が多いことがわかるが，それぞれの論者は，どちらかの立場に立っていることが多い。たとえばフランクルにとって，基本的には人生の意味は創りだされるものではなく，発見されるものである（Frankl,

表 1.1 哲学における人生の意味に関する概念

概念	著者
形而上学的（metaphysical）／宗教的（religious），現世的（secular）／人間的（humanistic），悲観的（pessimistic）／虚無的（nihilistic）	Sanders & Cheney（1980）
究極的（ultimate）意味，地上的（terrestrial）意味	Edwards（1981）
発見（discover）されるもの，創造（create）されるもの	Singer（1992 工藤訳 1995）
人生の意味（meaning of life），生活の意味（meanings in life）	Solomon（1993）
内発的（intrinsic），外発的（extrinsic）	Wiggins（1988）
前意味，超意味，脱意味	山田（1999）
身体的（physical）次元，道徳的（moral）次元，審美的（aesthetic）次元，宗教的（religious）次元	Hick（2000）
内発的（intrinsic），派生的（derivative）	Joske（2000）
客観的（objective）意味，主観的（subjective）意味	Klemke（2000a）; Smith（2000）; Markus（2003）
個人的（individual），宇宙的（cosmic）	Quinn（2000a）
価値論的（axiological）意味，目的論的（teleological）意味，完全な（complete）意味	Quinn（2000b）
内側から（from within）の意味，外側から（from without）の意味	Taylor（2000）; 青木（2004）
人生の意味（meaning of life），ある人生の意味（meaning of a life）	Adams（2002）
超自然主義（supernaturalism），自然主義（naturalism）	Metz（2001, 2002, 2007）
一貫性（coherence），目的（purpose），価値（value）	Markus（2003）
目的（purpose），価値（value），理解しやすさ（intelligibility）／一貫性（coherence）	Thomson（2003）
回答可能な（answerable），言語に絶した（ineffable）	Cooper（2005）
一時的な（temporal）意味，永続的な（enduring）意味	Grünberg（2005）
主観的（subjective），間主観的（intersubjective）	Levy（2005）
目的論，解釈学，経験論	村山（2005）
人生の意味（the meaning of life），人生における意味（meanings within life）	Blackburn（2007）
人類の生それ自体の意味（meaning of human life as such），個人の人生の意味（meaning of an individual's life）	Metz（2007）
人生の意味，生きる意味	佐藤（2012）
宇宙的・グローバル（cosmic or global）な次元，個人主義的・ローカル（individualist or local）な次元	Seachris（2013）

表 1.2　心理学における人生の意味に関する概念

概念	著者
宇宙的（cosmic）意味，世俗的（worldly）／個人的（personal）意味	Frankl（1963）
究極的（ultimate）意味，地上的（terrestrial）意味	Yalom（1980）
発見（discover）されるもの，創造（create）されるもの	Baird（1985）; Kenyon（2000）
目的（purpose），効力感と統制感（efficacy and control），価値と正当化（value and justification），自己価値感（self-worth）	Baumeister（1991）
客観的（objective），相対的（relative），主観的（subjective），説明的（appellative）	Längle（1992）
人生の意味（meaning of life），生活の意味（meaning in life）	Ebersole & DeVore（1995）
究極的（ultimate）意味，暫定的（provisional）意味	Farran & Kuhn（1998）
自己称賛（self-glorification），自己超越（self-transcendence）	Hermans（1998）
重要性（importance），価値適合的（value-congruency），自己アイデンティティ（self-identity），没頭（absorption），楽しみ（enjoyment）	Little（1998）
関係的（relational），個人的（personal）	Wong（1998a）
究極的（ultimate）意味，特定の（specific）意味	Wong（1998b）
解釈的（interpretive），志向的（directional）	Dittmann-Kohli & Westerhof（2000）
状況的（situational）意味，大域的（global）意味	Folkman & Moskowitz（2000）; Park（2005）
暗黙の（implicit）あるいは明確な（definitional）意味，実存的意味（existential meaning）あるいは意味深さ（meaningfulness）	Bar-Tur, Savaya, & Prager（2001）
出来事（events），経験（experience），存在（existence）	Bering（2003）
仕事（work）／業績（achievement），親交（intimacy）／関係性（relationships），スピリチュアリティ，自己超越／ジェネラティヴィティ	Emmons（2003）
目的，価値，根拠	亀田（2003）
所属すること（belonging），すること（doing），自己と世界を理解すること（understanding self and world）	King（2004）
準宗教的（semireligious），宗教的（religious），人間的（humanistic）	Laverty, Pringle-Nelson, Kelly, Miket, & Jenzen（2005）
究極的（ultimate）意味，個人的（personal）意味，暫定的（provisional）意味	Auhagen & Holub（2006）
現象学的次元（phenomenological dimension），行動的次元（behavioral dimension），存在論的次元（ontological dimension）	Leontiev（2007b）
高次元の（high-order）意味，低次元の（low-order）意味	Orbach（2008）
決定論的（determinate）な世界の意味，非決定論的（indeterminate）な世界の意味，決定論的・非決定論的な世界を合わせた意味	Peterson（2007）

1969 大沢訳 1979)。しかし，同じく実存主義的な心理学者のマッディ (Maddi, 1998) は，意味は意思決定によって創造されるものであると述べている。

以上のような人生の意味に関する哲学および心理学の諸概念を概観すると，我々の存在の根源的・絶対的な根拠や理由に言及する「究極的・宇宙的・客観的・超自然主義的な意味」と，日常的な文脈の中での重要性に関する「地上的・世俗的・主観的・自然主義的な意味」との対立で人生の意味を捉える立場が多いことがわかる。この対立において，前者は「与えられるもの・発見されるもの」，後者は「創造するもの」とされている（たとえば Baird, 1985; Frankl, 1963; Wong, 1998b) [*3]。ここからは，このような人生の意味の諸概念について，近年，人生の意味の概念を包括的に整理しているメッツ (Metz) の枠組みを踏まえつつ，もう少し詳しく見ていくことにする。

1-2 人生の意味論の諸相

メッツ (Metz, 2001, 2002, 2007) は，1980年以降の人生の意味に関する哲学的な文献を中心とした広汎な概観をもとに，人生の意味についての立場を，神や魂などスピリチュアルな存在を認める「超自然主義 (supernaturalism)」と，それらの存在を認めない「自然主義 (naturalism)」の2つに分類している（表1.3）。これらの用語は，あまり耳慣れないものかもしれないが，超自然主義とは，理性や通常の感覚では説明が不可能で捉えがたいものを認める立場，自然主義とは，物質的なものや感覚的なもので説明が可能な事象を基盤としてものを考える立場である。

---

*3　もっとも日本語において，「発見する」という言葉は，「与えられる」という言葉と常に同列に捉えられるわけではない。英語では discover は「覆い (cover)」を「取り除く (dis)」が原義であるため，すでに存在しているがまだ見つけられていないものというニュアンスがあるのに対し，日本語では，この「発見する」が，ここでいう「創造する」に当たる内容を含んでいることも多いであろう（3章参照）。しかし，ここではさしあたりこれまでの分析哲学の分類に従うこととする。

表 1.3　メッツ（Metz）による人生の意味の概念整理

人生の意味の立場		概要	主唱者
超自然主義	神中心	人生が意味あるものになるために，神との関係が必要であるとする立場	W. Craig, J. Cottingham, D. Cooper, R. Nozick
	魂中心	不死のスピリチュアルな本質に意味が由来するとする立場	W. Craig, L. Tolstoy
自然主義	主観主義	満足感や信念や選択などの主観的な感覚を重視する立場	A. J. Ayer, K. Nielsen, J. J. Smart, R. Taylor
	客観主義	主観を問題にせずとも，道徳性や創造性によって人生の本質が意味あるものになりうるとする立場	J.O. Bennett, J. Kekes, D. Wiggins, S. Wolf

　この 2 つはしばしば見られる分類であり，たとえば，クレムケ（Klemke, 1981, 2000; Klemke & Cahn, 2007）が編纂したアンソロジーでは，代表的な人生の意味論が「有神論的解答（theistic answer）」と「非有神論的（nontheistic）あるいは人間的（humanistic）解答」の 2 つに分類してまとめられている。メッツはさらに，超自然主義については，神の存在を前提として人生の意味を捉える「神中心理論（God-centered theory）」と，魂の存在を前提として人生の意味を捉える「魂中心理論（soul-centered theory）」とに分類し，自然主義については，主にウェルビーイングに関する内容を意味とする「主観主義（subjectivism）」と，外的・客観的な要因を意味に含める「客観主義（objectivism）」とに分類している。

　このメッツの分類は，これまでの人生の意味論をかなり包括的に分類するものであり，欧米の主要な論考における立場はおおむねこの分類で捉えることができるといえるだろう。もっとも，後述していく通り，それぞれの人生の意味に関する論考は，特定の立場にのみ立脚するものはむしろ少なく，それぞれの立場を概観した上で特定の立場を表明・支持するという論者が多い（Metz, 2002）。ここでは，それらの論者の分類および立場の双方を鑑みつつ，人生の意味論をまとめていくが，本書では，多くの論者における 2 つの立場の分類，すなわち「意味は創造される」という立場と「意味は与えられる（意味は発見される）」という立場の分

類を軸として、これまでの人生の意味論を概観する。さらには、メッツの枠組みを超え、いまだ意味を問わない立場、およびもはや意味を問わない立場についても見ておく。

(1) 意味は与えられるとする立場
神がいるから人生に意味がある——超自然的意味 (supernatural meaning)

人生の意味を、神 (God) や魂 (soul) といった、何らかのスピリチュアルな存在を前提とする立場が超自然主義である。ここでは、超自然主義に含まれる神中心理論と魂中心理論をめぐる議論をいくつか見ていく。

神中心理論においては、神とのある特定の関係が、人生に意味をもたらすために必要であるとされる。逆に言えば、神なき (godless) 世界には意味がないということになる。この神中心理論の中でも、神とのどのような関係が人生の意味を構成しているかについての見解はさらに分かれるが、最も伝統的で支配的な見方は、神が我々の人生に与えている計画や目的にかなうことによって人生の意味が生じるという「目的理論 (purpose theory)」である。目的理論においては、「意味」は「目的」と同義語として扱われ、何が人生の意味をもたらすかは客観的な問題であるとされる。そして、それによって、すべての人ではないにしても、人は意味ある人生を生きていくことができる、ということが公正に審判されるというわけである (Metz, 2000)。

この目的理論については、当然様々な批判があり、神は存在しない、もしくは、存在しているかどうかが正当化されないがゆえに間違っているという議論 (たとえば Ayer, 1990, pp.191-192; Hanfling, 1987 良峯訳 1992; Singer, 1992 工藤訳 1995) や、神は無時間 (atemporal) の存在であり、目的とは時間や変化や制限を含むものであるから、そのような存在が目的を持つことはありえない (Metz, 2000) という議論、あるいは、目的理論は我々の自律性 (autonomy) を軽視することなどによって、我々の存在を、前もって定められた目的を念頭に置いて作られた道具などと大して変わらなくしてしまうのではないか (たとえば青木, 2005; Baier, 2000; Singer, 1992 工藤訳

1995, p.39）という議論などがある。たとえば青木（2005）は，サゴフ（Sagoff, 1991）が提示した「道具的価値（Instrumental value）」と「美学的価値（Aesthetic value）」「道徳的価値（Moral value）」の3つの価値を元に，生きることに神学的な計画や宇宙の究極的な目的を求める人は，人生を「道具」として見る見方があると述べ，「美学的価値」や「道徳的価値」といった「内在的価値」の元に人生の意味を考えることの重要性を説いている。

このような批判に対しては，神が与えた目的を満たすかどうかは選択することができるゆえに（Moreland, 1987），あるいは，神が我々に与えた目的は，我々がそれぞれの目的を追求することであるがゆえに（Davis, 1986），自律性が損なわれることはない，という反論がなされている。

また，そもそもなぜ人生の意味をもたらすのが神の目的でなければならないのか，という批判も当然ありうるが，これに対して目的理論家は，行為の道徳的根拠は，何であれ神の目的を満たすように作られている，と主張したり（Davis, 1987），神の目的は，それを満たしたときに与えられる恩寵や報いゆえに重要であると主張したりする（Craig, 2000; Davis, 1987）。さらには，神の目的があることによって，我々の人生が偶有的（contingent）であること，すなわち我々の存在が理由なきものであることから守ってくれると主張する論者（たとえばCraig, 2000）や，知的で美的な存在が宇宙に存在するための必要十分条件が神の目的であると主張する論者（たとえばGordon, 1983）もいる。

一方，メッツの分類における魂中心理論では，人生の意味は，ある特定の条件における「魂（soul）」のあり方次第で決定されると主張されている。ここで言う「魂」とは，時間の中で実体としてあるものや，無時間の領域で実体のないものでもありうるような，不死のスピリチュアルな存在を意味する（Metz, 2002）。このような魂が人生の意味に必要であるという議論で最も影響力がある主張は，人生が意味あるものになるためには，人生が「生きるに値する（worth living）」ものでなければならないという主張である。「生きるに値する」とは，ひいては無限に生き続

けるに値するという意味であり，ここでは，無限性や不死性を持つことが重視される。すなわち，生に終わりがないときにのみ，生が永久的な影響をもたらすことができるという見方である（たとえばCraig, 2000）。もちろん，これに対しては，人が自らの生が意味を持つために，そのような変化をもたらさなければならないとしても，その影響に対して，不死性が必要とはいえない，という反論がただちになされうる（たとえばLevine, 1987, p.462）。また，この点については，人が生きた「痕跡（trace）」（Nozick, 1981）や事実性（Jankelevitch, 1966 仲澤訳 1978）は，世界に変化を与えたという点で永遠に残るものであり，死によって無意味になるものではない，という見方がなされることもある。

　これらの超自然主義の議論は様々な論点を含んでおり，また論理的にも様々な問題が指摘されてきたが，それらに共通する特徴や要点をあえてまとめるならば，次のようなことがいえるであろう。すなわち，第1に，超自然主義では，それぞれの人生に意味をもたらすものは，それぞれの個人の実体としての内部にあるのではなく，神や魂といった超越的な存在から与えられる，もしくはもたらされると考えられており，第2に，その超越的な存在を前提としなければ，人生が意味を持つことは困難であるとされ，第3に，超越的な存在から与えられる意味は，まさに超越的・絶対的なものであり，個人の小さな意図や目的すべてを包含するような意味である，といった特徴があるといえる。

　当然ながら，現代では，超自然主義的な人生の意味を標榜する理論家は少ない。しかし，20世紀以降の理論家の中でも，神なき人生に意味がない，と一貫して主張する者もいる（Craig, 2000; Stace, 2000）。たとえば，『正義論』を著したロールズ（Rawls）の師であったスタース（Stace, 2000）は，科学が台頭してきたことによって宗教的権威が失墜し，世界が「目的因（final causes）」によって説明されなくなり，宇宙に意味や目的が与えられなくなってしまったと論じる。

　また，実は，これらの超自然的意味を完全に否定する立場，すなわち後述するニヒリズム（虚無主義）も，同じコインの両面であると見るこ

ともできる（青木, 2005, p.133）。すなわち，どちらも人生を考える際に，人生全体に意味があるかないか，という評価基準を用いる点において共通しているといえるだろう。

道徳や創造性が意味を与える——客観的意味（objective meaning）

「意味は超越的な存在や魂の実在によって与えられる」とする超自然主義に対し，神や聖なるものの存在を前提とせずとも，人生は意味あるものになるとするのが，自然主義の立場である。この自然主義においても，何らかの客観的な要素が必要であるとする立場と，主観的な内的状態によって人生が意味あるものになるとする立場に分かれる。メッツ（Metz, 2002）は前者を客観主義，後者を主観主義として分けている。客観主義では，身体的なものから独立して，何らかの客観的な意味が存在すると仮定し，誰しもに意味が与えられるような条件が存在すると考える。その中でも，「道徳性（morality）」と「創造性（creativity）」は，人生に客観的な意味を与える行為としてよく挙げられる。逆にいえば，それらの要素が欠如している場合は，人生に意味がもたらされないということになる（たとえばTaylor, 1981）。

道徳的な行為について，メッツ（2002）は論者を2つに分けている。すなわち，「道徳理論のメタ倫理的ヴァージョン」と「規範的ヴァージョン」である。前者においては，心理状態に依存しない絶対的な道徳の規準がなければ人生は無意味であると考え，後者においては，人生が道徳的であればあるほど，人生は有意味であると考える。どちらの立場も道徳的ニヒリズムを否定するという点では共通しており，かつ後者は暗黙的に前者に依拠しているが，後者の規範的ヴァージョンは，行為が道徳に該当しているかとか，普遍妥当性を持つ規範に規定されるか，といったことよりも，人の特定の行為に関心を持っているという。

メッツ（2002）によれば，現代のほとんどの人生の意味論は，ある種の客観主義的立場に立っている。しかし，純粋に客観主義を標榜する論者は少なく，大半の論者は，主観的な要因（認知や情動など）も重要であ

り，それと客観的な価値とのつながりを重視している（たとえば Kekes, 1986; Wiggins, 1988; Wolf, 1997, 2010）。

(2) 意味は創造されるとする立場（主観的意味）

　ここまでで見てきたのは，超自然主義的な意味や客観的な意味の存在を主張する立場，すなわち人生の意味は，個人の感覚や主観的な意識を超えたところから与えられるとする立場であった。それに対し，人生の意味は主観的な意識によって創造されるとする立場がある。この立場においては，クレイグ（Craig, 2000）のように「神の存在がなくては人生に意味はない」とする立場とは対照的に，たとえば，「関係性」や「愛」，「理解」などの意味の源によって，人生は意味あるものになると主張される（たとえば Muzio, 2006; Singer, 1992）。

　意味は創造される，とする立場では，一般に意味の多様性が強調される（たとえば Baggini, 2004; Baumeister, 1991）。たとえば，哲学者のバッジーニ（Baggini, 2004）は，人生の意味として一般に挙げられる6つのものとして「他者を助けること」「人間性に奉仕すること」「幸福になること」「成功すること」「毎日を最後の日のように楽しむこと」「心を自由にすること」を取り上げ，個人的な人生の意味は，1つではなく多様であると主張する。このような見解は，後に見るように，心理学における意味の源の研究においても一般的な観点である。

　この立場で主流なのは，満足感などの心的傾向（特に情動的側面）を重視する考え方であり，その中でも最も有名な議論として，テイラー（Taylor, 1970）によるシーシュポスについての思考実験がある。テイラーは，無意味な存在の最も完全な例として，シーシュポスの神話を挙げる。シーシュポスは，地獄で神々に罰せられ，急な斜面で岩を押し上げていく仕事を未来永劫にしていると伝えられているが，テイラーは，このシーシュポスの状況においても，人生は意味あるものになると主張した。すなわち，彼に岩を持ち上げざるを得なくなるような非合理的な衝動を埋め込んだ場合である。この衝動を埋め込まれたシーシュポスにとって，

彼の内部の視点に立てば、この未来永劫続く仕事が彼自身には有意味になるというわけである[*4]。極端な主観主義の場合、このような内面の視点からの人生の意味が重要視・絶対視されることもある。

メッツ（Metz, 2007）は、2007年までの過去5年間における人生の意味に関する論考を概観し、現在では、ごく大まかにいえば、超自然主義的な見方よりも自然主義的な見方のほうが好まれる傾向があるとしている。しかし、単なる主観的なもののみで人生が意味あるものになると考えている論者は少なく、多くの論者は、いわば個人を超えたところにある望むべきもの、目指すべきものを重要視していると論じている。

(3) 無意味（ニヒリズム）

ここまで見てきたのは、人生には何らかの意味があるという見方に基づいた議論であったが、何度か述べてきたように、これらの人生の意味論では、「無意味さ（meaninglessness）」についても表裏一体で論じられることが多い。無意味さについての議論は、とりわけ実存主義の流れにおいて（逆説的ではあるが）真剣に取り上げられていた（たとえばCamus, 1942 清水訳 1969; Nietzsche, 1906 原訳 1993; Sartre, 1943 松浪訳 2008）。

無意味さにも、様々な位相がある。たとえば、ジョスケ（Joske, 2000）は、人生の無意味さについて、「甲斐のなさ（worthlessness）」「無駄さ（pointlessness）」「卑小さ（triviality）」「無益さ（futility）」の4つに分けている。「甲斐のなさ」とは、外的な目標と照らし合わせて要求される内発的なメリットのない活動（苦しいだけの活動など）であり「無駄さ」とは、目標の充足へと向かわない活動（何も求めずにされる活動）である。「卑小さ」とは、甲斐のなさや無駄さとは対照的に、たとえ目的が存在しても、それが十分に正当化されない場合の活動（目的が手段を正当化できない活動

[*4] もっとも、テイラー自身は、後にこのような主観主義的な見方を否定し（Taylor, 1981, 1999）、シーシュポスの目標が操作の産物であるために何ら彼に意味をもたらさず、たとえ、彼が自分自身の欲求に従っていたとしても、そこに意味があるというのは端的に不合理である、としてその立場を修正している。

など）である。さらに，「無益さ」とは，たとえば，絶対に達成することのできない目標を達成しようとする場合のように，意味あるものにすることができない活動である。

このジョスケの議論にも見られるように，無意味さについての議論は，「意味がある」というときに意味される内容を同定した上でそれが無意味であると捉える議論や，有意味になりうる条件を前提とし，それなしには人生は無意味となるという議論が多い。このような議論は，実存主義的な議論およびその周辺で多く見られる。たとえば，超自然的な存在（神や魂）がなければ人生が無意味であるとする立場（たとえば Camus, 1942 清水訳 1942; Craig, 2000; Morris, 1992），何らかの普遍的な道徳が人生の意味には不可欠と考える立場（たとえば Cottingham, 2003; Murphy, 1982; Tännsjö, 1988），人間を外部から眺めることによって，人生は取るに足りないものと考える立場（Nagel, 1986を参照），目的を達成できなければ「無益（futile）」と捉える立場（Trisel, 2002を参照）などが挙げられる。

(4) 前意味・超意味・脱意味

一方，人生の意味をい̇ま̇だ̇問わない立場，あるいはもはや問わない立場も考えられる。山田邦男（1999）は，いまだ意味を問わない意味以前の状態として「前意味」を，もはや意味を問わない状態として「超意味」と「脱意味」を挙げ，人間学的な考察を付している。

山田に従えば，「前意味」とは，いまだ自我意識が芽生えていない幼児の状態である「意味以前」や，意識的に意味や生きがいを問わずとも，そこにすでに無意識的に含まれているはずの意味である「前－意味」の状態であり，たとえば主客の分離がない「純粋経験」（西田, 1950）がそれにあたる。「超意味」は，フランクルの概念であり，人間の識閾内の意味を超え「それらの意味の全体を成立せしめている意味の意味，識閾外の意味」（山田, 1999, p.290）である。「脱意味」は，ハシディズムや禅に見られるように「意味」と「無意味」の2つのあり方を脱した境地を指す。たとえば，キリスト教神学者であり神秘主義者であった，マイス

ター・エックハルト（Meister Eckhart）は，何のために生きるのか，という問いについて以下のように言う。

> だれかが命に向って千年もの間，「あなたはなぜ生きるのか」と問いつづけるとしても，もし命が答えることができるならば，「わたしは生きるがゆえに生きる」という以外答はないであろう。それは，命が命自身の根底から生き，自分自身から豊かに湧き出ているからである。それゆえに，命はそれ自身を生きるまさにそのところにおいて，なぜという問なしに生きるのである。
> （Eckhart, 1990, p.40）

山田（1999）は，このエックハルトやハシディズム（ユダヤ教の敬虔主義の運動）や禅を例に挙げつつ，脱意味こそ，「人生の意味の問題はすべてここに帰着する」（山田, 1999, p.305）あり方だと述べている。

ちなみに，この脱意味は，「人生そのものの意味」あるいは「世界そのものの根源的な意味」と呼び換えることも可能であろう。山田昌（1985）は，この点について，次のように述べている。

> 果して私がすべての意味の根原であり原点であるか。これが問題である。私がすべての意味の原点であるとするのは一つの独断ではないであろうか。独断であるとすればそれは吟味を必要とする。そのためには，「私」という「意味」の根原が問われなければならない。すなわち，世界の意味の原点たる「私」をしてその「意味の原点」たらしめている根原，いわば「原点の原点」ではないであろうかが問われなければならない。このように自己の根原を問うとき，既に私は何らかの仕方で自分の外に出ている。或意味で自己を越えている。自己を越えた場所から「世界」がみられるとき，「世界」それ自身が「世界において」ではなく，世界がそこにおいて在る「世界の場所において」みられてくる。そのときこの私の生死にかかわらない「世界」そのものの意味が，私からではなく私を越えたところから現われてくるであろう。
> （山田, 1985, pp.36-37）

このような脱意味の立場は，東西の哲学において，いわばオメガ・ポイ

ント，すなわち究極の到達点としての位置づけを与えられることも多いが，それは，様々な分節化によって私たちが付与している意味の連関によって成立している「意味の世界」そのものを成り立たせている「世界の意味」と呼ぶことができるかもしれない。さらに，上田 (2007) が，生きることの構造連関として挙げている「生命―生（生活／人生）―いのち」の概念に沿って見るとすれば，「生命」の発展として「豊かさ」を求める「生活」の意義，およびそれを超えて悲しみや迷いや苦悩も含む「人生」の意義といった「意味の世界」があり，それらとも透入しあいつつも，それらを超え包む「いのち」が生きられる「世界の意味＝脱意味」があるということになるだろう。

　いずれにしても，このような意味を問わない立場については，西洋の分析哲学における人生の意味論の中ではほとんど取り上げられてこなかったが，ある種の究極的な人生観として，与えられる示唆は大きいであろう。

(5) 物語としての人生の意味

　ここまで見てきたような人生の意味の立場の分類で，人生の意味の諸立場の大半を概観することができるであろう。しかし，このような立場において見られる言説自体を，ある種の「物語（ナラティヴ）」として見ることも可能である。あるいは，人生の意味を問い，人生に意味を見出す営為それ自体がナラティヴであると言い換えてもよいかもしれない。

　ヤング（Young, 2003）は，人生の意味をある種のナラティヴと捉えつつ，死や人生の意味がいかに語られてきたのか，ということについて，プラトン（Plato）やカント（Kant），ヘーゲル（Hegel）やニーチェ（Nietzsche）といった代表的な哲学者の論考を辿りつつ考察している。その中でヤングは，プラトンやキリスト教によって提示されてきたものを「大きな物語（grand narrative）」と呼び，それに対峙するものを「個人的な物語（personal narrative）」と呼んでいる。シークリス（Seachris, 2009, 2013）は，このヤングの議論や2000年以降の「ナラティヴ・ターン」を踏まえつつ，人

生の意味を物語として捉える見方について考察している。

　シークリスは，これまでの人生の意味論の一般的な方法として，人生の意味の概念を，「人生の目的とは何か？」「何が人生を価値あるものにするのか？」といった他の問いの形に置き換えてアプローチすることを，ヘップバーン（Hepburn, 2000）に倣って「混成論（amalgam thesis）」と名付け，これとは異なるアプローチとして，「意味」という語を非言語学的な現象のまま捉えるアプローチを提示している。その上で，「人生の意味とは何か？」という問いを，人間存在へ実存的な重要性（import）をもたらすような人生の特徴を物語るようなナラティヴへの要求として解釈し，それを「ナラティヴ解釈（narrative interpretation）」と呼ぶ。ナラティヴ解釈においては，人は，たとえば，自分の子どもが目を離している間に喧嘩を始めたのを見た父親が「いったいどうしたんだ？（What is the meaning of this?）」と問うときと同様に，「人生の意味とは何か？（What is the meaning of life?）」と問うときも，我々が暮らすこの宇宙に関して不足している実存的に重要な情報を求めていると考える。人生の意味への問いは，そのナラティヴの意味がすべての事実の完全な説明というわけではなく，実存的に最も重要なことについての説明を求めているというわけである。

　ここから，彼は，ナラティヴを「完全な（complete）人生ナラティヴ（Life Narrative$_C$）」と「実存にとって重要な（existentially relevant）ナラティヴ（Life Narrative$_{ER}$）」の2つに分類し，人生の意味のナラティヴは，Life Narrative$_{ER}$であるとする。さらに，Life Narrative$_{ER}$は，すでに所有された問いや事実などに関する構成分子としてのConstituent Elements$_P$（末尾のPは「所有された（possessed）」の意），我々が追い求めるナラティヴの要素であるConstituent Elements$_S$（末尾のSは「探求された（sought）」の意）に分けられる。Constituent Elements$_S$が文脈や枠組みや解答を提供し，それに付随する問いがConstituent Elements$_P$を構成するのである。

　シークリスは，人生の意味をこのようなある種の物語として捉えることによって，「人生の意味とは何か？」という問いを何らかの他の問い

に変換することなく，様々な立場について解釈することが可能である，と主張している。

　青木（2005）も，認知意味論のメタファー論を援用しつつ，「人生」に纏わる様々なメタファーについて検討する中で，「物語」としての人生という捉え方についても取り上げ，我々が人生の意味を考えるとき，暗黙裡にそのようなメタファーによって理解しようとしている，とする。そして人生を物語として捉えるならば，言語学的な意味との類似を考えることが可能となる。すなわち，単語間の関係において文法的に一貫性のある文のように，意味ある人生は，物語的な一貫性を形成しており，主人公の目標や計画，目標に至るまでの一連の出来事や努力が「語り」を通して選び抜かれているわけである。逆に，意味のない人生とは，一貫性を持たない出来事の単なる羅列であるということになる。

　このように，人生の意味をナラティヴとして捉える見方は，次章で見るように，心理学においても一般的になりつつある（たとえばBruner, 2004; やまだ, 2000）。

(6) 人生の意味をめぐる用語の混乱

　これまでの人生の意味論においては，「meaning of life」「meaning in life」「life meaning」「personal meaning」「existential meaning」などの様々な用語が，それぞれが使用される文脈に微妙な差異が認められるものの，あまり自覚的に区別されることもなく用いられてきた。また，訳語も「人生の意味」「人生の意義」「人生の目的」「生きる意味」および「生きがい」[*5]などが，ほぼ同義のものとして用いられることが多い。その上，フランクル理論に関する実証的研究においては，「purpose in life」という用語が慣習的に使われており，これも上記の用語群とあま

[*5] 「生きがい」という言葉には，「いかにも日本語らしいあいまいさと，それゆえの余韻とふくらみ」（神谷, 1980, p.14）があるため，「人生の意味」よりもさらに意味的な広がりがある。生きがいの定義については，近藤（1997）の整理や鶴田（1998）の語源的な考察，熊野（2003, 2006, 2012）の実証的研究による類似概念との関連の検討などを参照されたい。

表 1.4　人生の意味の概念整理

概念	概要
生活の意味 （meaning in life）	地上的・具体的で，個人によって創造される意味
人生の意味 （meaning of life）	人生全体の意味。生活の意味を包含し，究極的・宇宙的な次元（与えられるもの，発見されるもの）までを含む。
無意味 （no meaning）	日常生活あるいは，人生全体に意味はないとする立場
前意味 （pre meaning）	意味や生きがいが問題になる以前のあり方。意識ないし自我が未発達なために意味を問わない「意味以前」と，意味を問うことはなくともそこにすでに無意識的に意味が含まれている「前―意味」が含まれる。
超意味 （super meaning）	意味全体を成立させている意味の意味，識閾外の意味を信じる立場
脱意味 （trans meaning）	意味と無意味という2つのあり方を脱して，「何故なし」に生きるあり方

り区別されていない。

　このような現状を踏まえ，ここでは多くの論者（たとえば Ebersole & DeVore, 1995; Frankl, 1963; Hicks & King, 2009）の分類を参考に，「meaning of life」は，人類や世界全体の存在理由に関する概念であり，「人生全体・人生そのものの意味」を表すものとして「人生の意味」と訳し，「meaning in life」は，個人的・日常的な価値に関する概念であり，「生活の中で見出される意味」を表すものとして「生活の意味」と訳し，両者を区別することとする[*6]。ここでの「生活」「人生」という区別は，先の(4)項で取り上げた上田（2007）の論を踏まえたものである。今後，他の用語とその訳語についても，さらなる整理・統一が必要であるが，さしあたり本書では，「生活の意味」は「人生の意味」の概念に包含される

[*6] 筆者は当初，ここでいう「生活の意味」を「生きる意味」と訳していたことがあった（たとえば浦田, 2007）。しかしながら，一般に生きる意味と人生の意味はほぼ相互互換的に使われる言葉であるため，ここでは少し耳慣れない表現ではあるが，生活の意味という語を採用するに至っている。

ものであると考え，どちらもまとめた場合は「人生の意味」と呼ぶことにする。

これらの用語も含め，本章で提示した人生の意味に関する諸概念の概要を表1.4にまとめておく。

　以上，本章では，主に哲学の領域で論じられてきた人生の意味についての議論を「人生の意味論」と呼び，その概要について整理してきた。人生の意味に対する見方は様々であり，絶対的で唯一の解答は存在しえない。なぜなら，繰り返すが，人生の意味への問いは，解答不能な問いや解答可能な問いを雑多に含んだ多様な問いの「混成物」だからである。しかし，人は，暗黙的に，人生に意味をもたらすものとして，多くの源を持っている。その具体的な内容や，人生の意味への問いが個人にとってどのような意味があるのか，ということは，哲学よりもむしろ心理学で検討されてきた問題である。次章では，心理学において，人生の意味がいかに検討されてきたのか，ということを概観していく。

Topic 1

様々な人が語る人生の意味

　人生の意味についての問いや答えは，多くの本にまとめられている。世界中の様々な著名人を中心に人生の意味についての回答を集めたアンソロジーとしては，哲学者のデュラン（Durant, 2005）によるものや，アメリカの雑誌『Life』が編集したもの（Friend & Editor of LIFE, 1991, 1992）や英国赤十字社の慈善事業の一環として編集されたもの（Gabay, 1995, 1997），またそれらのアンソロジーなどから編まれたキンニールらのもの（Kinnier, Kernes, Tribbensee, & Van Puymbroeck, 2006）などがある。

　文学者や哲学者や宗教学者などの人生の意味論を集めたものとしては，ハンフリング（Hanfling, 1988），クレムケ（Klemke, 1981, 2000, 2007），ランゾとマーティン（Runzo & Martin, 2000），サンダースとケニー（Sanders & Cheney, 1980），シークリス（Seachris, 2013）によるものがある（これらに含まれている論考は重複も多い）。また，シーマン（Seaman, 2005）は，人生の意味についてのオンラインフォーラムで寄せられた一般人の投稿を収集して，1冊にまとめている。

　本書の中でも，特に7章において，いくつかの人生の意味についての語りを取り上げているが，ここでは，これらのアンソロジーを中心として，様々な立場にある人が人生の意味についてどのように語っているか，いくつか抜粋してみよう。巷に多くある名言集が，しばしば心に響くものであるのと同じく，これらの人生観についての語りを見るだけでも，私達の人生観に新たに何かを付け足す，あるいは逆にいつのまにか硬直していた人生観を脱することになるかもしれない。これらのうち，訳者を記していない翻訳は筆者によるものである。

　これらを読むと，たとえばキンニールらがカテゴライズしたような

「人生は楽しむためにある」「人生は神に仕えるためにある」「人生は無意味である」というような並列的な分類で捉えられないものがあることがわかる。「人生は楽しむためにある」という中にも，「神に仕えることによって楽しみが生まれる」というような多次元にわたる意味が述べられているものが多い。この点については本書の6章や7章でも取り上げている。

マイケル・ジャクソン（歌手・パフォーマー）

　人生の意味は，あらゆる人生の表現一つひとつに含まれている。すべての創造物にある形態や現象の無限性に含まれている。生は，花やラブソングや音楽となり，星や星雲や銀河へと発展する。

　私たちは，生きており，拍動し，ダンスを踊る宇宙に存在しており，すべての生の創造力が，私たちの魂に最も生きているがゆえに特権的な種なのだ。

　私たちはそれぞれ目的を持ってこの惑星に辿り着いた。その目的を満たすことは，私たちの中にある神性のきらめきを燃え上がらせ，人生に意味を与えることである。

（Friend et al., 1992, p.27）

ダライ・ラマ（チベットの精神的指導者）

　私たちは人間として存在しているが，私たちは休日の旅行者のようなものだ。もしも私たちが大混乱や騒動を起こすなら，その滞在は無意味である。短い滞在の間——たかだか100年——に，平和に生活し，人を助け，そして最低限，彼らを害したり動揺させたりしないならば，我々の滞在は価値のあるものである。大切なことは，いかに意味に満ちた毎日の人生を送ることができるのか，いかに心に平穏をもたらすことができるのか，いかに社会に貢献することができるのかを理解することである。

（Friend et al., 1991, p.49）

デズモンド・ツツ（南アフリカの平和運動家）

　人生とは生き，愛するためのものです。愛さなければ，我々は枯れてしまいます。なぜなら，我々は社会に奉仕するために創られているのであり，人間関係を通してのみ「人間」になれるからです。人は人を通して初めて人になれるのです。人生は社会とのつながりであります。おだやかで，人に気を配る社会。分かち合い，慈愛にあふれる社会。この社会では，人の地位，業績，人種，文化といったものに価値がおかれるのではありません。創造性，確信，忍耐をもって，力の限り生きるよう，神にならって創られているということに価値があるのです。

（Friend et al., 1991, p.13）

リチャード・ギア（俳優）

創造主がいなければ
意味がない
ダイヤモンドの
マインド
オープンな
ハート
軽い
ステップ

（Friend et al., 1991, p.27）

ジャッキー・メーソン（アメリカのコメディアン）

　私は人生をダンスだと思う。ダンスが意味を持たなければならないかい？　あなたはそれが楽しいから踊るのだ。

（Kinner et al., 2006, p.32）

アナイス・ニン（フランス生まれのアメリカの作家）

　万物にとっての唯一の宇宙的な意味などありません。私達がそれぞれの人生に与える意味，個人的意味，個人的なプロット（筋）があるだけです。個人的な小説，それぞれの人の本のように。

（Kinner et al., 2006, p.205）

レイモンド・スマリヤン（アメリカの数学者・論理学者）

　神がいなければ人生に意味はないと主張する人たちにはいつも困惑してきた。非宗教的なヒューマニストが宗教の信者よりも意味を見いだしていないとする証拠がわずかでもあるだろうか？　私は神がいないと主張しているわけでも，いると主張しているわけでもない。私が主張しているのは，神がいてもいなくても，大半の生きている人にとって人生はとても意味に満ちているということだ。

（Friend et al., 1991, p.194）

ジャン＝ポール・サルトル（フランスの哲学者）

　必ず死ぬのだとすれば，我々の人生は無意味である。なぜなら，その問題には解決法がないからであり，その問題の意味は不確定だからである。

（Kinnier et al., 2006, p.117）

エミール・シオラン（ルーマニアの哲学者）

　いまのここの一秒は，永久に消え去った。呼び返せないものの無名の堆積のなかへと消えた。その一秒は永遠に戻ってこない。そのことを私は苦痛とし，また苦痛としない。一切は代理不可能であり──そして無意味だ。

（Cioran, 1973 出口訳 1976, p.54）

パンチ・ボー（家族から見放され，北インドの祈とう堂で死を待つベンガルの女性）

　人生には意味はありません。人生の目的は，私達が犯した罪によって苦しむことです。私はずっと苦しんできました。最後の人生で罪を犯したならば，私達はこの人生で苦しまなければなりません。どんな罪を犯したかについてよくわかりませんが，私は罪から解放されることを祈るためにここにいるのです。

（Friend et al., 1992, p.103）

ハンス・アイゼンク（心理学者）

　全体的な，科学で証明できる答えはないにしろ，ひとりひとり自分の遺伝や環境，スキナーの言う，価値観を形成する個人個人の歴史の中に答えを持っていると思います。……人間は人生の意味だと信ずることを行動で示すのです。といっても，哲学や科学的な仮定にもとづいて，意識的に行動しているわけではなく，（わたしに限っては，とお思いでしょうが！）自分の習性や，親から無意識に受け継いだ方針にしたがって動いているのです。言いかえれば，人生には一般的な「意味」がありますが，わたし個人にとっての意味もあり，これは，わたし自身の行動や価値観，人生にたいする哲学でもって表現する意味なのです。

（Gabay, 1995 長野訳 1997, p.59）

カルカッタのマザー・テレサ

　生命は，神が人間に与えられたもっとも美しい贈り物です。立派なひと，そうでないひとにかかわらず，わたしたちはすべて，愛し愛されるという大きな仕事のために，神をかたどって創られています。愛をわかちあうことの喜びを持ち続けましょう。

2章
人生の意味の心理学

　心理学が哲学から発展したことは周知の事実である。真に魅力的で，夢中にさせる心理学の問いは，現代心理学者たちによって「発見された」のではなく，むしろ，何世紀にもわたる哲学者たちが深い関心を向けた問題であった。……何を私は信じるべきなのか？　何を信頼することができるのか？　いかにして知ることができるのか？　どのような人生が生きがいのあるものなのか？　この宇宙における人間の役割と運命は何か？　正義，善，そして真実とは何か？　政府を持つとすれば，その価値は何か？　人間の本質とは何か？　人間は自由か？　心とは何であり，自然との関係はどうなっているか？
　これらは，不毛な問いではない。なぜなら，私たちがそれらの問いに与える解答は，個人的あるいは社会的な行為や，私たちの生への法的，政治的システムへの根拠，そして，個人的なアイデンティティや人生の意味についての思考様式などに動機を提供し，日常生活に計り知れない影響を及ぼすからである。それぞれの時代の真摯な思想家は，そのような問いや提唱された答えについての体系的な考察や明確化を目指してきたのである。
　　　　　　ヒルガードとボワー（Hilgard & Bower, 1975, pp. 1-2）

1章では，人生の意味がどのように取り上げられてきたか，ということについて，主に哲学における議論を辿りながら概観してきた。続く本章では，心理学の領域における人生の意味の取り上げられ方を，その問題や課題も含めて展望することにしよう。

上のヒルガードとボワーが言うように，心理学における土台には様々な哲学的な問いがある。それゆえ，本書のテーマである人生の意味の問題は，様々な（広義にはおおよそすべての）心理的問題に背景的に関わってきたといえるのだが，実際に主流の心理学のメインテーマとして取り上げられることはそれほど多くなかった。しかし，欧米では，精神科医のヴィクトール・フランクルが第二次世界大戦を経て人生の意味の問題に関する理論を様々な著作で発表して以降[*1]，細々としたかたちではあったが，特に1970年代から，「人生の意味の心理学」と呼ぶべき一定の心理学的研究が蓄積されてきている。

これらの研究では，「人生の意味とは何か」という問いに直接答えようとするのではなく，この問いがいかなる心理学的意味を持ちうるのか，ということに着目して検討がなされてきた。「人生の意味は何か？」あるいは，「人生が意味あるものとなるような倫理的，規範的条件は何か？」ということを根本的に問う問い方は，哲学の問題設定の仕方であるといえよう。一方，心理学では，この問いは「人生を意味あるものとするような個人の経験の特徴は何か？」，あるいは「個人が人生を意味あるものとして経験する条件は何か？」という問いに言い換えられ，社会科学的な方法論で扱えるテーマとされてきたのである（Battista & Almond, 1973）。

すなわち，哲学では，「人生の意味とは何か？」を直接に問うのに対し，心理学では，「人は，なぜ，どのように人生の意味を問うのか？」および「人生の意味を問うことは，人間の心理の種々の側面にどのよう

[*1] フランクルが人生の意味に関する理論の基礎を築いたのは，大戦前からであり，第二次世界大戦での収容所経験がきっかけとなったわけではない。詳しくはフランクルの回想録（Frankl, 1995 山田訳 1998）を参照。

な影響を及ぼすのか？」といった問いを対象にしてきたといえるだろう。これらの問い方は，広い意味での「暗黙理論（implicit theory）」といえる[*2]。暗黙理論とは，一般の人々が漠然とした形で抱いている考え方や信念の体系のことであり，心理学では，人生の意味をどのように問い，どのように答えているのかということが検討されてきた[*3]。

本章では，このような観点に（自覚的に，あるいは多くの場合半ば無自覚的に）基づいた人生の意味の心理学的研究について，まず，これまでの研究の歴史を簡単に概観する。続いて，この領域の源流であるフランクルの理論における重要な概念を個別に見た後，これまでの心理学的研究における理論モデルと実証的研究を概観し，それらの心理学的研究における問題点や課題を整理する。

2-1　人生の意味の心理学の歴史

まず，人生の意味の心理学が，現在までいかなる系譜を辿ってきたのか，ということを見ておこう。図2.1に，人生の意味に関連する学派や理論モデルおよび，実証的研究と臨床実践についてまとめた。

(1) 心理学の源流における人生の意味（〜1970年代）

人生の意味を直接のテーマとした実証的な研究は，先述のように1970年代から本格的に始まったが，それ以前にも，理論的・臨床的に人生の意味について考察を付した心理学者は少なからず存在する。というよりも，現在の心理学の源流を作った著名な心理学者たちは，軒並み人生の意味についての何らかの考察を残していると言っても過言ではない。同時に，それらの考察は，それぞれの心理学者の基本的立場を色濃く反映

[*2] 暗黙理論は，パーソナリティ（Bruner & Tagiuri, 1954; Schneider, Hastorf, & Ellsworth, 1979），知能（Sternberg, 1985），ストレス（Fernandez & Perrewe, 1995），偏見（Banaji & Greenwald, 1994）など，多くの心理学の領域で検討されている。
[*3] 暗黙理論という言葉を人生の意味に関する研究に初めて用いたのは，おそらくWong (1998a)であり，比較的最近のことである。

第Ⅰ部　人生の意味の哲学と心理学

	学派（代表的人物）	理論モデル（代表的人物）	実証研究の方法論（開発者）	臨床（理論家・実践家）
2000年代	ポジティブ実存心理学（Wong） ポジティブ心理学（Seligman） 質的心理学（McAdams, やまだ） 構成主義（Neimeyer）	意味管理理論（Wong） 意味維持モデル（Heine ら） ライフストーリー研究（McAdams, やまだ） 意味再構成理論（Neimeyer） 意味システム・アプローチ（Dittman-Kohli）	LeBe（Schnell & Becker） MLQ（Steger ら） PMP（Wong） SELE（Dittman-Kohli & Westerhof）	構成主義的心理療法（Neimeyer） 意味中心カウンセリング・心理療法（Wong）
1990年代		個人的（実存的）意味のモデル（Reker & Wong） 対話的自己論（Hermans）	SOMP（Reker） LAP（Reker） SOC（Antonovsky） MED（Ebersole）	哲学カウンセリング（Achenbach）
1980年代			LRI（Battista & Almond）	実存療法（Yalom）
1970年代	トランスパーソナル心理学（Wilber）	価値研究（Rokeach）	Logotest（Lukas） SONG（Crumbaugh） PIL（Crumbaugh & Maholick）	
1960年代	人間性心理学（Maslow）	価値研究（Allport, Morris） パーソナル・コンストラクト理論（Kelly）		
1950年代	実存心理学（Frankl, May）	実存分析（Frankl）		ロゴセラピー（Frankl）
1920年代	個人心理学（Adler） 分析心理学（Jung） 精神分析（Freud）			

図2.1　人生の意味に関する心理学の歴史

している点も興味深いところである。

その中でも一番悲観的な考え方を示しているのは，精神分析を創始したジークムント・フロイト（Sigmund Freud）であろう。フロイトが，宗教は幻想であり，人類一般に見られる強迫神経症のようなものだと考えていたことは有名であるが（たとえば Freud & Robson-Scott, 1928），彼は，人生の目的への問いに答えることができるのは宗教だけであり，人生の目的とは何かという考え方そのものが，宗教的な体系によって生まれ，問われたのではないか，と考えていた（Freud, 1930）。その宗教が強迫神経症のようなものであるということは，人生の意味を考えるという営み自体が神経症的であるということになる。そのような考え方は，交遊のあった精神分析家のマリー・ボナパルト（Marie Bonaparte）へフロイトが送った晩年の手紙の言葉にも表れている。

> 生の意味や価値を探し求めるとき，その人は病気なのです。なぜならそれらは客観的に言っていずれも実在しないからです。そうすること自体が，満たされない余剰のリビドーがあるということを認めているにすぎません。
>
> （Jones, 1957, 第 3 巻 p.465 翻訳は筆者による）

つまり，人が人生の意味を考えてしまうのは，結局のところ，過剰な性的衝動（リビドー）が満たされていないからだ，というわけである。もっとも，フロイトは，この後の手紙で，このような見方は少し悲観的すぎるかもしれないと認めているが，人生の意味に囚われている状態は，しばしば重度の抑鬱状態か，気分障害（鬱病）や不安障害の状態ということはありうるだろう。精神分析や精神医学の立場からすれば，序章の冒頭に挙げたトルストイは，中年期によくある情緒障害に対する心理的防衛の結果として人生の意味にさいなまれていたということになる（Sterm, 1986）。また，「アニー・ホール」のアレヴィ少年（ひいてはウッディ・アレン）の意味への問いは，全般性不安障害の症状となるかもしれない（Wedding, Boyd, & Niemiec, 2005 小澤監訳 2012）

第Ⅰ部　人生の意味の哲学と心理学

　それはさておき，フロイトは，多くの後進を育てるとともに，次に挙げるユングやアドラー（また交流があり影響を受けたという意味ではフランクルも含まれるだろう）など多くの離反者も生み出した。そのうちの一人であるカール・グスタフ・ユング（Carl Gustav Jung）は，主に個性化（人格の完成）や死との関連で人生の意味について考察しており，死は，人格の完成という点で，生の意味の成就である，という目的論的な考え方を，心理的真実として認める立場をとっていた（たとえば Read, Fordham, Adler, & McGuire, 1967-1978 島津訳 1989）。さらには，晩年は魂の輪廻のイメージにおいて，生の意味は，生命が投げかけてきた問いに答えることであるとも考えていた（Jung, 1963 河合他訳 1973）。また，「神経症は人生が意味するものを発見できない人の苦しみと理解すべきである」（Jung, 1933, p.255 翻訳は筆者による）と述べているように，心理的障害を理解する上でも，意味を求めることの重要性を指摘していた。このようにユングは，フロイトよりも広い意味で無意識を捉え直す中で，性欲動が渦巻く個人的無意識の葛藤によらない意味への問いも認めていたわけである。

　また，ユングと同じく，性欲動を重視したフロイトと袂を分かち，「権力への意志」の衝動を根本的な欲求と捉えて個人心理学を創始したアルフレッド・アドラー（Alfred Adler）も，人生の意味について，自身の理論に基づいて考察している。彼は，『人生の意味の心理学（*What life should mean to you*)』（Adler, 1932 高尾訳 1984）において，人生の意味に関わる3つの「絆（ties）」として「仕事」「仲間」「性」を挙げ，これらが満たされている場合，「人生とは仲間の人間に関心を持つこと，全体の一部となること，人類の福利にできるだけ貢献すること」（Adler, 1932 高尾訳 1984, p. 8）という確信を持つとしている。すなわちアドラーにとっての人生の意味は，晩年に提示された共同体感覚のうちに実現されるというわけである。

　そして，このアドラーも先駆者とされるのが，人間性心理学である。人間性心理学は，人間を無意識に支配される存在とした精神分析や，外的環境に左右される存在とした行動主義に対して，人間の主体性や全体

性を重視し，価値の問題も取り上げようとした心理学の流れである。この主唱者の一人が，アブラハム・マズロー（Abraham Maslow）であり，彼は，人間性心理学を，精神分析，行動主義に続く第三勢力と位置づけている。彼も，人間性心理学の立場から，しばしば生きることの意味や価値，目的に言及している。1950年代以降，マズローは自己実現の概念を通して，健全な人間は人生の意味や価値をどこに置くのか，ということを追求し続けていた（たとえば Maslow, 1954 小口訳 1987, 1971）。その中で，彼は，基本的欲求（所属，愛情，尊敬，自尊心の満足を求める欲求）を満足させている人が動機づけられているものを，「高次欲求」「高次動機」と呼んでいる。これらの動機は，基本的欲求が満たされた後に出てきうるものであるが，高次動機が満たされない場合は，無意味感などに悩まされることもあるという。そして，高次欲求に動機づけられる人は「自己の外部」の仕事や職業，天職などに従事しており，彼らにとってそれらは，「究極的価値の運搬者，道具，もしくは化身」（Maslow, 1971 上田訳 1973, p.365）となっているとされる。このように，マズローは，人間について記述しようとすれば，健全な人が直面する人生における価値の問題も取り上げるべきだ，と考えていたわけである。また，一般にはあまり知られていないが，晩年の1960年代には，自己実現を超えた自己超越についてもしばしば言及するようになり，（上の高次動機にかなり重なる概念であるが）存在（Being）の領域に属する B 価値（真，善，美，全体性など）の次元で生きる超越的人間についても探求した（Maslow, 1968, 1971 上田訳 1973）。

　このような人間性心理学の流れは，その後，さらに発展を見せている。マズローもその死の直前に立ち上げに関わったトランスパーソナル心理学は，人間性心理学に続く第四勢力といわれ，自分を超えたものへの気づきや，自己実現を超えた成長についての研究がなされてきた。そこでは，禅やインド哲学などの非西洋的な伝統の知恵や技法も取り入れつつ，超越的な意味や価値，あるいは意味や価値の脱落の境地までも論じられてきた（たとえば Wilber, 1979 吉福訳 1986）。本書では詳述しないが，トランスパーソナル心理学は，それまでの心理学では取り上げられてこな

かった人生の究極的な意味，あるいは脱意味を直接テーマとしてきた分野であるといえる。

そして，後節でその主要な理論を概観するヴィクトール・フランクルは，マズローとほぼ同年代であり，人間性心理学やトランスパーソナル心理学へも影響を与えた心理学者である。フランクルは，大戦前から人生の意味に関する独自の理論と心理療法を創始し，理論的検討とともに，意味（ロゴス）に焦点を当てた実存分析（ロゴセラピー）と呼ばれる臨床実践を精力的に行った。このフランクルの流れは，彼の弟子であったクランボウとマホーリック（Crumbaugh & Maholick, 1964）が Purpose in Life test（PIL）を開発したことを機に実証的な心理学に受け継がれ，1970年代以降，臨床心理学や社会心理学を中心に，PIL を用いた多くの量的研究がなされることとなった。また，PIL が開発された後にも，PIL の問題点を補う尺度や領域特定的な尺度など，人生の意味に関する数多くの心理尺度が作成され，意味の経験の程度や意味の源，人生への評価などについて実証的な研究が行われてきた[*4]。通常，心理学で人生の意味がテーマとなる際に必ず参照されるのは，フランクルとそのロゴセラピーの流れを受けた研究の系譜である。

その他，本書では詳説しないが，人が生きる上で重要視する価値に関しては，オルポートら（Allport, Vernon, & Lindzey, 1951）やモリス（Morris, 1956）の古典的な研究や，現在もその尺度が用いられているロカーチ（Rokeach, 1973）の研究があり，心理学および社会学にわたる多くの調査的研究が行われてきた。現在は，世界各国で定期的に大規模な調査を実施する「世界価値観調査（World Values Survey）」が続けられている[*5]。こ

[*4] フランクルのロゴセラピーに関する研究についての「文献解題（annotated bibliography）」を作成した Batthyany と Guttmann（2005）は，ロゴセラピーの歴史を，『死と愛（*The doctor and soul*）』『夜と霧（*Man's search for meaning*）』が1950年代に英語で紹介されてから逆接志向や睡眠障害への心理療法の効果についての研究がなされた第1期，1960年代に PIL テストが開発されて以降，新たな尺度が作成された1980年代までの第2期，多くの実践領域でクライエントの精神的健康へのロゴセラピーの効果が検証された第3期の3つに分けている。

[*5] *http://www.worldvaluessurvey.org* を参照（2012年11月接続確認）。

の価値研究の流れで扱われてきたテーマは，実は人生の意味の概念，とりわけ，何によって人生の意味を経験しているか，という意味の源の概念とかなり近接したものである。

(2) 現代心理学へ（1980年代〜）

1980年代からは，心理学やその周辺領域でも，意味や価値の問題がしばしば取り上げられるようになった。社会科学の領域では，自己物語論(Gergen & Gergen, 1983)に代表される社会構成主義が台頭し，様々な社会現象や自己そのものも，主に言語を媒介とする活動によって構成されているという見方が見られるようになってきた。心理学でも，たとえば家族療法では，家族やセラピストを階層構造からなるシステムとして捉えるシステム論的アプローチから，言語による意味の生成を重視するアプローチへの転換があった（たとえば Anderson & Goolishian, 1988)。これはちょうど分析哲学においても人生の意味論が真剣に取り上げられるようになってきた時期でもあり，思想的にはポストモダン思想の展開における意味への重視という共通した背景があるといえるのかもしれない。

この頃に提唱されたリーカーとウォン（Reker & Wong, 1988）の個人的意味の理論モデルは，フランクルを源流とする実存心理学のみならず，現象学的社会学（Berger & Luckman, 1966）や象徴的相互作用論（Blumer, 1969)，およびパーソナル・コンストラクト理論（Kelly, 1955）など，それまでの意味や価値の問題に焦点を当てた議論も踏まえた包括的なものであり，後の研究の枠組みとしてもしばしば参照されるモデルとなった（この理論についても本章の後半で見ることになる）。ただし，それ以降も，フランクルを源流とする流れとそれ以外の領域は，それぞれ並行して研究が蓄積されており，相互の架橋が十分になされてきたとは言い難い状況が続いてきた。

しかし，特に2000年代から，フランクルの理論そのものというよりも，フランクルが問題としてきた領域に改めて大きな関心が向けられるようになってきており，その流れにおいて，実存主義的な概念としての人生

の意味と，それ以外の潮流が結ばれつつある。そのきっかけの1つは，ポジティブ心理学の台頭であり，もう1つはナラティヴ・アプローチによる研究の隆盛である。

　ポジティブ心理学とは，これまでの障害や弱さなど，人間のネガティブな側面に焦点を当てすぎてきた心理学への反省から，人間の優れた機能（human strength）を育み養うための知見を生み出そうとする運動であり，それまで個別に探求されてきたウェルネスや効力感，生活の質（quality of life: QOL）といった理論や研究に包括的な用語を与え，「何が人生を生きがいのあるものにするのか」という議論を意識的に行ってきたところに特徴がある（Peterson, 2006 宇野訳 2010; 島井, 2006）。ポジティブ心理学は「生きる意味と目的を探求する心理学」（Peterson, 2006 宇野訳 2010, p.7）と定義されるように，ここでは，人生の意味の問題が，幸福感や，知恵，価値などとともに，中核的な概念の1つとして扱われるに至っている（たとえばLopez, 2009; Snyder & Lopez, 2009）。

　一方，ナラティヴ・アプローチでは，個別具体的なライフイベントに着目し，各イベントが，いかにその人の人生の文脈に位置づけられ，統合的なナラティヴとして語られるのか，ということに焦点を当てたものが多い（たとえばMcAdams, 1993, 1996; やまだ, 2000）。このアプローチでは，量的尺度を用いた従来の研究のように，人生の意味を経験している程度や他の心理学的諸概念との関連の検討にとどまらず，社会・文化的な背景に埋め込まれた個人が様々なライフイベントについて物語る行為自体を，ダイナミックで生成的な「意味の行為（acts of meaning）」として捉えるところに特徴がある。

　また，ケリー（Kelly, 1955）のパーソナル・コンストラクト理論を源流とする構成主義（constructivism）においても，人が意味をいかに（再）構成するかということについての理論モデルおよび心理療法を発展させてきた（たとえばGillies & Neimeyer, 2006; 川島, 2008; Neimeyer, 2001）。構成主義においても，意味を再構成する際にナラティヴが果たす役割が重視されている。

これらの新たな潮流も踏まえつつ，先に挙げたウォンは，フランクル心理学やポジティブ心理学を統合すべく，「ポジティブ実存心理学（positive existential psychology）」を提唱し，ポジティブな特性やナラティヴの視点を取り入れた新たな実存心理学を構築しようとしている（たとえば Wong, 2009, 2010）。

　このように，現在では，人間の潜在的な可能性や内的な発達への関心に加え，これまでの科学的手法によらない質的な研究法の増加も相まって，人生の意味の問題への関心が高まっているといわれることも増えてきた（たとえば Reker, 2000; Steger, 2009）。実際，たとえば，1998年にはハンドブック『意味を求める人間（*The human quest for meaning*）』（Wong & Fry, 1998）が，2000年には『実存的意味の探求（*Exploring existential meaning*）』（Reker & Chamberlain, 2000）が出版されている。また，1998年にはウォンが人生の意味に関する国際的な研究ネットワーク（International Network on Personal Meaning: INPM）をカナダで立ち上げ，隔年で国際会議を開催するなど，実存的意味をテーマとした研究の機運も高まっているといえる[*6]。今後，新たなパラダイムや方法論のもと，20世紀における心理学で無視されがちであったこの領域の発展が期待されるところである。

2-2　フランクルの理論

　すでにここまででも名前が数度出てきているが，人生の意味の心理学の中でも，この問題を真正面から取り上げ，現在においても最も大きな歴史的影響を与え続けているのは，オーストリアの精神科医であったヴィクトール・エミール・フランクル（Viktor Emil Frankl）である。フランクルは，実存主義哲学の影響のもとにロゴセラピーを体系化した人物であり，人間の根本動機として「意味への意志」があるとし，人生の意味が問われるのは人間の本質的な欲求であると考えた。

[*6]　詳しくは INPM のウェブサイト（*http://www.meaning.ca/*）を参照されたい（2012年11月接続確認）。

ここでは、人生の意味の問題を考える上で欠かせない存在であるフランクルの人生の意味論について、その主要な概念に焦点化して、この後に見る他の理論モデルとは別に整理しておく。

(1) 意味への意志

　フランクルは、精神分析における衝動的無意識を中心とする立場を「快楽への意志」、個人心理学の権勢欲に焦点化する立場を「力への意志」として特徴づけ、それらよりもより根本的な人間の動機として「意味への意志（der wille zum sinn）」があると考えた。意味への意志とは、「意味と目的を発見し充足するという、人間の基本的努力」（Frankl, 1969 大沢訳 1979, p.41）と定義される。フランクルによれば、精神分析における快楽への意志（生理的欲求）も、個人心理学における力への意志（社会的欲求）も、ともにより本来的な意味への意志（実存的欲求）が満たされないときに副次的結果として現れるものであるという。すなわち、快楽は人間の努力の目標ではなく、意味が充足された結果としてもたらされるものであり、権力は意味充足のための手段として用いられるものである。いずれにしても、意味充足が本来の関心であり、それが阻止されたときにのみ、人は権力で満足するか快楽を意図することとなる。しかしながら、権力も快楽も単なる派生物（derivatives）であるため、それで充足されることはない。それが次に述べる実存的空虚につながるわけである。

　もっとも、意味への意志は、単に内面のバランスを保つために意味を充足させようとして突き動かされる衝動（drive）ではなく、何のために努力するのか、という意志決定を含んでいる。すなわち「人間は衝動によって押され、しかも意味によって引っぱられている」（Frankl, 1969 大沢訳 1979, p.50）という性質を持つものとされる。

(2) 実存的空虚

　この意味への意志が満たされない場合に経験される「内的空虚の体験、

根源的な意味喪失の感情」(Frankl, 1972 山田監訳 2004, p.211) が,「実存的空虚 (existential vacuum)」あるいは「実存的欲求不満 (existential frustration)」である。ここでの「実存的」という言葉を, フランクルは①実存そのもの, すなわち人間独自の存在様式に関して, ②実存の意味に関して, ③意味への意志に関して, の3つの意味で用いている (Frankl, 1972, 山田監訳 2004, p.10)。すなわち, 実存的空虚および実存的欲求不満とは, 人間独自の存在様式において, 実存の意味を求めようとする意志が満たされないことによる意味喪失状態ということができる。

このような実存的空虚の例として, フランクルが紹介しているのが以下のような例である。

> 私は二十二歳です。学位を取得し, デラックスな自動車を持ち, 経済的にも保障されています。その上, 持て余すほど多くの「セックス」と権力が私の意のままになっています。ただ私はどうしても疑問に思わずにはいられないのです。一体それらすべてにどういう意味があるのだろうか, と。
>
> (Frankl, 1972 山田監訳 2004, p.6)

この学生のように, 一見成功しているかのように見える人が内的空虚を抱えうるというところが実存的空虚の特徴の1つである。このような状態は, 図2.2に示すように,「成功―失敗」を横軸に,「充足―絶望」を縦軸に取って, それらを別次元のものとして捉えることによって説明することができる。すなわち, 実存的空虚は, 人生の「成功―失敗」という水平次元とは無関係の「充足―絶望」という垂直的次元に関わるものである (山田, 2002)。

実存的空虚の原因として, フランクルは,「本能の喪失」と「伝統の喪失」を挙げている。すなわち, 現代の人間は, 本能からも伝統からも何をなすべきかを告げられることがないため, 自分が何を本当に意志しているのかを見失い, その結果人間は,「他人がなすことを意志しようとするか, あるいは他人が意志することだけをなそうとするか, のいず

```
          充足
           |
           |
           |
成功 ———————+——————— 失敗
           |
           |
           |
          絶望
```

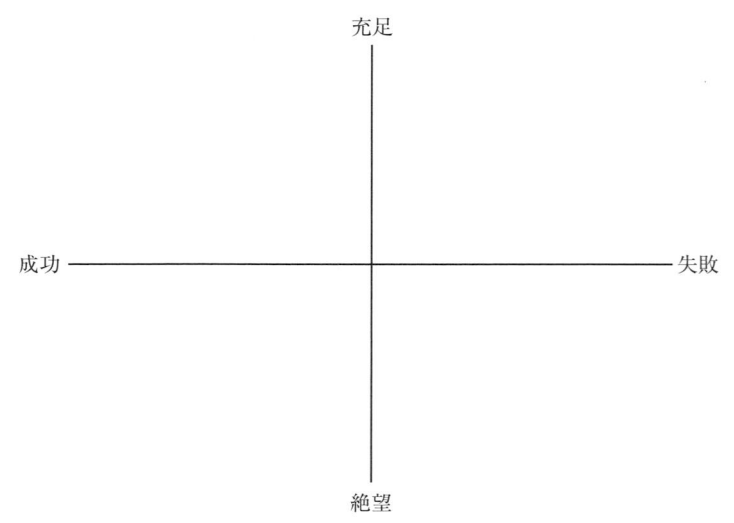

図 2.2 「成功―失敗」と「充足―絶望」の次元の関係
(Frankl, 1956 霜山訳 2002, p.40 より)

れかになる」(Frankl, 1972 山田監訳 2004, p.7)。そして，前者は画一主義となり，後者は全体主義となるというわけである[*7]。また，実存的欲求不満が大きく影響を与えているとされるのが，フランクルが「精神因性神経症（noogene Neurose）」と呼ぶ，特殊な神経症的状態である。フランクルによれば，この神経症は，様々な価値や道徳の葛藤，すなわち精神的問題から生じるものであり，絶望や不安，空虚さの形となって現れるが，それは通常の心因性の神経症とは区別されるものであり，還元主義的な見解（ニヒリズム）によってもたらされるいわば社会因性の神経症である（たとえば Frankl, 1956 霜山訳 2002; Frankl, 1972 山田監訳 2004）。

この見解に見られるように，フランクルは，実存的空虚そのものは，

[*7] 山田（2002）は，この2つを「主体的意志の喪失」としてまとめつつ，これらは，行為が則るべき規準や行為の動機に関わるものであって，行為の意味そのものに直接関わるものではない，と指摘している。さらに，より直接的な実存的空虚の原因として，「超越性の喪失」を挙げている。

絶望や不安，空虚さといった情緒的なものとして表出されるものの，そのような表出に直接関わっているのは，還元主義的ニヒリズム，すなわち（いわば認知的な枠組みに関わる）世界観の問題であると見ていたといえるだろう。この点について，フランクルは，ニヒリズムを，生活上の（生きられた）ニヒリズム（ゲレーブト）と学問上のニヒリズム（ゲレールト）とに分け，主に生活上のニヒリズムを実存的空虚と呼び，学問上のニヒリズムは還元主義と呼んでいる（Frankl, 1972 山田監訳 2004, p.211）。フランクルによれば，還元主義は，「ほかならない」（nichts als）という言い回しに代表されるように，人間をもの化し，事物化し，非人格化する傾向によって，実存的空虚を助長しているという。たとえば，親の愛を「ナルシシズムにほかならない」と言い切ったり，友情を「同性愛的欲求の昇華にほかならない」と主張したりすることは，「ほかならない」という言い回しによって人間の全体的次元に関して還元・矮小化をしてしまう点でニヒリズムが隠されているというわけである（Frankl, 1972 山田監訳 2004, pp. 9-10）。そして，このような還元主義が精神生活を支配し，教育にも反映されることで，若い世代の無意味感が高まっている，とフランクルは警鐘を鳴らしている。

　いずれにしても，実存的空虚という概念には，いわば情動に関わる空虚感のみならず，還元主義的ニヒリズムも必然的に含まれると言ってよいだろう。本書では，この2つを，「無常観」と「無常感」の区別（トピック2参照）になぞらえて，前者を「実存的空虚感」，後者を「実存的空虚観」，2つをまとめて「実存的空虚」と呼ぶことにする（3章参照）。

(3) 人生の意味についての問いのコペルニクス的転回

　フランクルは，この意味への意志がどのように満たされるか，すなわち，人生の意味がどのように実現されるのか，ということに1つの解答を与えている。その最も有名な一節が次の部分である。

　　ここで必要なのは生命の意味についての問いの観点変更なのである。す

> なわち人生から何をわれわれはまだ期待できるかが問題なのではなくて，むしろ人生が何をわれわれから期待しているかが問題なのである。そのことをわれわれは学ばねばならず，また絶望している人間に教えなければならないのである。哲学的に誇張して言えば，ここではコペルニクス的転回が問題なのであると云えよう。すなわちわれわれが人生の意味を問うのではなくて，われわれ自身が問われた者として体験されるのである。人生はわれわれに毎日毎時問いを提出し，われわれはその問いに，詮索や口先ではなくて，正しい行為によって応答しなければならないのである。人生というのは結局，人生の意味の問題に正しく答えること，人生が各人に課する使命を果すこと，日々の務めを行うことに対する責任を担うことに他ならないのである。
>
> （Frankl, 1947 霜山訳 1961, p.183）

　この転回は，人生の意味を問う存在から，人生の意味を問われている存在への転回，すなわち「意味を自己（人間）から問うのではなくて，存在の側から，存在そのものに即して問うことであり，われわれが自らを存在から問われている者として受け取ることである」（山田, 2002, p.318）ということができる。

　そして，このような見方の転回によって，人生の意味は決して漠然としたものではなく，常に具体的なものであり，各人が具体的な状況において，何かを創造・体験し，時に運命を自ら担う者としてあるという観点への変更が導かれる。

(4) 超意味

　コペルニクス的転回において，人生の意味は漠然としたものではありえず，常に具体的なものであるべきだとフランクルが指摘したのは，人生全体の意味は，信仰の世界に留保されるべきものであり，捉ええないものであると考えたためである。2章でも少し取り上げたが，そのような人生全体の究極的な意味，世界全体の意味を，フランクルは「超意味」と呼んだ（たとえば Frankl, 1946 霜山訳 1957, p.43）。超意味は捉ええない

証明不可能なものであり,「もはや思考の問題ではなく, むしろ信仰の問題である」(Frankl, 1969 大沢訳 1979, p.181)。しかし, 彼は, 超意味への信仰は, たとえ限界概念であり, 無根拠であるとしても, 心理療法的, 精神衛生的には大きな意義を持っており, 創造的な結果を生むと考えた(Frankl, 1946 霜山訳 1957, 1947, 山田他訳 1993)。

(5) 自己超越

フランクル理論において最も重要な概念の1つが「自己超越 (self transcendence)」である。フランクルは, 人間存在とは, 自分自身を超えて, 自分ではない何かあることまたはある人に向けられている存在であると考え, 人間存在の本質は自己実現 (self-actualization) の内には発見されることはなく, 自己超越こそが人間存在の真の目的であるとした (たとえば Frankl, 1972 山田監訳 2004)。彼によれば, 自己実現は, 目標として設定されうるものではなく, 自己超越, すなわち意味実現の副次的結果として生じるものである[*8]。

この自己超越とは, 2つの意味に分けられる。すなわち, 1つは自己の根底に自己を超えたものが働いているという意味での自己超越であり, もう1つは, その自己を超えたものは自己ならざる他の存在への超越として働くという意味での自己超越である (山田, 2002, p.328)。

(6) 3つの価値

フランクルによれば,「現象学的分析」によって, 人生の意味に関する主要な3つの価値が見出されたという (たとえば Frankl, 1972 山田監訳 2004, pp.32-33)。すなわち,「創造価値」「体験価値」「態度価値」の3つの価値範疇である。

創造価値とは, 何かを行ったり創造したりすることの中に見出す意味のことである。これはすなわち, 行動によって実現化されるものであり,

---

[*8] このような見解については, 自己実現の概念を発展させたマズロー (Maslow) との議論において, マズローもほぼ全面的に認めている (Frankl, 1966; Maslow, 1966)。

創造によって世界に対し何を彼が与えるかということである（Frankl, 1969 大沢訳 1979, p.83）。

体験価値とは，何かを体験したり，誰かを愛したりすることの中に見出す意味のことである。これは，世界（自然や芸術）の受動的な受容によって自我の中に現実化されるものであり（Frankl, 1946 霜山訳 1957, p.120），出会いと経験によって世界から何を彼が受け取るかということである（Frankl, 1969 大沢訳 1979, p.83）。

態度価値とは，人が直面する，どうすることもできない状況において見出す意味のことである。態度価値は，変化しえないもの，運命的なものがそのまま受け入れられねばならないような場合に常に実現化されるものである（Frankl, 1946 霜山訳 1957, p.120）。フランクルは，人間は活動において創造価値を，体験において体験価値を，苦悩において態度価値を実現すると考えていた（Frankl, 1946 霜山訳 1957, p.123）。そしてその中でも態度価値を特に重視しており，態度価値によって，ある種の人間，すなわち「苦悩する人間（ホモ・パティエンス）」は，絶望的な状況や苦悩する状態においても意味を見出すことができ，図2.2における失敗と充足が両立することもありうると考えた。

(7) フランクル心理学の現在

フランクルの多くの著作のうちでも最も有名な『夜と霧（*Man's search for meaning*）』は，1997年までに1000万部が売れ，現在も読まれ続けている。また，日本では他国に比しても多くの翻訳が出版され，現在でもその多くを入手することができる。

フランクルのロゴセラピーに基づいた研究と実践は，1960年代から精力的に展開され，特に，彼の弟子であったルーカス（E. Lukas）やファブリー（J. Fabry）らによってその思想が広く紹介された。

それに伴って，学会も多く設立され，1970年にはアメリカで初のロゴセラピー・クリニックが，1977年にはバークレーでロゴセラピー学会が，1982年には，ドイツ・ロゴセラピー学会が発足しており，現在までに日

本を含む27カ国でロゴセラピーに関する学会が設立されている（Marshall & Marshall, 2012）。ロゴセラピーに関する国際会議も多く，テキサス州のダラスでは隔年で国際会議が開催され，毎回各国から多くの参加者が訪れているという。

また，フランクルが創始した技法について，たとえば逆説志向は，実は認知療法の先駆的な存在であるともいわれ（たとえば Hoffman, 1984），現代に至るまで，様々な分野の研究者によって（間接的に）継承されている（Batthyany & Guttmann, 2005を参照）。

このように現在まで展開してきたフランクルの心理学は，実存心理学と人間性心理学をつなぐ架け橋として（Gould, 1993），また「フロイトやアドラー以降の最も重要な思想」（Frankl, 1963, G. W. Allport による序文）として評価される一方，ロゴセラピーそのものは，臨床心理学のメインストリームに受け入れられているとはいいがたいところがある。また，フランクルあるいはフランクル心理学に対する批判もないわけではない。

近年の主な批判者であるパイテル（Pytell）は，フランクルが1934年にオーストリアのファシズム系組織である祖国戦線（Fatherland Front）に入っていたことや，1936年から38年にかけて，ナチ寄りの組織であるゲーリング・インスティチュートから論文を自ら進んで公刊していたこと，さらにはナチ統制下のロートシルト病院で，国外追放を避けようとして自殺未遂をしたユダヤ人に対して脳外科手術の実験を行ったことなどの複雑な過去があることについて，フランクルは日和見主義で保身的だったのではないか，と指摘している（Pytell, 2000, 2001）。また，『夜と霧』において，アウシュビッツの収容所に長く収容されていたかのように書いているが，実際には2，3日しかいなかったという点についても不誠実であると批判している（Pytell, 2003）。これらの批判に対しては，戦時中にフランクルが置かれていた状況を考慮しなければならず，また『夜と霧』も，歴史的資料ではなく，一心理学者の収容所体験の記録として見なければならないという反論などがなされている（Biller, 2001）。

また，パイテルは，フランクル心理学の理論についても批判を加えて

いる。彼によれば，フランクルは，心身二元論を統一する全体性（wholeness）を目指しながら，同時に，身体的（somatic）—心理的（psychic）—精神的（noological）次元からなるという次元的存在論では人間存在を3つに分割してしまっているが，ここで全体性は精神的次元に位置づけられているという点で矛盾しており，二元論の克服に失敗しているという（Pytell, 2006）。

　しかし，このような過去の経歴上の問題や理論上の議論が残されているものの，現代社会の諸問題へフランクル心理学が示唆するところは大きく，現代社会において，ロゴセラピーの考え方がいかに寄与できるか，ということを，理論と実証の両側面から正当に再評価していくべきであろう。その点で，近年のポジティブ心理学やナラティヴ・アプローチの隆盛が，フランクル理論を見直すきっかけとなることが期待される。

2-3　人生の意味の理論モデルおよび知見

　ここまで，人生の意味の心理学について，歴史的な背景およびその中核となるフランクルの理論を簡単に見てきた。ここからは，そのような歴史的背景を持ちつつ，人生の意味を巡って提唱され検討されてきた理論モデルと実証的知見のそれぞれについて，詳しく見ていくことにする。その際，ここでは，「意味の構成要素」「意味の源と幅」「意味のレベル」「ナラティヴとしての人生の意味」「システムとしての人生の意味」の5つの点から整理する。人生の意味に関する心理学的研究の大部分は，この5つの枠組みの元で捉えることができる。このうち，前の3つはリーカーとウォン（Reker & Wong, 1988）によって初めて提示されたものであるが，ここでは，これらの概念が提示されたその後の知見もフォローしてまとめている。そして，後の2つは近年注目されるアプローチであり，いわば前の3つの次元がいかに結ばれるのかということに着目した視点である。この視点のポイントは，それらの3つが結ばれた「あいだ」にこそ意味が生まれるという見方をしているところであり，これ

は，とりわけ本書の6章以降でも鍵となっている。そして，本書の最終的な目的は，前半の3つと後半の2つを結ぶための新たな枠組みを構成することである。

(1) 意味の構成要素
認知・動機づけ・情動の3側面とそれらの絡み

　人生の意味の概念を構成する個人内の要素として，多くの研究者が，個人の信念や価値観などの認知的側面，意味を求める動機や目的意識としての意味への意志の側面，および意味に満ちているという感じ（meaningfulness）や満足感といった感情的側面の3側面を挙げている。まず，表2.1と表2.2に，これまでの研究における人生の意味の定義と，この3側面についての理論モデルで使用されてきた用語を示す。

　意味の構成要素に関する最も代表的な理論モデルは，先述したリーカーとウォン（1988）によるモデルである。彼らは，個人的意味（personal meaning）を多次元的な構造として捉え，「認知的（cognitive）」「動機的（motivational）」「情動的（affective）」という3つの要素からなるものとして個人的意味を定義している。

　彼らによれば，「認知的要素」は，人生の経験を理解することに関わるものである。それはたとえば，「人間存在に究極的な目的はあるのだろうか？」「宇宙に秩序や目的はあるのだろうか？」「人生全体の意味は何か？」というような実存的な関心として表される信条体系や世界観によって構成されている。

　「動機的要素」とは，各々が構成する価値体系（value system）のことである。価値は，我々の欲求や信条，そして社会によって規定されるものであるから，それは，必然的に「何を目指すのか」「いかに人生を生きるべきか」というところに帰結する。

　「情動的要素」とは，満足感や充足感に関するものである。たとえ個人の幸福の追求が意味あるものとならないとしても，個人の意味の実感というものは，多くの場合満足や充足の感覚を伴っているものだからで

表2.1　人生の意味の定義

著者	年	用語	定義
Frankl	1967	meaning of life	創造価値・体験価値・態度価値
Crumbaugh & Maholick	1969, p201	purpose in life	経験する個人の視点からの，人生の存在論的な意義（significance）
Battista & Almond	1973, p.409	meaning in life	人生へのポジティブな関心，ポジティブに価値づけられた人生の枠組みや人生目標を満たしているという個人の信念
Reker & Wong	1988, p.221	personal meaning	実存の秩序や一貫性や目的の認知，価値ある目標の追求と達成，充足感の生起
Baumeister	1991, p.15	meaning	物事や出来事，関係性に纏わる可能的な関係の心的表象
Dittman-Kohli & Westerhof	2000, p.108	personal meaning system	経験と行動に関して，人を世界へ関連づけること
Auhagen	2000, p.38	meaning of life	人生の意味とは，人生一般や，個人の生もしくはその部分に関する意味の文脈についての考えおよび経験の仕方を意味する理論的概念である。
Steger, Frazier, Oishi, & Kaler	2006, p.82	meaning in life	存在（being）と実存（existence）の本質からなる感覚（sense），及びそれに関する意義（significance）の感覚（felt）
Steger	2009, p.682	meaning in life	人生に目的や使命，包括的な目的を自ら見出している程度にともなって，人が人生を理解し（comprehend），説明し（make sense of），あるいは意義（significance）を見出す範囲

ある。

　彼らはさらに，これら3つの要素がどのように関連しているか，ということについて，3つの要素をそれぞれ頂点においた三角形のモデルを示している。図2.3に，リーカーとウォンによる現在のヴァージョン（Reker & Wong, 2012, p.435）を示す[*9]。これは，信念やスキーマなどの認

[*9] ウォン（Wong, 1998a）は，この3つの構成要素に，「関係的（relational）」要素と「個人的（personal）」要素を加え，5つの要素に修正したバージョンも提案している。

表 2.2　人生の意味に関する構成要素

モデル・枠組み	意味の構成要素		
	意味の認知	意味への意志	意味の感情
3つの価値（Frankl, 1963）	創造価値	態度価値	体験価値
人生態度（Battista & Almond, 1973）	枠組み（framework）		満足感（fulfillment）
人生目標へのコミットの型（Klinger, 1977）	理解（understanding）	アイデンティティ	親密性（intimacy）
一貫性の感覚（Antonovsky, 1987）	理解可能性（comprehensiblity）	管理しやすさ（manageability）	意味深さ（meaningfulness）
意味の構成要素（Reker & Wong, 1988）	認知（cognitive）	動機（motivational）	情動的（affective）
個人的意味（Dittmann-Kohli & Westerhof, 2000）	解釈（interpretation）	目標と動機（gorls and motives）	（情動）
人生経験の意味（King, 2004）	自己と世界の理解（understanding self and world）	行為（doing）	所属（belonging）
グローバルな人生の意味（Park, 2005）	信条（belief）	目標（goals）	主観的感情（subjective feelings）
人生の意味（Steger, 2009）	意義（significance）	目的（purpose）	（情動）

知的要素が，満足感などの情動的要素と，目標追求などの動機的要素の双方に影響を与え，動機的要素は情動的要素に影響を与えているというモデルである。また，それぞれの要素からは，直接的な影響に対するフィードバックが示されている。

　彼らは，理論的にはフランクル（1963）やマッディ（Maddi, 1970）の実存主義的な心理学の流れおよび，ケリー（Kelly, 1955）のパーソナル・コンストラクト理論を背景としている。すなわち，フランクルのように，究極的な意味の存在とその発見を重視する立場，およびマッディのように，究極的な意味を措定せず，自ら人生の意味を創造することを重視する立場の双方を踏まえた上で，意味を個人の内的構造として捉えようと

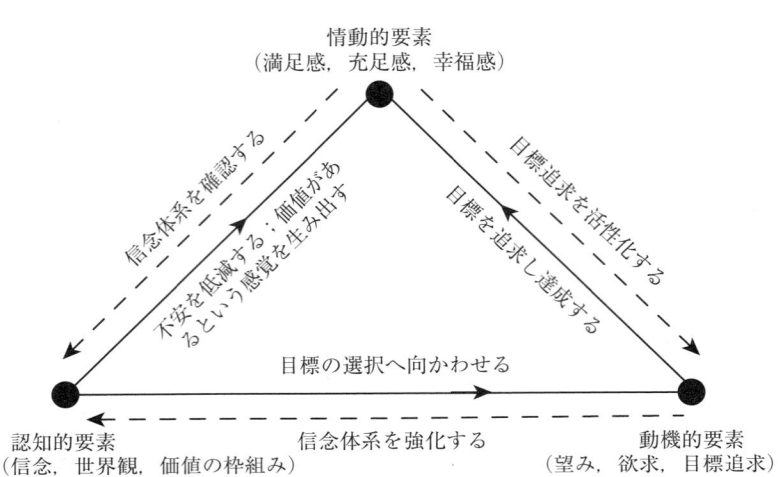

第Ⅰ部　人生の意味の哲学と心理学

```
                    情動的要素
              （満足感，充足感，幸福感）

      信念体系を確認する              目標追求を活性化する
    不安を低減する：価値があ          目標を追求し達成する
    るという感覚を生み出す

                    目標の選択へ向かわせる
    認知的要素           信念体系を強化する        動機的要素
（信念，世界観，価値の枠組み）                （望み，欲求，目標追求）
```
図2.3　意味の構成要素に関する理論モデル（Reker & Wong, 2012, p.435より）

したのである。この立場における人生の意味の機能とは，認知に媒介される変数（cognitive mediating variable）であり，人生経験の解釈を提供し，矛盾や葛藤や人間存在の不条理さを統合するものであると同時に，活性化した行動へ導く動機づけの変数に介入するものである。

　表2.2に示したように，リーカーらが提示したこれらの3つの構成要素にかなり重なる概念が，他の研究者によっても提示されてきた。

　多くの研究者は，人が意味を生成する内的構造のベースに認知の働きを据えている。この認知ベースの捉え方では，外界で起こる出来事や自己を心的表象として認識・経験し，それらを結びつけることによって，いかに意味を生成するか，といった点に焦点が当てられる（たとえばBering, 2002, 2003; Heine, Proulx, & Vohs, 2006）。たとえば，ベリング（Bering, 2002）は，従来の「心の理論（theory of mind）」（心的状態を区別したり，心の働きや性質を理解する知識や認知的枠組み）をベースとしつつも，自らの経験に「意味」を付与する独立したシステムとして，「実存的な心の理論（existential theory of mind）」という概念を提唱し，最も高度な認知的機能として実存的意味を求める心の働きを据えている（トピック3参照）。

しかしながら，これらの3要素すべてを含めるかどうか，またその他の要素をさらに付け加えるべきかについては議論がある。たとえば，スティーガーは，人生の意味を「意義（significance）」と「目的（purpose）」の2つ，すなわち，人生が何を意味（signify）するかに関わる認知の側面と，意味の追求としての動機の側面に分けており，ここに情動を加えることには疑義を呈している（Steger, 2009）。彼によれば，認知および動機は，人生の意味に特有の要素であり，これらは，自分や世界を理解し，様々な側面や領域を持つ人生を一貫した全体として組織化するために重要な要素であるが，ポジティブ情動のような情動の側面は，人生の意味との因果関係が明白ではなく，多様な情動や満足感の変数から人生の意味に特有の情動の特徴を抽出することは困難であるという。このように，世界を理解するための高度の情報処理の認知システムと，それに基づく意味への意志の側面は，人生の意味に特有の要素として挙げられるとしても，それらに伴って生起するような様々な情動との関連については，より注意深く検討する必要がある。

　また，意味の認知（意味の保有）と，意味への意志（意味の探求）との関連についても，意味があまり感じられないことが意味への意志を喚起するのか，意味への意志が意味の認知を引き出すのか，ということについても議論があり，スティーガーらは，その議論を「保有から探求へのモデル（Presence-to-Search model）」と「探求から保有へのモデル（Search-to-Presence model）」の2つに分類している（Steger, Kashdan, Sullivan, & Lorentz, 2008）。

　さらには，意味を追求することの心理的機能，すなわち人生の意味を追求することが心理的にポジティブに影響するのか，ネガティブに影響するのかについても，相対する理論的立場が見られている。たとえばフランクル（1963）やマッディ（1970）は，意味の追求こそが人間の根本動機であり，必要不可欠で自然なものであると考えたが，バウマイスター（Baumeister, 1991）やクリンガー（Klinger, 1998）は，不適応や欲求不満につながるものとして捉えている。

このように，人生の意味の構成要素については，それぞれの構成要素が持つ機能や構造がいまだ十分に検討されていないこともあり，多様な理論的立場が並立しているのが現状である。

構成要素の測定——PILとその後

意味の構成要素に関しては，特に，意味の認知や意味の感情を測定する心理尺度を用いた検討が数多く行われてきた（人生の意味に関する心理尺度については，(5)項で詳しくまとめている）。リーカーとウォンの枠組みを直接取り上げて検証したものとして，ランストとマルクーン（Ranst & Marcoen, 2000）の研究がある。彼らは，認知・動機・情動の3要素について，老年期を対象として種々の尺度を組み合わせた検討を行い，リーカーらが当初想定したような認知が情動と動機に影響を及ぼすモデルよりも，情動が認知と動機に影響を及ぼし，動機が認知に影響を及ぼしているモデルのほうが当てはまりがよいと報告している。

その他の多くの研究では，人生の意味や目的は，心理的健康に関連する変数の1つとされ，Purpose in Life test（PIL）などの心理尺度を用いた検討がなされてきた。そこでは，多様な概念について，人生の意味との関連が検討されており，人生に意味があるという感覚や信条を持っている場合，幸福感を感じており（たとえば Debats, van der Lubbe, & Wezeman, 1993; Robak & Griffin, 2000），ウェルビーイング（たとえば Bonebright, Clay, & Ankenmann, 2000; Zika & Chamberlain, 1992; Steger, Kashdan, Sullivan, & Lorentz, 2008）や人生満足度（たとえば Chamberlain & Zika, 1988; Heisel & Flett, 2004）が高い一方，ネガティブな情動の経験が少なく（たとえば Chamberlain & Zika, 1988），抑うつや不安が低く（たとえば Debats et al., 1993; Heisel & Flett, 2004），自殺を企図・実行しにくいこと（Edwards & Holden, 2003; Harlow, Newcomb, & Bentler, 1987; Heisel & Flett, 2004），将来の身体的・精神的健康を予測すること（Reker, 2002）などが報告されてきた。

一方，意味への意志すなわち意味の追求については，その重要性は指摘されながらも，これまでほとんど研究がなされてこなかった。しかし，

近年，意味の「保有（presence）」と「追求（search）」の2側面を評価する Meaning in Life Questionnaire（MLQ）を用いた一連の研究によって，意味の追求の側面が取り上げられるようになってきている（たとえば Steger et al., 2006; Steger & Kashdan, 2007）。スティーガーらの検討では，発達的には，意味の保有は加齢に従って増加する一方，追求は低くなること（Steger, Oishi, & Kashdan, 2009），日本とアメリカの比較では，アメリカで保有が高く，日本で追求が高いこと（Steger, Kawabata, Shimai, & Otake, 2008），2側面は時間的に比較的安定していること（Steger & Kashdan, 2007）などが示されている。

以上のように，意味の構成要素について，PIL をはじめとして，心理尺度を用いた量的研究が数多くなされてきたが，それらはこの概念を主軸として体系的になされてきたというよりも，それぞれの個別の研究テーマにおける心理学的変数の1つとしての位置づけであることが多かったといえる。それはすなわち，人生の意味の構成概念について十分に吟味することなく，既存の尺度をそのまま用いた研究が量産されてきたことを意味している。しかし，PIL をはじめ，従来用いられてきた尺度は，後に述べるように，それぞれに理論的・方法論的問題を内包したままであり，従来の知見についても，その問題点を踏まえた上で，その結果を吟味する必要があろう。

(2) 意味の源と幅
何に意味を見出しているか

リーカーとウォンは，人生の意味に関する信念や価値の体系として，個人的意味の分類の概念である「意味の源（sources of personal meaning）」を提示している（Reker & Wong, 1988）。意味の源とは，たとえば「喜び」や「成長」や「信仰」など，人生を意味あるものとするようなカテゴリーのことである。

価値については，それ以前にも古典的なオルポート（Allport et al., 1951）の6つの基本的な価値や動機（「理論的」「経済的」「審美的」「社会的」

「政治的」「宗教的」）を測定する尺度の作成に始まり，ロカーチ（Rokeach, 1973）の「道具的（instrumental）価値」と「最終的（terminal）価値」，マズロー（Maslow, 1968）の欲求の階層理論など，様々な形で検討されてきたが，リーカーとウォンは，これらの研究を踏まえつつ，主な意味の源として，「個人的関係」「個人的成長」「成功（達成）」「利他主義（他者への奉仕）」「快楽主義」「創造性」「宗教」「遺産」を挙げている。この意味の源については，後述するように，1980年代以降，リーカーら自身や他の多くの研究者によって，意味の源を検討する多くの調査がなされることになった。

さらにリーカーとウォンは，意味の源に関連する概念として，「意味の幅（breadth）」という概念も提示している。これは，個人が，意味の様々な源から意味を経験する傾向に関するものである。意味の幅が多様であるためには，たとえば快楽主義的な価値と勤勉さが求められるような人生の目的の達成との間の葛藤などに折り合いをつけていく必要があるとされる。

各世代・各文化の意味の源と幅

意味の源については，これをメインテーマとした多くの実証的検討が見られる。その代表的なものが，1980年代初頭から1990年代前半にかけて様々な世代の意味の源についての調査を行ったエバーソール（Ebersole）と共同研究者による一連の研究である。その一連の研究の中で開発された意味の源を測定する方法論が，Meaning Essay Document（以下MEDとする）である[*10]。

[*10] Meaning Essay Document（MED）は，作成された当初は，特定の尺度名が付けられることなく使用されていた。その後，Meaning Essay questions（Ebersole & DePaola, 1987），Meaning in Life Depth instrument（MILD）（たとえば Ebersole & Kobayakawa, 1989; Ebersole & Quiring, 1991）などと呼ばれていたが，近年，Meaning Essay Document（MED）という呼称が，開発者以外の研究者にも使用されているため（たとえば Reker, 2000; Showalter & Wagener, 2000），本書もそれに従った。呼称は異なるものの，いずれも質問内容は同一である。

表2.3 生きる意味のカテゴリー (Ebersole & DePaola, 1987, pp.187-188より)

カテゴリー	内容
関係（Relationships）	家族，友人，恋愛関係などの対人関係への姿勢。「私にとって友人やボーイフレンドと過ごすことが最も意味深い」など。
奉仕（Service）	抽象的な人への援助，授与の姿勢。「私の意味は，子供が学ぶのを手助けすることだ」など。
信条（Belief）	（宗教的・政治的・社会的な）信念・信仰に基づいて生きること。「今，神を見出して，私の人生は意味に満ちている」など。先行研究全体で，圧倒的に宗教的な性質を帯びたものが多い。
獲得（Obtaining）	純粋に物質的なものへの嗜好の強調。尊敬や成功や名声などの心理的な報酬の獲得はこのカテゴリーには当てはまらない。「安全でいられるように，できる限りお金を持っていたい」などがこのカテゴリーにあたる。
成長（Growth）	自己修養，自己理解（目標達成，能力の向上，自己価値観の増大，独立など）を通じた意味。「私は自分自身を見つけ，能力を向上させるために生まれた。変化し，成長し，目標に到達することが人生である」など。
健康（Health）	心身の健康の維持からの意味。「私はできる限り健康でいたいという思いが一番強い」など。
ライフワーク（Life Work）	仕事・労働に由来する意味（これは学校へ行くことが仕事と似ているとみなされる場合も含まれる）。しかし，家族に意味を見出している主婦は関係のカテゴリーに入る。「私は仕事によって人生に面白みを感じている」など。
喜び（Pleasure）	喜びや幸せ，満足，あるいは日常生活の経験が最も意味深い，というような一般的な表現。「私の意味は，一日一日をできるだけ楽しむことだ」など。
その他（Miscellaneous）	いずれの既存のカテゴリーにも属さないような記述。約5%がこのカテゴリーに入る。

　MEDは，それまで幅広く用いられてきたPILに代わるテストとして，自由記述を用いて，意味の源と深さを検討するために開発された。PILが主に情動的な意味感の強さを取り上げるのに対し，MEDは，より知的・認知的な側面を取り上げるものであるとされる（Ebersole & Quiring, 1991）。MEDでは，「今現在の，あなたの最も大きな生きる意味は何ですか？」という問いに対する答えと，その具体例についての自由記述を

表2.4 意味の源についての先行研究一覧

研究者	類型 [a]	地域 [b]	対象者
Lukas（1972, 1981）	「自己の暮らしの安楽」「自己実現」「家族」「本務」「人間関係」「興味」「体験」「信条への奉仕」「生活の困窮の克服」	オーストリア	18～69歳の男女
Battista & Almond（1973）	「対人関係」「奉仕」「理解」「獲得」「表現」「倫理」	アメリカ	医学学生
Klinger（1977）	「友人・コミュニケーション・理解」「親・兄弟姉妹」「宗教的信条・神との関係」「教育プロセス・大学の修了」他	アメリカ	大学生
Yalom（1980）	「利他主義」「大義への献身」「創造性」「快楽主義」「自己実現」「自己超越」	アメリカ	―
DeVogler & Ebersole（1980）	「理解」「関係」「奉仕」「信条」「表現」「獲得」「成長」「実存的・快楽主義的」	アメリカ	大学生
DeVogler & Ebersole（1981）	「関係」「信条」「成長」「ライフワーク」「健康」「奉仕」「理解」「獲得」	アメリカ	成人
DeVogler & Ebersole（1983）	「関係」「活動」「健康」「獲得」「学校」「外見」「信条」「成長」「奉仕」「喜び」	アメリカ	前期青年
Ebersole & DePaola（1987）	「関係」「奉仕」「信条」「獲得」「成長」「健康」「ライフワーク」「喜び」	アメリカ	高齢者
Baum & Stewart, Jr.（1990）	「仕事」「恋愛と結婚」「子どもの誕生」「個人的な趣味」「事故／病気／死」「別離／離婚」「大きな買い物」	アメリカ	17～96歳の男女
Fiske & Chiriboga（1991）	「達成と仕事」「よい対人関係」「哲学的・宗教的目標」「社会的奉仕」「困難からの自由」「楽しみの追求」「個人的成長」	アメリカ	成人
Taylor & Ebersole（1993）	「関係」「活動」「信条」「成長」「獲得」「学校」「健康」	アメリカ	児童
O'Connor & Chamberlain（1996）	「人間関係」「創造性」「個人的成長」「宗教的もしくはスピリチュアル」「社会的もしくは政治的」「自然との関係」	ニュージーランド	40～50歳の成人
Reker（1996）	「自己没入」「個人主義」「集団主義」「自己超越」	カナダ	16～93歳の男女
Prager（1996）	「個人的な関係性」「個人的欲求の満足」「価値や理想の維持」「個人的成長」	オーストラリア	18～91歳の男女
Wong（1998a）	「達成努力」「宗教」「関係」「満足」「公平－尊敬」「自信」「自己統合」「自己超越」「自己受容」	カナダ	18～60+ の男女
Debats（1999）	「関係」「ライフワーク」「個人的ウェルビーイング」「自己実現」「奉仕」「信条」「物質主義」	オランダ	18～26歳の男女

2章 人生の意味の心理学

Prager, Savaya, & Bar-Tur (2000)	「他者からの尊敬」「家族との親密さ」「社会集団への所属」「価値を基準にした生活」「スピリチュアル，心的／知的な追求」「心身の健康」「個人的な地位や成功」「自己充足」	イスラエル	21～78歳の男女
Showalter & Wagener (2000)	「関係」「活動」「健康」「獲得」「学校」「外見」「信条」「成長」「奉仕」「喜び」	アメリカ	キリスト教の青年
Baessler (2001)	「関係」「信条」「成長」「奉仕」「健康」「ライフワーク」「獲得」「喜び」「実存主義」	ドイツ・ペルー	青年
Kim (2001)	「達成」「経済的安定」「宗教」「受容と肯定」「関係」「自己超越」「よい性格」「自己鍛錬」「身体的健康」「親密な友人」	韓国	18～60+の男女
Lin (2001)	「自己発達」「達成」「受容と満足」「西洋宗教」「関係」「目的の追求」「家族」「自然や真理への接近」「よい待遇」「親密な関係」「普遍宗教」「自己超越」	中国	10～60代の男女
Kalkman (2003)	「達成」「利他主義と自己超越」「一般的関係」「宗教」「親密な関係」「人生の意味と目的の確認」「道徳性」「自然との関係」「公正な扱い」「自己受容」	インド・カナダ	18～50+のインド人とインド系カナダ人
Pöhlmann, Gruss, & Joraschky (2006)	「関係」「人生の仕事」「個人的ウェルビーイング」「自己実現」「奉仕」「信条」	ドイツ	神学部と科学系の大学生
Schnell & Becker (2006)	「自己超越」「自己実現」「秩序」「ウェルビーイングと共同性」	ドイツ	19～68歳の男女
Auhagen & Holub (2006)	「個人的関係」「積極的な社会的行動」「活動」「獲得」「目標」「個人的成長」「ウェルビーイング」「人生それ自体」「進化」「超越」	ドイツ	18～69歳の男女
Fegg, Kramer, Bausewein, & Borasio (2007)	「利他主義」「動物／自然」「家族」「経済的安定」「友人／知人」「健康」「快楽主義」「家／庭」「余暇時間」他	ドイツ	16～70+の男女
Lambert et al. (2010)	「家族」「友人」「幸福」「宗教的信仰」「達成」「自己受容」「個人的成長」「自己価値感」「正義／公正さ」「個人的目標」「親密さ」「人助け」	アメリカ	青年期の男女

a) 質的手法による分類と因子分析的手法による分類がある。
b) 地域名が明記されていない文献については，研究者の所属機関の所在地を記載した。

求める。

　エバーソールらは，このMEDの手法を用いて，成人（DeVogler & Ebersole, 1981），大学生（DeVogler & Ebersole, 1980; Ebersole & DeVogler, 1981），前青年期（DeVogler & Ebersole, 1983），児童（Taylor & Ebersole, 1993），高齢者夫婦（Ebersole & DePaola, 1987, 1989），アメリカ在住のメキシコ人1世（Jenerson-Madden, Ebersole, & Romero, 1992）などを対象に幅広く調査を行い，それぞれの発達段階や文化において，どのような生きる意味のカテゴリーが多く見られるのか，ということを中心に検討した。そして，それら一連の研究を通じて，1987年までに，「関係（relationships）」「奉仕（service）」「信条（belief）」「獲得（obtaining）」「成長（growth）」「健康（health）」「ライフワーク（life work）」「喜び（pleasure）」の8つのカテゴリー（および「その他（miscellaneous）」）を大半の研究に見出している（Ebersole & DePaola, 1987）。その内容を表2.3に示す。

　エバーソールら以外の研究者も，意味の源についての研究を行っており，その多くは，「最も重要な人生の意味」についての自由記述をもとにしている（たとえばDebats, 1999; DeVogler & Ebersole, 1980, 1981; Showalter & Wagener, 2000）。その他，同様の質問によるインタビュー調査（O'Connor & Chamberlain, 1996）や，「理想的に意味のある人生（ideally meaningful life）」についての記述をもとにした分類（Wong, 1998a）などの観点から，意味の源が分類されている。それらの一覧を表2.4に示す。

　これらの調査は，様々な国の様々な社会集団を対象に行われてきたが，そこではおおむね類似の意味の源が見出されており，それらの要素が比較的普遍的に見られることが示唆されている。それらのうちで，最も中心的なカテゴリーとしては，家族を含む人間関係が報告されることが多い（たとえばDebats, 1999; DePaola & Ebersole, 1995; DeVogler & Ebersole, 1980, 1981, 1983; Ebersole & DePaola, 1987; Lambert, Stillman, Baumeister, Fincham, Hicks, & Graham, 2010; MaCarthy, 1983, 1985; Orbach, Iluz, Ayala, & Rosenheim, 1987; Prager, 1996）。しかし，対象によって重心がおかれる意味の源には違いが見られ，たとえば，著名人と一般人を比較した検討（Ebersole & DeVogler-

表2.5 195人の著名人による「人生の意味」についての上位10テーマ

順位	テーマ	主な著名人	人数	%
1	人生を楽しみ，経験すること／その「瞬間」，その「旅」を楽しむこと	R. W. Emerson, M. Forbes, C. Grant, J. Joplin, T. Jefferson	33	17
2.5	愛し，助け，奉仕すること	P. T. DeChardin, C. Darrow, A. Einstein, M. Gandhi, T. Hesburg	25	13
2.5	人生は謎である	A. Camus, B. Dylan, A. Einstein, B. Fridan, S. Kierkegaard	25	13
4.5	人生は無意味である	J. Conrad, C. Darrow, S. Freud, F. Kafka, H. L. Mencken	21	11
4.5	神に仕え，信仰し，来世への準備をする	M. Gandhi, B. Graham, M. L. King, Jr., Mother Teresa, D. Lama	21	11
6	人生は闘争である	C. Dickens, B. Disreali, G. B. Shaw, J. Swift	16	8
7.5	自分より偉大なものに貢献すること	W. Durant, R. W. Emerson, W. Faulkner, B. Franklin, H. Mann	11	6
7.5	自己実現すること／人間として，主として発達・進化すること	M. Curie, E. Fromm, F. Nietzsche, Plato, R. L. Stevenson	11	6
9	自分で独自の意味を創造すること	S. Hook, G. Moses, C. Sagan, S. DeBeauvoir, J. Dewey	10	5
10	人生は不条理もしくはジョークである	A.Camus, C. Chaplin, B. Dylan, L. Reed, O. Wilde	7	4

Ebersole, 1986) では，一般人では関係性が最も中心的であるのに対し，著名人では，ライフワークが最頻出であった。

これらの意味の源についての調査的研究の他に，独自の検討として，キンニール (Kinnier et al., 2003) の研究が挙げられる。彼らは，著名人による人生の意味に関する記述を幅広く収集した上で，それらを分類し，主な10の立場を抽出している (表2.5)。この分類には，従来の意味の源と共通するカテゴリー (たとえば「人生を楽しみ，経験すること」「愛し，助け，奉仕すること」「自己実現すること」) が多く含まれているが，それらとともに，「人生は謎である」「人生は無意味である」といった意味の源の存在

自体への懐疑や,「人生は闘争である」といった文脈についての言説なども含まれているところが特徴的である。

一方,意味の幅について,人は様々な源から意味を経験していることが意味の源についての研究で指摘されてきたが (たとえば DeVogler-Ebersole & Ebersole, 1985) が,具体的な検討は少ない。そのうち,リーカー (1994) は,Sources of Meaning Profile (SOMP) を用いて意味の幅について,若者から高齢者までを対象に検討し,SOMP の13の意味の源のうち,すべての年代で,平均6つから7つの意味の源が高く評定されていること,心理的ウェルビーイングと意味の幅がポジティブに関連していることを示している。また,熊野 (2007) は,定年前後の日本の男性を対象に生きがいの対象についての調査を実施し,仕事・地域活動・趣味・家族などの生きがい対象を多く持つほど,生活満足度が高く,ストレス反応が低いと報告している。

このように,意味の源や幅についての研究では,どのような源が見られるかという意味内容の類型化をベースとして,研究参加者の社会集団において,どの源が重要であると見なされているか,ということに焦点が当てられてきた。しかし,源の違いが,心理的にいかなる意味を持ちうるのかということについての検討は十分ではない。今後は,単にカテゴリーを抽出してその出現割合を見るのみならず,その質的な違いが,発達やパーソナリティといかに関連しているか,ということを,次項の意味の深さの概念も視野に入れつつ探っていくことが必要である。

(3) 意味の深さ(レベル)
意味の深さの定義について

「意味の深さ (depth)」あるいは「意味のレベル」は,意味の質についての概念である。リーカーとウォンは,フランクルのロゴセラピーの理論や,ロカーチ (Rokeach, 1973) の価値研究をもとに,意味の深さを自己超越の程度から捉え,快楽主義的な喜びと快適さを伴って自己没入している「レベル1」,自分自身の潜在的な可能性の実現に時間と力を注ぐ

表2.6　意味の深さの5つの評定基準（DeVogler-Ebersole & Ebersole, 1985, p.305より）

1	より中心的な意味が複雑に記述されており、意味に関して個性的な感覚を持っている場合、より深い意味であると評定する。
2	意味や例がよりはっきりしており、信頼でき、具体的で、現実的なものほど、より深い意味であると評定する。
3	意味が、新奇なもので、それゆえに未経験で浅薄であれば、あまり深くない意味であると評定する。
4	評定者自身が、回答者が高い意味を持っているか、低い意味を持っているかを判定する。必ずしも、回答者の意味の深さの判断と一致するわけではない。
5	評定者が混乱したり、確信を持てない場合、その記述を「中程度」のカテゴリーに分類する。あるいは、何も例が示されていないものや、重要でないことが書かれている場合、中程度以上のカテゴリーに分類しないほうがよい。

「レベル2」、自分への関心を超え、他者への奉仕やより大きな社会的・政治的なものへ貢献するという「レベル3」、個人を超越したものを享受し、宇宙的な意味や究極的な目的を包含する「レベル4」という4つのレベルから意味の深さを概念化している。

　一方、エバーソールとその共同研究者は、後述する意味の深さについての調査のために、深さを5段階で評定する基準を示している（表2.6）。ここでは、より複雑で個性的・具体的で、新奇でない記述を深い意味と評定することが提案されており、リーカーとウォンとは異なり、意味の具体的な次元は直接に想定されていない。

意味の深さをめぐる困難

　意味の深さについての検討はいまだ少数の研究者のみにおいてしかなされておらず、エバーソールが中心となって行われた1980年代から90年代半ばにかけての一連の研究（たとえばDeVogler-Ebersole & Ebersole, 1985; Ebersole, 1998; Ebersole & DeVogler-Ebersole, 1986; Ebersole & Kobayakawa, 1989; Ebersole & Quiring, 1991; Ebersole & Sacco, 1983; Jenerson-Madden et al., 1992）の他は、ほとんど見あたらない。

　エバーソールらは、先述したMeaning Essay Document（MED）を、意味の深さを評価するため手法としても用いている。彼らは、PILで測

定されるものも意味の深さと考えており（Ebersole & DePaola, 1989），PILは自己報告式の，MEDは外部評価式の意味の深さの評定法としている。

これらの検討では，高齢者において，成人よりもPIL得点が高い一方，MEDの評価は低いこと（Ebersole & DePaola, 1989），メキシコ系アメリカ人とアメリカ人とで意味の深さの得点に差が見られないこと（Jenerson-Madden et al., 1992）などが報告されており，評定の具体例もいくつか示されている（DeVogler-Ebersole & Ebersole, 1985; Ebersole, 1998; Ebersole & Quiring, 1991）。また，エバーソールは，より具体的な例を示すべく，MEDを用いず，文学作品について個性記述的な検討を行い，意味の深さの変化についても分析している（Ebersole, 1993）。

しかし，MEDによる意味の深さの評定法にはいくつかの課題も残されている。たとえば，それぞれの研究における評定は，2人の評定者で行い，その一致率を確認しているが，一致率には，.43（Ebersole & DePaola, 1989）から.82（DeVogler-Ebersole & Ebersole, 1985）まで幅がある[*11]。また，外部評価の際に，評価者のバックグラウンドの親和性が影響するのではないか，という懸念について，デフォーグラー－エバーソールとエバーソール（DeVogler-Ebersole & Ebersole, 1985）は，異なる研究グループに属する評定者との一致率を検討し，意味の深さに関して.78という高い一致率を得ており，必ずしも評定者間の親和性が一致率を高めるわけではない，としているが，その後の研究では一致率が安定しておらず，意味の深さの定義をさらに明確にし，評定基準を精緻化することが求められる。

一方，先述したリーカーとウォンが提唱する，快楽主義から宇宙的な意味へと高まるような意味の深さの概念を前提とするならば，超越的な意味に基づいた信仰が人生の目的とポジティブに関連するという検討

[*11] 心理学の分野では，1以上の値を取りえない数値については，1の位の0を表記しないのが一般的なので，本書の記載法もそれに従っている（以降同様）。また，ここでの一致率とは，ピアソン（Pearson）の相関係数という指標であり，0～1の範囲で評定者の評定値がどの程度一致しているかを見ている。一致率の高低に絶対的な基準はないが，おおむね.7以上であれば一致率は高いといえるであろう。

(Bolt, 1975) や，喜びや快適さなどが人生の目的とネガティブに関連するという報告 (Crandall & Rasmussen, 1975) などから，意味の深さが深まるほど，精神的健康も高まるという解釈が可能かもしれない。

しかし，一部の研究では，意味の深さは単線的には捉えきれないことも指摘されている。オコナーとチェンバレン (O'Connor & Chamberlain, 1996) は，インタビュー調査によって，意味の深さについて検討し，リーカーとウォン (Reker & Wong, 1988) の基準によって語りを分析したところ，レベル1，すなわち自己没入的な意味のレベルでは，喜びや快適さなど，狭小な源しか見られなかったが，レベル3，すなわち社会的なものへの奉仕などの意味のレベルでは，個人的な意味から社会的な意味まで幅広い源が見られたと報告しており，意味の深さの概念を再検討する必要があると指摘している。

このように，意味の深さについては，いまだ整合的な定義と方法論が見られず，今後，その概念定義を意味の源や幅の概念と関連づけつつ明確にした上で，意味の深さを評価する方法論を見直していく必要がある。

(4) ナラティヴとしての人生の意味

意味は語ることで生じる

心理的な概念の構成要素を情動，認知，動機（欲求）などに分ける議論では，基本的に，個人の内面的現象について，その心的表象の構造や機能を記述することが中心である。しかし，このような要素は，社会的・文化的・生態学的文脈の中におかれて初めて文字通りの意味を持つといえる。たとえば，人生の意味の喪失や再構成には，親しい他者との死別や離別といった関係性の変化や，文化的な価値観の変化，社会的な状況の変化などが大きく影響する。さらには，それらの文脈に埋め込まれつつも，その文脈において一貫した意味を生成すること自体が，人生の意味を構成していると見ることもできる。

このようなアプローチの代表として，人が生きる人生を，ある種の物語構造として捉えるナラティヴ・アプローチがある（たとえばBruner,

1990; Josselson, 1993; McAdams, 1993; Polkinghorne, 1988; Sarbin, 1986; やまだ, 2000)。ナラティヴ・アプローチは，記号論や言語行為論，テクスト論など，様々な系譜を汲んだ学問横断的な領域であるが（やまだ, 2007a），このアプローチの特徴としては，①これまでの心理学では問題にされてこなかった具体的な文脈や意味に着目すること，②文脈や意味は，個人内の心理過程のみで生じるのではなく，その人が生きる社会や文化に埋め込まれていると考えること，③それぞれの文脈や意味は，様々な経験をある種の一貫した形で組織化することによって生成されると捉えること，④静的な構造ではなく，人生の意味の喪失や（再）構成のプロセスといった動態的な側面が重視されること，そして，⑤語り（narrative, story）およびその解釈が，この経験の組織化にとって非常に重要な役割を果たしていると捉えること，などが比較的共通したものの見方として挙げられる。すなわち，人生の意味は，いわば人生についての語りに依存しており，語りから独立した意味は存在しないという解釈学的な観点がナラティヴ・アプローチの根本にあるといえる（Widdershoven, 1993）。

パーソナリティ心理学の立場からアイデンティティのライフストーリー論を提唱しているマカダムス（McAdams）は，かねてよりパーソナリティ理論におけるナラティヴの重要性を指摘してきたが（たとえばMcAdams, 1993, 1996），さらに近年では，表2.7に示すように，パーソナリティを3つのレベルあるいは層（layer）から捉え直し，それぞれのレベルにおいて，異なるタイプの意味生成が見られるとしている（McAdams, 2009; McAdams & Pals, 2006; McAdams & Olson, 2010）。

このモデルによれば，第1層は，これまでのパーソナリティ研究で広く研究されてきた傾向に関するレベルである。たとえば，低い神経症傾向，高い外向性や経験への開放性などが，よりポジティブな意味生成と関連し，これらの傾向的特性が，人生の意味を引き出す心理的資源となる。この層は，従来の心理学で扱われてきた認知・動機・情動といった個人内の要因に関する層であるといえよう。第2層は，第1層よりも具体的で，時間や場所および社会的役割によって文脈づけられた動機づけ

表2.7 パーソナリティの3つのレベルおよび意味に関する概念
（McAdamas & Pals, 2006, p.212より改変）

レベル	定義	機能	意味に関する概念
1. 傾向的特性	状況や時間を問わず，総じて一貫性をもつ行為，志向，感覚の幅広い個人差（外向性，Big Five など）。特徴の個人間の差異は，時間的に安定している。	傾向的特性は，行為の概要を決める。	ハーディネス，誠実性，ポジティブ感情
2. 性格的適応	時間や状況，社会的役割によって文脈づけられた特定の動機や社会認知的，発達的変数（目標，価値，コーピング方略，関係性のパターン，領域特定的なシェマ，段階特定的な関心など。ライフコースの中で大きく変化するものもある）。	性格的適応は，人の人格の詳細を埋める。	様々な価値（政治的，宗教的），個人的目標や計画，目標への進歩のプロセス
3. 統合的な人生ナラティヴ	過去を再構築し，将来，自分の人生にアイデンティティ（統一性，目的，意味）をもたらすと思われる，内在化され発達するライフストーリー。	統合的な人生ナラティヴは，時間と文化の中で人の人生が何を意味するのかを伝える。	自己が埋め込まれた文化や社会，物語的アイデンティティ，苦しみに直面した人生ナラティヴ，補償的自己

や社会的認知，発達からなるものである。この層は，人生の意味と様々な諸概念との関連についての知見が当てはまるであろう。そして，第3層は，第1層や第2層の上に階層化され，再構成された過去や想定される未来を内在化し，発展させた物語，すなわちライフストーリーであり，これによって，人生はまとまりや一貫性や目的を持ったものとなる。

このように，マカダムスは，人生の意味に関してある種の階層構造を想定しており，それが，比較的普遍的で安定した意味への動機から，より特定的な文脈における個人的な目標，さらには文化や社会に埋め込まれたライフストーリーの意味まで，様々な位相を持つものであると考え

ている。

　一方，やまだ（2000）は，ライフストーリーに関する様々な理論の系譜を辿りつつ，人が人生を物語ることの意味，そして意味づける行為としての物語について論じている。この中で，やまだは，物語を「2つ以上の出来事（events）を結びつけて筋立てる行為（emplotting）」，意味を「結び合わせる行為」と定義している。

　人生の意味との関連に焦点化するならば，やまだのライフストーリー論では，人生の意味は，様々な文脈（状況的文脈，文化・社会的文脈，歴史的文脈，生態的文脈）すなわち場所(トポス)の中で語られるナラティヴにおいて捉えられる（やまだ，2000; やまだ・山田，2006, 2009）。現在，やまだ・山田（2009）は，生態学的システムと社会的ネットワークの概念および時間軸を統合し，ライフストーリーを，多重の入れ子状の「場所(トポス)」の中で生きられるものとしてモデル化し，これを「人生の年輪モデル」と名付けている。

　このようなナラティヴ・アプローチでは，フランクルを源流とするような実存的な人生の意味のみならず，日常生活における様々な経験が，様々な文脈の中でダイナミックに組織化される様相に着目しているところに特徴があるといえる。人生の意味を物語的構造において捉える視点は，これまでの人生の意味の心理学では十分に検討されてこなかった視点であり，今後，ナラティヴ・アプローチが人生の意味の心理学でも重要な視点および方法論の1つとなるであろう。

様々な語りに見る人生の意味

　ナラティヴ・アプローチにおいて，人生の意味の概念に特に密接に関わっているのがライフストーリー研究である。ライフストーリー研究は，「人間が生きている人生の物語・生の物語・いのちの物語・生活の物語を，ナラティヴ（語り・物語）論の立場から研究する学問」（やまだ，2007a, p.124）と定義され，人が自己が埋め込まれた文化的文脈の中で，人生経験をどのようにナラティヴとして組織化し意味づけて他者に語るかに関

心を持って様々な研究がなされてきた（たとえば McAdams, 2008; McAdams, Josselson, & Lieblich, 2006; McLean, Pasupathi, & Pals, 2007）。

　人が自らが属する文化的文脈の中で意味を生成するということについては，たとえば，思春期や青年期後半にライフストーリーを書く際に，特定の環境によって提供されるイメージやテーマやプロットが，書き手に選択されることが示されている（McAdams, 2006; Rosenwald & Ochberg, 1992）。

　そして，このようなライフストーリー研究で特にしばしば焦点が当てられるのが，ネガティブなライフイベントに直面した際の語りの再構成である。それらの研究では，苦しみや危機の中で，人がいかに自らの人生を語り直し，意味を再構成するのか，ということについて検討されてきた。たとえば，キング（King）とその共同研究者は，ダウン症の幼児の母親（King, Scollon, Ramsey, & Williams, 2000），ゲイやレズビアン（King & Smith, 2004），離婚した中年女性（King & Raspin, 2004）などのナラティヴについて，レーヴィンジャー（Loevinger, 1976）の自我発達の指標との関連を検討し，より正確で完成度の高いナラティヴは，現在や将来の自我発達にポジティブに関連していることを見出している。また，危機の意味づけにおいて，学びや成長，ポジティブな個人的変化などを強調したナラティヴ（Bauer & McAdams, 2004）や，より複雑で高度な形式のナラティヴ（McLean & Pratt, 2006）も，自我発達やアイデンティティの成熟とポジティブに関連しているという。

　一方，やまだは，喪失の語りについて，F1レーサーのアイルトン・セナの死に直面したファンの語りや，震災で友人を亡くした青年の語り，イギリスの19世紀末の家族墓碑や現代の子ども墓碑などをテーマにそれぞれの語りを分析している（やまだ, 2007b, 2012）。たとえば，セナのファンの語りにおいて，やまだは，ブルーナー（Bruner, 1986 田中訳 1998）が提示した「仮定法化された現実（subjunctivizing reality）」の枠組みを用いて，仮定法の語りが現れる具体的内容を辿っている。ここでの仮定法とは「その形式が，想像された（しかも事実ではない）行為や状態を指すために用いられ，したがって希望，命令，勧告，ないしは可能的であったり，

予期的であったりするできごとを表わすのに使われる，その叙法」(Bruner, 1986 田中訳 1998, p.42) を指す。具体的な語りにおいて，インタビューの協力者の多くに「……かもしれない。だったら……」という形の語り方が見られ，自分にとって大切な人の「死」を納得するための語り方として，現実を仮定法によって変換し，後に残された者として前向きに生きるという意味づけがなされていた。やまだのアプローチは，これまでの実存的意味の研究のように，一般的で抽象的な人生の意味を測定・評価するのではなく，個々の文脈の中での具体的な生の意味づけについて，その語られ方に注目し，かつ一般化可能な形で示している点で，多くの示唆を含んでいる。

このように，ナラティヴ・アプローチでは，人が自らの人生に付与する意味について，単に個人内の要因のみを検討するのではなく，状況的文脈や文化的文脈に埋め込まれた自己という見方や，意味のダイナミックな構築プロセスを捉える見方を提供することにより，従来の量的な研究の枠組みを超えた方法論を提示している。そして，ナラティヴ・アプローチにおける人生の意味の捉え方は，従来の実存的意味の概念よりも，個別具体的な文脈を重視するという意味では領域限定的である一方，多様な意味づけの営為を取り上げるという意味ではより広い視点を含んだものであり，従来の実存的意味の枠組みとナラティヴ・アプローチの枠組みをいかに架橋するか，という点が今後の課題となるであろう。

(5) システムとしての人生の意味
意味はつながりから生まれる

ナラティヴ・アプローチと同じく，つながりとしての意味を重視し，人生の意味をある種のシステムとして捉える見方が意味システム・アプローチの観点である。意味システムの捉え方は，大別するならば，意味内容の相互のつながりを意味システムとする見方と，より抽象的な心理的機能のつながりや時間的・発達的変化をシステムとして捉える見方の2つに分けられる。

前者の代表的なものとしては，リーカーとウォンのモデルが挙げられる。彼らは認知的複雑性（cognitive complexity）の概念に基づきつつ，個人的意味システムの重要性も指摘している。複雑な意味システムの発達の基礎となるのは，意味の幅と意味の源であり，様々な意味の源を入手可能で，より高いレベルの意味を追求する個人の意味システムは，差異化され，統合されたものであるとされる。
　一方，後者の代表的なものとしては，ディットマン－コーリとウェスターホフ（Dittmann-Kohli & Westerhof, 1997, 2000）の個人的意味システム（Personale Meaning System: PMS）やハーマンス（Hermans）の対話的自己（dialogical self）の理論（Hermans, Kempen, & van Loon, 1992; Hermans & Kempen, 1993 溝上・水間・森岡訳 2006）が挙げられる。
　ディットマン－コーリらは，人生の意味は，ライフイベントや人生一般に対する解釈的（interpretative）側面と，人生における目標や動機を含む指向的（directional）側面の2つを含む概念であるとし，個人的意味システムの概念はこの両側面を統合するものとしている。すなわち，この個人的意味システムは，感覚や経験を解釈し，意味への問いの充足や阻害を引き起こし，また，日常生活における短期的・長期的な決定を導くという機能を有しており，かつ，生物学的・心理学的・社会的・文化的な次元の中で（再）構成されるプロセスとして捉えることができるという。
　一方，ハーマンスは，自己と対話という2つの概念を結合すべく，ジェームズ（W. James）のI-me図式の認識論をバフチン（M. Bakhtin）の多声性（polyphony）の概念を組み合わせて発展させた対話的自己（dialogical self）という概念を提唱し，多声的存在として自己を捉えている（Hermans, 1992; Hermans & Kempen, 1993 溝上・水間・森岡訳 2006）。このハーマンスの理論も，対話によって意味を生み出す「非線形システム」として自己を捉えている点で，後者の意味システム・アプローチの1つと見ることができる。
　これらの意味システム・アプローチは，その理論的背景や方法論は様々であるが，要素を取り出し分類することが中心であった従来の枠組

「スポーツをすることによって，仕事で要求されることに全力を傾けるためにリラックスし，再び元気を取り戻すことができる

```
        ウェルビーイング ── ライフタスク
```

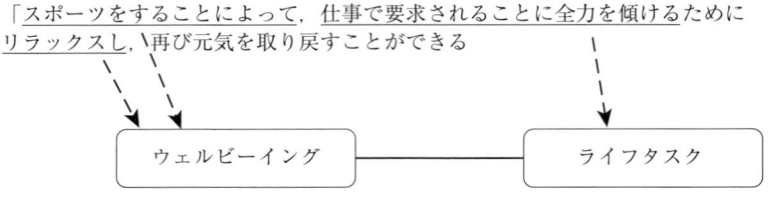

図2.4　Pöhlmann et al. の方法論

みを超え，個人が意味を（再）構成するプロセスや構造を探るという点で共通しており，新たなアプローチとして注目される。

意味システムを捉える方法

意味システム・アプローチの理論モデルには，意味内容の相互のつながりを見るアプローチと，より抽象的な心理的機能の時間的・発達的プロセスを検討するアプローチがあることを述べたが，近年，それぞれの視点に対応した意味システム・アプローチによる研究がいくつか見られている。

前者のアプローチを用いた研究に，ペールマンら（Pöhlmann, Gruss, & Joraschky, 2006）やレオンチェフ（Leontiev, 2007）の方法論がある。ペールマンらは，意味の源を結び合わせた文章の分析によって，それらの源のつながりを検討している（Pöhlmann et al., 2006）。たとえば「スポーツをすることによって，仕事で要求されることに全力を傾けるためにリラックスし，再び元気を取り戻すことができる」という記述の場合，それを図に変換する際には「スポーツをすることによってリラックスし，再び元気を取り戻す」という部分は「ウェルビーイング」に，「仕事で要求されることに全力を傾ける」は「ライフタスク」と解釈され，2つが線で結ばれる（図2.4）。

そしてこの図化によって，図内のネットワークにあるカテゴリーの数が「差異化（differentiation）」の度合いとして，カテゴリー間のコネクションの数が意味システムの「緊密さ（elaboration）」の度合いとして評

価され，最後にこの図の「一貫性（coherence）」や「統合性（integration）」を5段階で評価する。

　また，これと類似の観点による方法論として，レオンチェフ（Leontiev, 2007）の究極的意味技法（Ultimate Meanings Technique: UMT）がある。UMTの手続きは単純である。具体的には，半構造化された対面の対話形式が取られ，最初の教示としては，「なぜ人は何かをするのですか？」「なぜ人はテレビを見るのですか？」というような問いが対象者に投げかけられる。それに対して，たとえば「休息を取るため」「何が起こっているのかを知ろうとするため」などの回答があった場合，それらをすべて書き留めていく。そして，さらに「なぜ人は休息を必要とするのでしょうか？」「力を蓄えるため」「なぜ力を蓄えるのでしょうか？」「効率よく働くため」「なぜ効率よく働くのでしょうか？」というように対話が続けられ，「～はなぜ（何のため）ですか？」を繰り返して問うていく。この問いは，トートロジカルな反復（たとえば「生きるのは生きるため」）に行き着いたり，一般守則（general order）や人間の本質に言及されたりすることによって，それ以上説明が不可能になるまで続けられる。そして，1つの枝が究極的意味まで行き着いた後，まだ辿られていない他の回答に対しても同じように対話がなされる。回答は最終的に「意味の木（meaning tree）」として図示される。意味の木は，「意味のカテゴリー（meaning category）」「つながり（chain）」「究極的カテゴリー（ultimate category）」「節々のカテゴリー（nodular category）」「最初のカテゴリー（initial category）」からなるものであり，それはあたかも究極的意味に至る木のような統合された体系となる。こうして描かれた図について，カテゴリーの数やつながりの本数，究極的意味の個数などの指標を算出するとともに，現象学的な観点から内容分析がなされる。このアプローチは，単に意味システムを評価するのみならず，この図を描くことによって，人生観への洞察（意味カタルシス）をもたらす可能性も示唆されており，臨床的な技法としても可能性を持つとされている。

　これらのアプローチは，単に意味内容を並列的に記述するだけではな

く，量的アプローチと質的アプローチを組み合わせ，個人的意味を力動的なネットワークとして捉えることを試みている点で，注目されるアプローチであるといえる。

一方，後者のアプローチ，すなわち抽象的な心理的機能の時間的・発達的プロセスを検討するアプローチとして，ディットマン－コーリとウェスターホフは，彼女らが提唱する個人的意味システム（Personale Meaning System: PMS）の理論を元に，SELE-Instrument という文章完成法を用いて，個人の意味システムの特徴を捉えるアプローチを開発している（Dittmann-Kohli & Westerhof, 1997, 2000）。彼女らは，この方法によって，若者（17〜25歳）と高齢成年（60〜90歳）の意味システムを，身体的自己，心理的自己，活動，社会的関係，時間的展望，自己と人生の評価の諸側面から比較し，それぞれの側面について，青年期と老年期の人生の意味システムのあり方の違いを見出している。

また，ハーマンスも，彼の対話的自己論に対応した個性記述的な方法論として，「自己対面法（self confrontation method）」を開発し，意味をどう構築するか，ということを評価するアプローチを提示している。自己対面法では，バリュエーション（valuation）という概念に基づき，過去・現在・未来における自己物語を語ってもらう。バリュエーションとは，自己を内省する過程で見えてくる肯定的・否定的な価値を伴う意味単位のことであり，自己は，個人的意味の語りとして捉えられる。

自己対面法では，まず自己物語から抽出されたバリュエーションをカード化し，それぞれのカードについて，16の感情用語についての評定をする。その後，クライエントとこのバリュエーションを用いて，気になる点や新たな気づきや，潜在的に共通すると思われる問題，などについて議論する。その後，日常生活の上で，その解釈の妥当性を実践的に確認する作業を経て，バリュエーションの再構成を行う。このプロセスは，それぞれのクライエントに応じて柔軟に変更しうる。

ハーマンスは，自己対面法を通して，それまで把握していた自己の特性にはなかった新たな側面への気づきが生まれる過程を描き出している

（Hermans, 1998, 2000）。たとえば，失恋後に自己対面法を受けた30歳の男性の例において（Hermans, 1998），当初は，仕事での過度の達成志向がバリュエーションにも顕著に表れていたが，対話の中で，他者との関係性が盲点であったことや，あまりにも自己高揚的な方向に向きすぎていたことに気づき，2年半後のバリュエーションでは，人生の意味の見方に，他者との接触や連携についての内容が含まれるようになったプロセスを紹介しており，人生の意味の変化がバリュエーションの内容や情動的特徴と対応していることを示している。

このハーマンスの自己対面法は，個人の具体的な意味システムの特徴を，ナラティヴのあり方やその変化に着目して明らかにしている点で，独自の理論的特徴と臨床的意義を有したものであるといえよう。

(6) 意味の階層モデル

ここまで，人生の意味に関する心理学を5つの視点から概観してきた。これらの知見の全体は，図2.5のような階層モデルとしてまとめることができる。

(1)項で見た意味の構成要素（意味の認知・意味への意志・意味の感情）については，この3要素すべてを含めるかどうかは議論があるが，少なくとも意味の認知と意味への意志の側面は，人生の意味に特有の心理的機能であるといえよう。(2)項と(3)項で見た意味の源・幅・深さは，これらの意味の構成要素の働きの中で生まれてくるものである。極めて単純化して整理するならば，意味の源の集まりが意味の幅であり，意味の幅が広く，かつ一貫性のある結びつきが見られる程度が意味の深さと見ることができるかもしれない。

これらの個人の内面的な要素は，傾向的特性（McAdams, 2009）の側面であるといえよう。傾向的特性の側面は，比較的安定した個人の人生観や心理的傾向であり（Steger & Kashdan, 2007），これまでの多くの実証的研究において半ば暗黙に前提とされてきたのが，この層における人生の意味であったといえる。

第Ⅰ部　人生の意味の哲学と心理学

```
                    意味システム
                        ↑
              ┌─────────────────────┐
              │   社会・文化的文脈      │
              │ ┌─────────────────┐ │
              │ │    状況的文脈      │ │
              │ │                 │ │
              │ │   ┌─意味の認知─┐  │ │
              │ │   │           │  │ │
              │ │      意味の源      │ │
              │ │      意味の幅      │ │
              │ │      意味の深さ    │ │
              │ │                 │ │
              │ │ ┌─意味の感情─┐─┌─意味への意志─┐ │
              │ │                 │ │
              │ │    傾向的特性     │ │
              │ │    性格的適応     │ │
              │ └─────────────────┘ │
              │   統合的な人生ナラティヴ │
              └─────────────────────┘
                        │
                  時間（ライフストーリー）
```

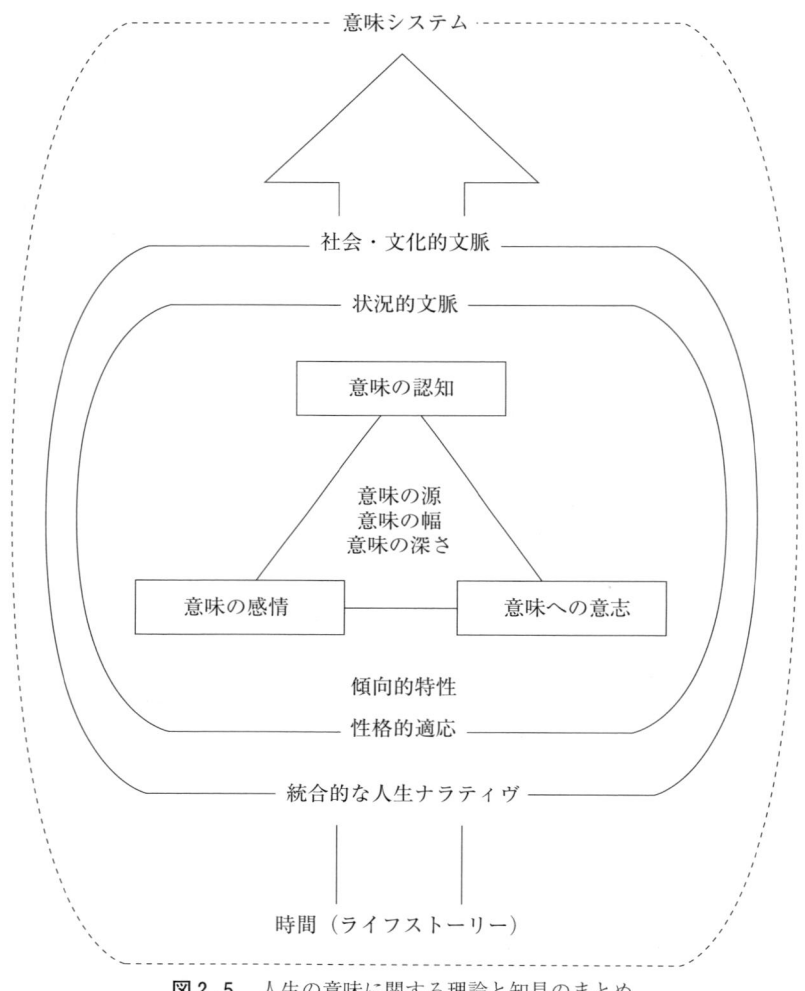

図2.5　人生の意味に関する理論と知見のまとめ

　さらに，自己が，状況的文脈や，より広く背景的な文化的文脈に埋め込まれていると見るのが，(4)項で見たナラティヴ・アプローチである。ナラティヴ・アプローチでは，経験を組織化する際の語り自体が，人生の意味を創造することに関わっていると考え，傾向的特性や性格的適応

も含みつつ，人が語りを通じていかに自らの人生を意味づけるか，という点を検討してきた。このアプローチは，これまでの見方を「〜の物語」としてメタ化し，歴史・社会・文化的物語の中で捉え直すことを通して，可塑性や変化可能性や多様性を許容するものであり（やまだ，2000）．その意味では，これまでの人生の意味に関する実証的研究の枠組みを相対化しつつ，より多様で変化に富んだ意味の様相にアプローチする方法であるといえる。

(5)項で見た意味システム・アプローチは，ナラティヴ・アプローチとも通底するところも多いが，人生の意味を意味システムとして捉え，人の人生観がいかに構築されているか，という点を検討している。それは個人の内面的な心理的機能とライフストーリーを含み込んだ人生観を捉えようとするアプローチであるといえる。

以上のように，人生の意味に関する理論モデルや知見は多様であり，また，近年の心理学全体のいくつかの重要な変化（ナラティヴ・ターンの到来やポジティブ心理学の隆盛など）に敏感に対応して，新たな理論や知見が生み出されつつあるが，現在のところ，それらの理論モデルや知見を架橋し，体系化する試みはウォン（Wong, 2009, 2012）などの一部を除いてなされておらず，今後，それぞれの理論や知見を適切に位置づけ，人生の意味に関連する心理的な機能や構造を明らかにしていくことが求められる。

2-4 人生の意味を測定する——代表的な心理尺度の概要

前節では，心理学的研究の理論モデルと知見を取り上げてきたが，これらの研究で用いられてきた方法論は，心理尺度を用いた方法と，意味の源や意味システムについての自由記述を用いた方法の2つに分けることができる。しかし，大半の研究は（この分野における主流の方法である）量的な心理尺度を用いた研究である。それを踏まえ，ここでは，数多く作成されてきた心理尺度のうち，Purpose in Life test（PIL）を筆頭とし

表2.8 人生の意味に関する尺度

尺度名	開発者（発表年）	目的	形式
Frankl Questionnaire	Frankl	実存的空虚の査定	質問項目13項目
Purpose in Life test (PIL)	Crumbaugh & Maholick (1964)	Franklの実存的欲求不満の概念の測定	評定尺度（20項目）
Logotest	Lukas (1972/2004)	意味の達成と実存的欲求不満の測定	評定尺度（9項目＋7項目）および選択式質問と自由記述
Life Regard Index (LRI)	Battista & Almond (1973)	積極的な人生への関心の測定	半構造化インタビュー
Life-meanings Survey	Shapiro (1976)	信条や行為、生きがい、人生哲学などの測定	評定尺度（28項目）
Seeking of Noetic Goals test (SONG)	Crumbaugh (1977)	意味発見への動機の強さの測定	評定尺度（20項目）
Meaning in Life Evaluation scale (MILE)	Crumbaugh, Wood, & Wood (1980)	個人にとって意味ある価値の測定	評定尺度（20項目）
Meaning Essay Document (MED)	DeVogler & Ebersole (1980)	意味の源と、意味発見の深さの評価	面接もしくは自由記述
Belfast Test	Giorgi (1982)	意味発見や価値実現の困難さの測定	評定尺度（20項目）
Life Purpose Questionnaire (LPQ)	Hablas & Hutzell (1982)	施設に入所する高齢者の意味経験の測定	評定尺度（20項目）
Sense of Coherence Scale (SOC)	Antonovsky (1987)	処理可能感、有意味感、把握可能感の測定	評定尺度（39項目）
Reasons for Living Inventory (RFL)	Linehan, Goodstein, Nielsen, & Chiles (1983)	自殺をせずに生きている理由についての信念の測定	評定尺度（48項目）
Meaning in Suffering Test (MIST)	Starck (1983)	不可避の苦痛の経験に対する意味発見の程度の測定	評定尺度20項目および17項目の質問への自由記述
A scale for measuring experienced levels of emptiness and existential concern	Hazell (1984)	空虚感の経験と、実存的な関心の測定	評定尺度（17項目）
Existential Vacuum Screening (EVS) Scale	Hutzell & Peterson (1985)	実存的空虚感を経験している者のスクリーニング	評定尺度（11項目）
Meaning in Life Scale (MIL)	Florian (1985)	人生に意味を与える諸側面の評価	評定尺度（11項目）
Three Item Meaningless Scale	Newcomb & Harlow (1986)	無意味感の感覚の測定	評定尺度（3項目）
Meaning in Life Scale	Warner & Williams (1987)	ホスピスやリハビリプログラムの患者における目的や信念、信仰の程度の測定	評定尺度（15項目）
Self-confrontation Procedure	Hermans (1989)	人生の意味の変化や再組織化のプロセスの評価	面接
Purpose in Life Subscale (PWB-P)	Ryff (1989)	人生の意味と目的の感覚の測定	評定尺度（20項目）
Self-Transcendence Scale (STS)	Reed (1991)	人生後期の個人内、個人間、現在の経験の特徴の同定	評定尺度（15項目）
Values Worksheet	Hutzell (1992)	意味ある価値の選定	選定項目（176項目）
Life Attitude Profile-Revised (LAP-R)	Reker (1992)	人生の意味や目的を見出している程度や動機の測定	評定尺度（48項目）
「むなしさ」感尺度	堤 (1994)	青年期の実存的空虚感（「むなしさ」感）の測定	評定尺度（54項目）
No Meaning Scale	Kunzendorf & Maguire (1995)	人生の意味なさの測定	評定尺度（18項目）
Sources of Meaning Profile-Revised (SOMP-R)	Reker (1996)	人生に意味がもたらされる領域（意味の源）の測定	評定尺度（17項目）

2章 人生の意味の心理学

尺度名	著者	内容	形式
Life Evaluation Questionnaire (LEQ)	Salmon, Manzi, & Valori (1996)	不治の癌患者の人生の意味の測定	評定尺度 (44項目)
SELE-Instrument	Dittmann-Kohli & Westerhof (1997)	個人的意味システムの評価	文章完成法
生きがい感スケール	近藤・鎌田 (1998)	現代大学生の生きがい感の測定	評定尺度 (31項目)
Characteristics of an Ideally Meaningful Life	Wong (1998)	理想的に意味深い人生の評定	評定尺度 (59項目)
Perceived Personal Meaning Scale (PPMS)	Wong (1998)	知覚された人生の意味の源の測定	評定尺度 (8項目)
Personal Meaning Profile (PMP)	Wong (1998)	意味深い人生の意味の源の測定	評定尺度 (57項目)
Sources of Meaning Questionnaire	Debats (1999)	意味の源の内容とその重要性の評価	自由記述
Sources of Life Meaning Scale (SLM)	Prager, Savaya, & Bar-Tur (2000)	文化的に敏感 (culturally sensitive) な意味の源の測定	評定尺度 (41項目)
生きる意味への問い経験尺度	亀田 (2002)	生きる目的, 価値, 存在, 責任の問いや程度の測定	評定尺度 (38項目)
Existence Scale (ES)	Längle, Orgler, & Kundi (2003)	存在していることに対する満足感の測定	評定尺度 (46項目)
Questions in Life	Auhagen (2004)	人生の重要な側面の測定	評定尺度 (40項目)
Meaning in life	Krause (2004)	価値, 目的, 目標, 過去の省察の4側面の測定	評定尺度 (14項目)
Spiritual Meaning Scale (SMS)	Mascaro, Rosen, & Morey (2004)	スピリチュアルな意味の測定	評定尺度 (14項目)
Existential Meaning Scale (EMS)	Lyon & Younger (2005)	実存的意味の測定	評定尺度 (20項目)
実存的空虚尺度 (EVS)	浦田 (2005)	現代大学生の実存的空虚の測定	評定尺度 (13項目)
Meaning in Life Scale (MiLS)	Jim, Purnell, Richardson, Golden-Kreutz, & Anderson (2006)	癌患者の人生の価値や目的, 目標の測定	評定尺度 (21項目)
Assessment of structural properties of personal meaning systems	Pöhlmann, Gruss, & Joraschky (2006)	意味システムの構造の評価	自由記述
Life Engagement Test	Scheier, Wrosch, Baum, Cohen, Martire, Mattews, Schulz, & Zdaniuk (2006)	人生の目的 (従事している活動の価値や重要性) の測定	評定尺度 (6項目)
Meaning in Life Questionnaire (MLQ)	Steger, Frazier, Oishi, & Kaler (2006)	意味の探究と保有の程度の測定	評定尺度 (10項目)
Multidimensional Life Meaning Scale (MLMS)	Edwards (2007)	人生の意味の多次元的な測定	評定尺度 (64項目)
Schedule for Meaning in Life Evaluation (SMiLE)	Fegg, Kramer, Bausewein, & Borasio (2007)	個人の生活の意味のあり方についての評定	電話インタビュー
Ultimate Meanings Technique (UMT)	Leontiev (2007)	究極的な意味とそれに至るまでの意味システムの構造の分析	インタビュー
LeBe (SoMe)	Schnell & Becker (2007)	意味の源の内容とその重要性および危機の測定	評定尺度 (155項目)
Meaning in Life Index (MILI)	Leslie & Peter (2008)	人生の目的, 人生への満足, 目的志向的行動などの測定	評定尺度 (22項目)
Daily Meaning Scale (DMS)	Steger, Kashdan, & Oishi (2008)	日常の意味と目的の測定	評定尺度 (2項目)
Meaningful Life Measure (MLM)	Morgan & Farsides (2009)	実存的意味の包括的な測定	評定尺度 (23項目)
Personal Meaning Profile B (PMP-B)	McDonald, Wong, & Gingras (2012)	PMP (Wong, 1998) の短縮版	評定尺度 (21項目)

た代表的な量的尺度をいくつか取り上げて概観する。特に大半の研究で使用されてきたPILについては，その問題点も含めて詳述する。

(1) 人生の意味に関する心理尺度

人生の意味の概念は多岐にわたっており，かつ様々な概念と関連しているため，この概念を心理学的に測定するための尺度が多く作成されている。表2.8に，人生の意味を直接のテーマにしており，かつ信頼性や妥当性がある程度検討されている尺度をまとめた。

これらの尺度には一部自由記述やインタビュー調査の手法を用いるものもあるが，多くは一般的な評定尺度法（「当てはまる～当てはまらない」などを5段階や7段階で選択させる方法）によるものである。それらの尺度は，大きくは2つに分けられる。すなわち，一般的な人生の意味を測定する尺度と，使用する文脈が特定された尺度である。前者には，PIL，LRI，LAP，MLQなどがあり，それぞれ，意味や目的を経験している程度を様々な側面から測定するために作成されている。一方，後者には，施設に入所する高齢者（LPQ），ガン患者（LPQ, MiLS, ML），ホスピスやリハビリプログラムの患者（Meaning in Life Scale）などを対象とした尺度や，スピリチュアリティ（SMS）や，意味の源（MED, SOMP, LeBe）などの使用する領域を特化した尺度とが作成されてきた。

ここからは，それらの尺度のうち，先行研究で頻繁に使用されてきた代表的なものをいくつか取り上げ，その概要を見ていく。

(2) 代表的な心理尺度の概要と問題点

Purpose in Life test（PIL）

フランクルの弟子のクランボウとマホーリック（Crumbaugh & Maholick, 1964）は，フランクルのロゴセラピーの概念を量的に捉えるべく，Purpose in Life test（PIL）を開発した。彼らは，人生の目的（purpose in life）を，論理的には「経験する個人の視点からの，人生の存在論的な意義（significance）である」と定義し，操作的には「PILによって測定される

もの」としている。

　PILは実存的欲求不満を量的に測定するパートAと，質的に分析するパートBおよびCの3つのパートからなる。パートAは，20項目の質問紙法，パートBは13項目の文章完成法，パートCは1項目の自由記述法である。このうち，パートBおよびCは，臨床実践の領域では関心を持たれて利用されてきた。しかし，実証的な研究においては，欧米では，スコア化に際してその分類と解釈の難しさが問題となり，定量的な分析が簡便なパートAのみが用いられてきた[*12]。

　PILは，フランクルの弟子が開発したものであり，またフランクル自身も，しばしばその著作において，PILによる実証的研究の成果を認めていることから，フランクルの概念を実証するための尺度として，その後の多くの研究で使用されるところとなった。そして，PILの普及によって，種々の心理学的諸概念との関連について，現在まで多くの知見が蓄積されてきた。

　欧米でのほとんどの研究はパートAのみを用いているため，ここではPIL＝パートAとして話を進めることとする。PILは，20項目からなっており，それぞれの質問項目について，7段階で自分がどの程度かを回答する形式である。たとえば，項目1では，

　　私はふだん
　　退屈しきっている　－1
　　　　　　　　　　　－2
　　　　　　　　　　　－3
　　どちらでもない　　－4
　　　　　　　　　　　－5
　　　　　　　　　　　－6

[*12] 日本においては，その後PIL研究会が日本語版PILの標準化作業を進め，1993年にテストとしてマニュアルとともに出版され（岡堂・PIL研究会，1993），さらに2008年に改訂版が出されている（PIL研究会，2008）。日本語版PILはパートAのみでなく，B，Cの記述も数量化し標準化している。その詳細は佐藤文子監修『PILハンドブック』（佐藤，1998, 2008（改訂））を参照されたい。

非常に元気一杯で − 7
はりきっている

(邦訳は岡堂・PIL 研究会 (1998) による)

という形で項目が作られており，回答者は，1〜7のいずれか当てはまると思う番号に〇をつけることが求められている。

この PIL は基本的に「人生の意味」という1つの因子による影響を測るものとされることが多い。しかし，因子分析や主成分分析などの手法を行い，その背後にいくつかの潜在因子や成分を見出している研究もある。それらの研究の多くは2因子あるいは2成分を抽出しており，たとえば，ウォルターズとクライン (Walters & Klein, 1980) は，「絶望 (despair)」と「熱意 (enthusiasm)」の2因子を，ダフトンとパールマン (Dufton & Perlman, 1986) は，「人生満足感 (life satisfaction)」と「人生の目的 (life purpose)」の2因子を抽出している。モルカーとストゥームフィグ (Molcar & Stuempfig, 1988) は，主成分分析によって，一般的な人生の意味や目的に関する成分と，日常生活における興奮 (excitement) の成分を見出している。PIL の中国語版を作成したシェック (Shek) および彼の共同研究者は，思春期から青年期 (11歳〜20歳) を対象とした調査で「生活の質 (quality of life)」と「実存の意味 (meaning of existence)」を見出しており (Shek, 1988)，その後の中等教育の学生や大学生を対象とした調査においても，2因子モデルが支持されている (Shek, 1992, 1993)。一方，中等教育後 (18歳〜25歳) の学生を対象とした調査では，この2つの因子に「実存の制約 (constraints of existence)」「実存への答え (answer to existence)」「将来の実存／自己の責任性 (future existence/self-responsibility)」を加えた5因子モデルを採用している (Shek, Hong, & Cheung, 1987)。シューレンバーグとメルトン (Schulenberg & Melton, 2010) は，これらの PIL の構造についての検討を踏まえつつ，結果的に2因子モデルの妥当性を支持している。

これらの他にも PIL の基本構造が多次元的であるということについては多くの指摘があり (たとえば Chamberlain & Zika, 1988; Harlow, Newcomb, &

Bentler, 1987; Reker & Cousins, 1979; Yalom, 1980)，それは PIL の信頼性，妥当性の問題として指摘されてきた。たとえば，人生の満足感や自殺念慮についての項目は，人生の意味よりも，たとえば抑うつ（depression）などのほうに関連が強いと考えられる（Yalom, 1980）。この点について，とりわけ批判的に検討したのがディック（Dyck, 1987）である。ディックは，抑うつに関する尺度と PIL の高すぎる相関関係を指摘し，PIL は，結局のところ抑うつを測定しているのではないか，と述べており，他の論者もそれに同意している（Steger et al., 2006; Yalom, 1980）。

また，ガーフィールド（Garfield, 1973）は，様々な対象者に PIL テストを実施した結果，いくつかの項目で理解に不一致が認められたが，これは，PIL が，目的志向的，将来志向的，活動的で積極主義であるようなプロテスタントの労働倫理特有の考えに価値を置き，それに基づいていることが原因ではないかと指摘している。

このような PIL の目的志向的な傾向は，「人生の目的（purpose in life）テスト」という名称にも表れているように，PIL の最も大きな問題点の1つであると思われる。「目的があっても意味のない場合」（目標追求的な仕事にむなしさを感じる場合など）と，「意味があっても目的がない場合」（遊びなど，それ自体に意味があり，目的追求的ではないような場合など）とを考察してみれば，意味と目的は異なる概念とみなすべきであることがわかる。特に，現代社会においては，当面の生きる目的を与えてくれるような数々の欲望充足のためのものが存在するが，それにも関わらず（あるいはそれゆえに），そこに意味を見出すことができないという場合もあるわけである。フランクル自身も，たとえば，「蟻の群における営みを・目・的・追・求・的とよぶことはできるであろうが，しかしそれにもかかわらず・意・味・に・満・ち・て・い・る・と・い・う・こ・と・は・で・き・な・い」（Frankl, 1946 霜山訳 1957, p.34, 傍点は筆者による）と述べているように，意味と目的を区別して用いている。

さらに，PIL の概念的な問題点として，還元主義的なニヒリズムが反映されていないことが挙げられる。フランクルによれば，実存的空虚それ自体は，日常の生活気分としても感じられるものであるが，その根底

には，人間をモノ化し，事物化し，非人格化する還元主義的なニヒリズムがあるとされる（Frankl, 1972 山田監訳 2002）。実存的空虚はこのような「ニヒリズムの私的，個人的な形態」（Frankl, 1972 山田監訳 2004, p.52）であり，ゆえに実存的空虚を考える際に，この観点を含めることが重要であるといえる。しかし，PILにおいては，主に主観的な意味（目的）感情のみに焦点が当てられており，このようなニヒリズムが項目内容に反映されているとは言い難い。

以上のように，PILにはいくつかの問題点があるため，使用の際には，その課題や限界を踏まえておくことが必要である。

Seeking of Noetic Goals test（SONG）

Seeking of Noetic Goals test（SONG）は，PILの開発者でもあるクランボウ（Crumbaugh, 1977）によって開発された。この尺度は，PILを補完する尺度とされ，PILでは測定されなかった意味への動機づけを測定するものである。SONGは，7件法で20項目からなり，「私は，究極の人生の意味について考える」「私はじっとしていられない」などの項目がある。

クランボウ（Crumbaugh, 1977）やリーカーとカズンズ（Reker & Cousins, 1979）は，SONGには一定の妥当性があるとしているが，その妥当性についてはいくつかの疑義が呈されている（Dyck, 1987; Moreland, 1985; Steger et al., 2006）。たとえばディック（Dyck, 1987）は，SONGが前提とする動機づけの測定に関して，SONGは，PILとは負の相関を持つように設計されており，クランボウはそれがSONGの妥当性の根拠であるとしているが，そもそもロゴセラピーにおける実存的空虚の状態は，意味への動機づけが見られない状態とされ，PILとSONGは正の相関が見られるべきであり，妥当性が高いとはいえないと指摘している。

このように，SONGにはいくつかの問題点が指摘されていることもあり，現在ではあまり使用されていない。

Life Regard Index（LRI）

バティスタとアーモンド（Battista & Almond, 1973）は，PIL には社会的に望ましい価値へのバイアスが入っているという問題点を指摘した上で，価値中立的にポジティブな人生評価について測定する尺度として，Life Regard Index（LRI）を開発した。LRI には，「枠組み（framework）」と「満足感（fulfillment）」の2つの尺度があり，それぞれの尺度に，ポジティブな側面（たとえば「私は人生を送る上で，本当に重要な意味を見つけていると思う」など）とネガティブな側面（たとえば「私は，自分の人生で本当にしたいことが全くわからない」など）の2つの側面を5件法で問う尺度項目が7項目ずつ含まれている。

デバ（Debats, 1990; Debats et al., 1993）やジカとチェンバレン（Zika & Chamberlain, 1992）は，LRI の信頼性や妥当性についてさらに検討している。デバ（Debats, 1990）は，主成分分析によって，先の「枠組み」と「満足感」に一致する成分を見出し，人生観や幸福感，人生満足感などとも整合的な関連を見出している。また，Rokeach Value Survey（Rokeach, 1973）との関連も検討し，その相関が .36 しかなかったことから，価値中立的な尺度としての妥当性が支持されたとしている（Debats et al., 1993）。ジカとチェンバレン（Zika & Chamberlain, 1992）は，PIL や人生満足度，心理的ウェルビーイング，ポジティブ情動などと正の相関，心理的ストレスやネガティブ情動などと負の相関を見出している。

この LRI についても，2因子構造が支持されない，本来ある程度相関すべきウェルビーイングの尺度との相関が低いなど，いくつかの問題点が指摘されているが（Frazier, Oishi, & Steger, 2003），人生の意味をグローバルに測定する尺度として，現在でも頻繁に使用されている尺度の1つである。

Logotest

フランクルの弟子であったルーカス（Lukas）は，正常な範囲にある「精神的（noogen）」困難を早期に発見することと，個人の意味がどのよ

うな次元に向かっているかを検討することを目的とし，ロゴ・テスト（Logotest）を作成した（Lukas, 1972 山田監訳 2004）。ロゴ・テストは3部構成になっており，第1部では，9つの人生の意味のカテゴリー（たとえば「本当のことをいうと，これといった大きな問題がなく，十分な経済的バックがあり，快適で平和な人生が私の一番望みとするところです」など）についての充足度が，第2部では，現在の実存的欲求不満の程度（たとえば「これまで行ってきたことはすべて無駄に思われ，なすすべのない腹立たしさを感じる」など）が，第3部では，人生の目的・成功・態度に関する自己評価が測定される[*13]。

ルーカスは，このテストの開発時に，精神科病棟の患者と，ニーダー・オーストリアの2つの祭りの場とでテストを実施し，それぞれ「成功タイプ」と「意味タイプ」に分けて検討したところ，健常者では，3分の2が人生を成功と見ており，4分の3が人生に意味充足を見ている一方，患者では，成功体験を持つ人が3分の1であったが，患者の半分は人生に意味充足を見出しているということを示し，成功と意味充足が区別されるべきものであるというフランクルの理論の実証的証拠としている。

このロゴ・テストは，ルーカス自身によって現在まで用いられてきているが，それ以外の地域では一部の検討（たとえばStanich & Örtengren, 1990; Thege, Martos, Bachner, & Kushnir, 2010）を除いて，ほとんど用いられてこなかった。しかし，ロゴ・テストはフランクルのロゴセラピーの概念に忠実に基づいて作成されたものであり，今後，他の地域においても詳細に検討されるべきものであろう。

Life Attitude Profile（LAP）

Life Attitude Profileは，リーカーとピーコック（Reker & Peacock, 1981）が開発した尺度であり，51項目であったが，後にリーカー（Reker, 1992）

[*13] ロゴ・テストを用いた調査の詳細や実際の質問項目については，山田監訳によるフランクル著『意味による癒やし——ロゴセラピー入門』（Frankl, 1972 山田監訳 2004）の第5章に日本語訳で掲載されている。

によって，48項目のLife Attitude Profile-Revised（LAP-R）に改訂された。この尺度は，フランクルのロゴセラピーの理論に基づいて項目が選定されており，LAP-Rは「目的」「一貫性」「選択／責任性」「死の受容」「実存的空虚」「目標追求」の6つの因子からなるとされる。この因子のうち，「目的」と「一貫性」の部分は，Personal Meaning Index（PMI）として独立して用いられている。それぞれ，一定の信頼性と妥当性が検証され，現在でもいくつかの研究で用いられている（たとえばBahice, 2008; Nicholson, 1994; Reker, 2005; Reker & Fry, 2003）。

Meaning in Life Questionnaire（MLQ）

スティーガーら（Steger et al., 2006）は，これまで見てきた尺度の問題点を踏まえつつ，新たに10項目からなるMeaning in Life Questionnaire（MLQ）を開発した。彼らは，従来の人生の意味に関する議論では，たびたび意味の探求の側面が重視されてきたにもかかわらず（たとえばFrankl, 1963; Maddi, 1970），ほとんど使用されなくなったSONGを除いて，追求の側面が無視されてきたとし，それを含む尺度としてMLQを構成している。MLQは，「探求（search）」と「保有（presence）」の2つの尺度（各5項目，計10項目）からなる。

スティーガーらは，MLQを用いて精力的に研究を進めており，宗教性（religiousness）（Steger & Frazier, 2005），ウェルビーイング（Kashdan & Steger, 2007; Steger, Kashdan, & Oishi, 2008），人生満足感（Steger & Kashdan, 2007），パーソナリティや認知スタイル（Kashdan, Sullivan, & Lorentz, 2008）などとの関連を検討している。

また，MLQは，日本語にも翻訳され（島井・大竹, 2005），スティーガーと共同で，日本とアメリカにおける人生の意味の諸相についても検討されている（Steger, Kawabata, Shimai, & Otake, 2008）。

MLQは，意味の保有と探求について一般的な傾向を問うものであり，どのような意味の源を保有したり探求したりしているか，という具体的な内容について測定することができない。しかし，現在では，人生の意

味を測定する尺度として，PILに次いでよく使用される尺度となってきており，その妥当性や信頼性もかなり詳細に確認されているため，今後人生の意味の測定における代表的な尺度の1つとなることが予想される。

Sources of Meaning Profile-Revised（SOMP-R）

リーカー（Reker, 1996）は，人生の意味の源を測定するための尺度として，17項目からなるSources of Meaning Profile-Revised（SOMP-R）を開発した。この尺度は，たとえば，個人的関係や伝統，文化，個人的達成，経済的安定など，人生を意味あるものにするために重要な項目について，その重要度を測定するものである。因子分析の結果，「自己超越（self-transcendence）」「集団主義（collectivism）」「個人主義（individualism）」「自己没入（self-preoccupation）」の4因子が見出され，LAP-Rとの関連では，自己超越と目的・一貫性・個人的意味との間に高い正の相関が見られており，自己超越的な意味の源を持つことの重要性が示唆されている（Reker, 1994）。

また，プレガー（Prager, 1996）は，この尺度が研究参加者の文化的・言語的背景の違いを十分に反映していないことを指摘し，より「文化的に敏感な（culturally sensitive）」尺度を構成している（Prager, 2000）。

Personal Meaning Profile（PMP）

ウォン（Wong, 1998a）は，暗黙理論（implicit theory）の観点から，人生の意味の源を測定するPersonal Meaning Profile（PMP）を作成している。彼は，まず「理想的に意味のある人生（ideally meaningful life）」についての暗黙的な価値観を質問紙調査によって抽出し，それをもとに，57項目からなる尺度を作成している。この尺度は，「私はよい家庭生活を送っている」「私は自分に満足している」「私は人とうまくつきあっている」など，意味ある人生の源について当てはまる程度を問うものである。PMPは，いまだ十分な妥当性や信頼性の検討がなされているわけではないが，現在も使用されている尺度である。また，最近21項目からなる

短縮版も作成されている（McDonald, Wong, & Gingras, 2012）。

LeBe（SoMe）

シュネルとベッカー（Schnell & Becker, 2007）は，4年にわたる量的・質的調査によって，人生の意味の源を広く調査し，LeBe（英語版は Sources of Meaning and Meaningfulness: SoMe）を構成した。この尺度は，平均7項目からなる26の人生の意味の源の意味深さと実践の程度を測定する計155項目の尺度であり，それらはより大きな次元として「自己超越」「自己実現」「秩序」「ウェルビーイングとコミュニティ」の4つの次元にまとめられている。

本尺度は，まだ開発されて間もないものであるが，意味の源の多様な側面を測定する尺度であり，今後，ドイツだけでなく，他の地域での適用可能性を検討することが期待される。

2-5　これまでの心理学的研究における課題

本章では，人生の意味に関する心理学的研究を概観してきたが，それぞれの知見のところでも指摘してきた通り，いくつかの解決すべき問題が残されている。ここではそれらの先行研究の問題点として，(1) 概念的問題 (2) 方法論的問題の2点について，重要なキーワードを取り上げつつ述べ，この後の研究の問題意識とする。

(1) 概念をめぐる問題点

哲学的・人間学的議論の不足

これまでの心理学的研究において不足してきた点の1つに，哲学的な議論を踏まえた検討がなされてこなかったということが挙げられる。本章の冒頭で，心理学では人生の意味の問題を，「人生を意味あるものとするような個人の経験の特徴は何か？」あるいは「個人が人生を意味あるものとして経験する条件は何か？」（Battista & Almond, 1973）と問い直

すことによって心理学的な方法論で扱えるようにしてきたことを述べた。しかし，このような言い換えがなされたことによって，そもそもの概念的な問題が等閑にされ，「人生の意味は PIL などの心理尺度で測定されるところのものである」という（半ば暗黙の）操作的定義のみが残ってしまっている観は否定できない（ここには後述するように方法論上の問題も影響しているのかもしれない）。1章で見たように，哲学と心理学では，それぞれの方法で人生の意味に関する概念が提唱されてきたが，表1.1と表1.2に見たように，かなり共通するところも多く，それらの双方を整合的にまとめることは今後の研究の概念的な妥当性を担保する上でも重要であろう。

意味の諸概念の未整理
　2-3節で述べてきたように，人生の意味に関しては，構成要素・意味の源と幅・意味の深さといった様々な概念が提唱されてきたが，それぞれの概念および概念間の関連については，いまだ十分に整理がなされていない。特に，人生の意味の深さおよび，深さと源や幅との関連は，人生の意味のいわば中核的な概念でありながら，理論的にも実証的にも検討されてこなかった。その背景には，先述したように，そもそも深さとは何か，ということについての定義が一定ではないという困難な課題がある。現在提唱されている意味の深さの見方には，リーカーとウォン (Reker & Wong, 1988) の自己没入的な意味から究極的意味へと至る意味のレベルという見方と，デフォーグラー－エバーソールとエバーソール (DeVogler-Ebersole & Ebersole, 1985) の意味の複雑さや具体性を基準とする見方があることを見たが，おそらく意味の深さを整合的に捉えるためには，両方の視点が求められるであろう。

(2) 方法論上の問題
従来の心理尺度の問題
　人生の意味の心理学で用いられてきた方法論の多くは，PIL を用いて

質問紙調査を実施し、他の概念との関連を検討するという相関的研究が中心であった。たしかに、PILが開発されたことによって、人生の意味の概念が容易に取り上げられるようになり、広汎な領域で知見が蓄積されてきたことは評価すべきである。しかし、多くの研究において、PILに対する十分な概念的考究がなされないままに研究が量産されてきたきらいがあることは指摘されなければならない。表2.4に示した数多くの尺度は、PILなど既存の尺度の問題点を踏まえて作成された尺度もあるものの、いわば単発の検討として便宜的に作成された尺度も多い。

また、PILやその他多くの尺度が測定しているのは、人生にどれだけ目的を見出しているか、という目的感や目的意識の存在についての内容であり、その具体的な意味内容やその深さおよび幅については検討がなされてこなかった。PILの妥当性についても、先に見たように様々な議論もある。さらには、そもそもフランクルにおいて強調されてきた「意味への意志」すなわち、意味追求という動機づけの側面は、PILでは測定することができず、この側面についての知見はほとんど見られなかった点も重要な問題の1つである。この点については、近年スティーガー (Steger et al., 2006) によって開発された Meaning in Life Questionnaire (MLQ) が、意味の探求 (search) も測定できる尺度として開発されており、今後のさらなる知見の蓄積が待たれるところである。しかし、MLQは、非常に一般的な形で意味の探求や実現の程度を問うものであり、具体的な意味内容についての尺度では、探求の側面を取り上げた尺度はいまだ作成されていない。意味の源は発達段階によって大きく異なることが多くの研究で示唆されており、探求の具体的内容も検討することが必要である。

意味の深さを捉えるアプローチの必要性

概念をめぐる問題点でも述べたように、意味の深さは、人生の意味に纏わる諸概念の中でも特に中核的なものである。先述したように、エバーソールとその共同研究者達によって、いくつかの検討がなされてき

たが，それらは，人生の意味についての自由記述を用いて，研究者がその深さをいくつかの基準によって評定するというものであった。しかし，この方法論には，研究者の主観が反映されすぎてしまう，特定の価値観に偏ってしまう，といった問題点が残されていることは指摘した通りである。また，意味の深さの概念は，統合的な人生観，すなわち意味システムの複雑性や一貫性にも密接に関連する概念であると考えられるが，それらの概念を踏まえた検討は見られない。これらの問題点を踏まえつつ，次章からは実証的な検討をしていくことにする。

第 II 部

人生の意味を心理学する

3章
人生の意味の喪失
——実存的空虚を測定する

  もともと無理やりつれ出された世界なんだ，
  生きてなやみのほか得るところ何があったか？
  今は，何のために来り住みそして去るのやら
  わかりもしないで，しぶしぶこの世を去るのだ！
      ウマル・ハイヤーム（Khayyám, 1949, p.13）

 セルジューク朝ペルシアの学者であり詩人であったウマル・ハイヤームは，パスカル（B. Pascal）もニーチェ（F. Nietzsche）もまだ生まれていなかった11世紀にして，すでに唯物論的・無神論な人生観を持っていた。「今さえたのしければよい——人生の目的はそれ」（Khayyám, 1949, p.102）と詠む彼の心を占めていたのは，人は何のために生まれて何のためにこの世を去っていくのかがわからないという実存的空虚であり，またそのような否定的な精神に基づく一種の刹那的快楽主義である。ここには，意味への意志が挫かれ，快楽への意志へと動機づけられる（Frankl, 1969 大沢訳 1979）という，現代人にも通じる精神の動きを見ることができる。
 本章では，このような実存的空虚について，従来の尺度の問題点を踏まえつつ検討する。
 2章で概観したとおり，実存的欲求不満を測定するために開発された尺度である Purpose in Life test（PIL）は，欧米のみならず，日本や中国などでも非常に幅広く使用されてきた尺度であるが，この尺度については，数々の問題点も指摘されてきた。それらの批判のうち，最も重要な

ものは，尺度項目の内容に関する指摘であろう。すなわち，尺度項目が主に，抑うつを測定する内容になっているのではないか（Dyck, 1987），プロテスタント的な目的志向の価値観が反映されているのではないか（Garfield, 1973）などの批判である。

　PILが抱えるこれらの問題点を踏まえ，本章では，フランクルの本来の実存的空虚の概念に立ち返り，それを測定するための新たな尺度の開発を試みる（調査1）。さらには，それが心理的健康や対人信頼感，共感性，死に対する態度といかなる関連があるかについても検討する（調査2）。

3-1　実存的空虚尺度（EVS）の開発 調査1
——PILの問題点を踏まえて

(1) 実存的空虚に関する項目の作成

　心理学において，尺度を作成するときには，まず測定したい概念についての自由記述を収集し，その記述から尺度項目を作成する方法や，先行研究ですでに開発されている尺度の項目から，新たに測定した概念に沿った項目を選定する方法が取られることが多い。しかし，ここでは，実存的空虚の概念に忠実に従った尺度を開発するという目的に照らして，フランクルのこれまでの著作から，実存的空虚に関する記述を収集し，それらを参考にしながら項目を作成した。その際，まずはできる限り広く概念を反映することを考慮しつつ30項目を試作し，質問紙調査を実施した。

　質問紙では，この実存的空虚に関する質問項目（30項目，5段階評定）と，クランボウとマホーリック（Crumbaugh & Maholick, 1964）によるPurpose in Life Test（PIL）のパートAの邦訳版（佐藤，1975）（20項目，7段階評定）を用いた[*1]（付録参照）。

　研究参加者は，関西の大学生・大学院生と専門学校生300名（男性125名，女性175名，大学生161名，専門学校生139名）である。平均年齢は21.86歳で

あった。さらに，時間をおいても尺度への回答傾向が安定しているかを確認するため，このうちの50名に対して，約1ヶ月の間隔をおいて同じ質問紙を用いて再検査を実施した。調査時期は，2002年10月～12月および，2006年7月～8月である。

(2) 尺度項目の選定とPILとの関連の検討

　心理尺度を作成する際には，それぞれの項目が，概念的かつ統計的に，その概念を安定的に測定できているかを確かめる必要がある。ここでは，項目の回答傾向に著しい偏りがある項目（たとえば，ほぼ全員が5段階評定の5に〇をつけている場合などは，その項目を含めてもほとんど意味がない項目となる）がないか，また，それぞれの項目と合計得点との間に対応関係があるか（対応関係があれば，合計得点の傾向に寄与する適切な項目といえる）などを確認するための項目分析を行った[*2]。結果として，最終的に13項目を選定し，この13項目で因子分析を行った。因子分析とは，同じような回答傾向がある項目をグループ（因子）に分けるための分析法である。ここでは，事前に仮説を設定せず，試行錯誤的に因子を探索していく探索的因子分析（主因子法，promax回転）という分析法を行い，最終的に統一的な解釈が可能な2つの因子を抽出した（表3.1）。以降，この13項目をEVS（Existential Vacuum Scale）と呼ぶことにする。

　第1因子は「特に悩みがあるわけではないが，どこか毎日が空虚な感じがする」「友達と笑いあっていても，ふとむなしい気分になることがある」など，情動的なむなしさの感覚についての項目が並んでいることから「実存的空虚感」因子と命名した。第2因子は「「人生の意味」などもとから存在しないと思う」「今の世界があるのは，単に偶然が重

[*1]　現在のPIL日本語版の最新のものは，PIL研究会（2008）を参照。
[*2]　具体的には，各項目の平均値，標準偏差から，天井効果やフロア効果がある項目を除外した。次に，実存的空虚に関する質問項目の合計得点の分布に基づいて，上位25％群，下位25％群を設定し，各項目についてG-P分析を簡易法，t検定併用で行った。また，項目と当該項目を除く全体得点との相関分析を行った。その結果，G-P分析，相関分析の双方で，すべてに1％水準で有意差が認められた13項目を最終的に採用した。

表3.1　実存的空虚尺度の因子分析結果（主因子法・promax回転）

項目内容	I	II
①実存的空虚感（α＝.80）		
1　特に悩みがあるわけではないが，どこか毎日が空虚な感じがする	.71	-.13
2　友達と笑いあっていても，ふとむなしい気分になることがある	.68	-.07
3　この世に生まれなかったほうが楽だったのではないかと思うことがある	.63	.02
4　毎日同じことをくりかえして生きていくことを考えると，息がつまりそうになる	.6	-.15
5　私という存在は無意味であると思う	.58	.2
6　なぜ私が今ここにいるのか，ということがわからない	.57	.07
7　「人間は結局死ねば無になる」と考えると空虚な気分に襲われる	.47	.02
8　しょせん人間は醜い存在であると思う	.35	.25
②実存的空虚観（α＝.67）		
1　「人生の意味」などもとから存在しないと思う	-.13	.76
2　今の世界があるのは，単に偶然が重なった結果にすぎないと思う	-.09	.58
＊3　この世界が存在していることには何らかの意味があると思う	-.06	.44
4　人は結局孤独な存在であり，他人などあてにならないものであると思う	.29	.37
5　この世に自分がいてもいなくても大して違いはないと思う	.29	.34

＊逆転項目

	I	II
因子間相関 I	—	.64

なった結果にすぎないと思う」など，ニヒリズム的な観点や還元主義的な世界観に関する項目が並ぶことから，「実存的空虚観」因子と命名した。

　これらの因子の特徴から，「実存的空虚感」因子は，項目内容は日常的に感じられる気分や感情のレベルにおける空虚さであり，実存的空虚の「感情的側面」であるといえるだろう。第2因子である「実存的空虚観」因子は，個人のニヒリズム的世界観に関わる項目が並んでいること

から，実存的空虚の「認知的側面」であるといえよう。

ただし，項目分析過程において項目を大幅に削減したため，これらの因子の項目が実存的空虚の概念を網羅しているかということを再検討する必要がある。また，フランクルの著作では，「実存的空虚」や「実存的空虚感」という用語は使われてきたが，「実存的空虚観」という語は，筆者がここで命名したものである。そこで，この因子分析結果の概念的妥当性について，フランクルの著書の多くを監訳する専門家が主催し，その共訳者数名が出席する研究会（2007年9月）において，尺度項目と因子分析結果，および因子名についての検討を依頼した。その結果，この2つの因子が，生きていくことの慢性的なむなしさや，還元主義的世界観によるニヒリズムを背景とした意味喪失という，フランクルの実存的空虚の概念を含んだものであることから，実存的空虚を測定する尺度として妥当であり，因子名も的確であるという評価を得たことから，一定の内容的妥当性も改めて確認された。

さらに，これらの項目が一貫して同じ概念を測定できているかを確認するために，内的一貫性（信頼性）の指標であるクロンバック（Cronbach）の α 係数を算出した。その結果，尺度全体では.83,「実存的空虚感」因子では.80,「実存的空虚観」因子では.67という値が得られ，EVSが一定の内的一貫性を有すると判断された[*3]。また，1ヶ月の間隔をおいた再検査法では，再検査信頼性の指標となる相関の大きさが.86となり，ほぼ満足のいく安定性が得られた。

次に，EVSの構成概念妥当性を検討するため，実存的欲求不満を測定するために開発されたPILとの関連を見た。PIL全体の信頼性は，$\alpha = .88$であり，信頼性は十分であるといえる。また，PIL研究会（1998, 2008）のPILテストマニュアルで1因子性がおおむね確認されているため，本研究においても尺度全体との相関を検討した。ピアソン（Pear-

---

＊3 α 係数は，一般的には，.70以上であれば，尺度の内的整合性が高いと判断され，.50を切るようなことがあれば低いと見られることが多い。しかしながら，明確な基準があるわけではない。

son）の相関係数を算出した結果，EVSの「実存的空虚感」「実存的空虚観」とPILの相関は，それぞれ，−.71，−.54であり，PILとの関連では，「実存的空虚感」因子では高い相関が見られている一方，「実存的空虚感」因子ではそれほど相関は高くない。これはすなわち，「実存的空虚感」因子は，PILで測定されてきたものと内容的に近いが，「実存的空虚観」因子は，それよりも内容的な重なりが小さいことを示しており，このEVSがPILとは異なる内容を評価していることが示唆されていることになる。

これらの結果から，EVSは，フランクルが提唱した実存的空虚の概念を測定する尺度の1つとして，一定の妥当性を有することが確認された。

3-2 実存的空虚に関連する要因は何か 調査2

2章で概観したように，人生の意味が感じられないというむなしさ，あるいは人生の意味がないという虚無的な人生観は，不安や鬱，疎外感，自殺未遂など，様々な心理的問題を生む可能性がある。またかねてから指摘されてきたスチューデント・アパシー（学生が経験する無気力状態）なども，その背景には自己の存在の意味を問うような実存的問題があるといわれており（たとえば笠原, 2002），とりわけ青年期において，人生の意味への問いが深刻化することも考えられる。

このように，実存的空虚の結果として生じる精神的な問題は多くあることが予想されるが，ここでは，特に対人関係における信頼感や共感性および，死に対する態度との関連を見てみたい。

実存的空虚とは，人生の究極的意味への信頼を失った状態であるが，フランクルは，この不信感は知的な根拠というよりもむしろ情緒的な根拠に依っているものであり，その信頼を仲介するのは，「だれかある人を信頼すること」(Frankl, 1969 大沢訳 1979, p.111)であるとしている。すなわち，対人信頼感が人生の意味への信頼の基盤となっているといえる。

また，実存的空虚の主な表現としてフランクルが挙げているのは，退屈と無感動であり，これらは2章で見たような還元主義に根ざしている（Frankl, 1969 大沢訳 1979, p.103）。何かに情熱を注いだりする感情の動き（これは広い意味での共感性であるといえよう）が麻痺してしまうという無感動の側面も実存的空虚の重要な問題の1つであるといえる。

　そして，死への態度も実存的空虚と強い関連を持つ要因である。先行研究においても，死の不安（death anxiety）と人生の目的についてのネガティブな関連が見出されているが（たとえば Bolt, 1978; Drolet, 1990），ニヒリズムに基づく実存的空虚と死の関連を見ようとするならば，死の不安や恐怖のみではなく，死をいかに捉えているのか，という死への態度についても見る必要があるだろう。

　これらを踏まえ，本章では，まず調査1で妥当性と信頼性が確認された実存的空虚尺度（EVS）を他の様々な尺度と併用することで，実存的空虚と信頼感，共感性，死に対する態度とどのように関連しているのか，ということを質問紙調査によって検討する。さらには，人生の意味についての自由記述を，意味の源の豊かさという視点から分析し，それが，実存的空虚，信頼感，共感性，死に対する態度とどのように関連しているのかを見ることにより，実存的空虚と生きる意味についての価値観の諸相を探る。

(1) 実存的空虚と関連要因についての質問紙調査

　この質問紙調査に用いた尺度は以下の通りである（付録参照）。

① **Existential Vacuum Scale（EVS）** 13項目，5件法。調査1で最終的に選定されたものである。

② **堀井・槌谷（1995）の対人信頼感尺度** 17項目，5件法。この尺度は，ロッター（Rotter, 1967）が開発した Interpersonal Trust Scale をもとに，人間一般に対する個人の信頼感を測定するために開発された尺度である。この対人信頼感は，問題行動や精神障害とも関連す

る概念であることが指摘されていることから，精神的健康に関する指標の1つとしてこの尺度を用いた。

③**加藤・高木（1980）の情動的共感性尺度**　25項目，7件法。この尺度は，他者の情動や感情に対する共感性を測定するための尺度であり，メーラビアンとエプスタイン（Mehrabian & Epstein, 1972）が開発した尺度を日本人向けに再構成したものである。青年期における共感性の表出は，とりわけ他者との対人的な問題において表面化すると考えられることから，ここでは，この尺度を採用している。

④**ゲッサーら（Gesser, Wong, & Reker, 1987-88）の Death Attitude Profile (DAP) を邦訳した死に対する態度尺度**（河合・下仲・中里，1996）　20項目，5件法（付録p.293注参照）。この尺度は，死の否定的な側面のみならず，肯定的側面を含む受容も捉えるために，ゲッサーらによって開発された尺度である。今回は，単なる死への不安のみならず，否定的側面と肯定的側面の双方を検討するためにこの尺度を用いた。

⑤**人生の意味についての態度についての自由記述**　「あなたには，「自分が，今，ここに生きている意味」というものが与えられていると思いますか。それが与えられているとすれば，どのようなものだと思いますか。あるいは，そのような意味が与えられていないとすれば，あなたがこれからも生き続けることの理由は何でしょうか。どんなことでも構わないですから，できるだけ詳しく書いてみてください。」という教示文を用いて自由記述を求めた。この自由記述では，（1）人生の意味は，創造されるものではなく，与えられるものであるというフランクルの根本的な考え方を提示することによって，現代青年における人生の意味に対する態度を捉えることと，（2）現代青年の人生の意味の源を収集することを目的としていた。

この調査の参加者は関西の大学生・大学院生160名（男性108名，女性52名，平均年齢21.53歳）で，調査時期は2002年10月から12月である。

表3.2　EVSの下位尺度と各尺度総得点との相関分析結果

		対人信頼感	情動的共感性			死に対する態度			
			感情的暖かさ	感情的冷淡さ	感情的被影響性	死の恐怖	積極的受容	中立的受容	回避的受容
実存的空虚	実存的空虚感	-.42**	-.18*	.47**	-.05	.18	-.09	.18*	.52**
	実存的空虚観	-.36**	-.45**	.48**	.03	-.04	-.20*	.28**	.44**

** $p<.01$, * $p<.05$

実存的空虚と対人信頼感，情動的共感性，死に対する態度との関連

　実存的空虚，対人信頼感や情動的共感性，死に対する態度との関連を見るため，それぞれを測定する尺度を用いて，それらの因子におけるピアソン（Pearson）の相関係数を算出した（表3.2）。

　表3.2に見るように，対人信頼感とは，EVSの2つの因子とも中程度の負の相関が見られている。情動的共感性では，「感情的暖かさ」に関しては，「実存的空虚感」との間に弱い負の相関，「実存的空虚観」との間に中程度の負の相関を示しており，「感情的冷淡さ」に関しては，ともに中程度の正の相関が見られる。また，死に対する態度では，「積極的受容」と「実存的空虚観」との間に弱い負の相関，「中立的受容」と2つの因子に弱い正の相関，「回避的受容」と2つの因子の間に中程度の正の相関が見られている。

　これらの結果から，EVSと他の尺度との相関からは，実存的空虚が，対人信頼感，情動的共感性，死に対する態度とおおむねネガティブな関連を示していることがわかる。特に，たとえば情動的共感性と実存的空虚観の間の関連などは，ニヒリズム的世界観を持つ者は，感情に関わる要因にもネガティブな態度を持つ可能性が示唆された。しかし，たとえばハゼル（Hazell, 1984）の空虚感についての研究においては，（使用されている尺度が異なるものの）情動発達とポジティブな関連が見られており，発達における実存的空虚の積極的意義，すなわち，実存的空虚の経験が，自己の成長につながりうるかということについてについても，今後さら

に検討する必要があるだろう。

(2) 人生の意味への態度と実存的空虚
人生の意味についての態度の分析

　自由記述で得られた人生の意味についての態度に関して，まず，それぞれの記述を，「意味は与えられるもの」「意味は創造されるもの」「(意味についての記述があるが) 不明」「わからない」「意味はない」という5つのカテゴリーを設定して分類した。記述がないものを除いた有効回答数は118であった。

　表3.3に示しているように，「人生の意味は与えられるもの」という見方をしている者と，「人生の意味は創造するもの」という見方をしている者では，前者のほうが割合は高い結果となった。しかし，自由記述の内容を見ると，両者が重なるところも大きいことがわかる。特に，表3.3に自由記述の例を示しているように，「一人ひとりが他人と関わり合って社会ができている」ということを「与えられている」と考えるか，同様に「影響を与え合い，人生を形作っていくこと」によって意味が創造されると考えるかには，大きな差はないといえるだろう。また，回答には，社会や世界，神への信仰といった大きな物語に関する記述は非常に少なく，社会貢献や世界に影響を与えるということに関する記述が2例，人類という種の存続という記述が2例，神への信仰「私がここにあるのは神様によって生かされているから」という記述が1例にとどまっている（これらはすべて「意味は与えられるもの」という回答である）。ここから，実際には，フランクルのいう意味での「与えられる」という立場を取っているものは，「意味は与えられる」と考える者の中でもかなり少数であることがわかる。

　一方，「意味がない」とする解答は，17例（14.41％）であった。フランクルは，「意味への意志（The will to meaning）」の中で，「西ドイツおよびスイスの学生の四〇パーセントが，彼ら自身の経験から実存的空虚を知っていることを示し」「私が英語で行った講義に出席していたアメリ

表3.3 人生の意味への態度

意味の有無	意味への態度	人数	割合(%)	自由記述の例
意味はある	与えられるもの	35	29.66	「与えられていると思う」「そこに存在することで周囲の人に影響を与えているから」「一人ひとりが他人と関わり合って社会ができていると思う」
	創造するもの	25	21.19	「意味は自分で作り出すもの」「与えられる意味はなく，自分で見出すもの」「自分なりの意味づけをすべきである」「影響を与え合い，人生を形作っていくことに意味がある」
	不明	32	27.12	「快楽感情を追いたい」「生きているから」「生きていることだけでそれはすばらしいことだと思う」
わからない		9	7.63	「あると思うが，死ぬまでにはわからない」「与えられていると思うが，今はわからない」
意味はない		17	14.41	「偶然生きていると思う」「意味はないと思う。やりたいことがあるから生き続けるだけ」

カ人学生においては，四〇どころか八一パーセントにも及んでいた」(Frankl, 1969 大沢訳 1979, p.103) と報告しており，今回の結果は，それに比べてかなり低い。筆者と同様の調査をしたエバーソール (Ebersole, 1998) も指摘しているが，フランクルがこれまでに実存的空虚を経験したことがあるかということを尋ねていたのに対し，筆者やエバーソールらの研究では，現時点で人生に意味がないと考え・感じているかということを尋ねている，という違いによってこの差が生まれているのかもしれない。おそらく，「これまでにむなしさを経験したことがあるか」という問いであれば，本調査でも割合は増えたであろう。しかし，いずれにしても，今回の調査結果では，8割近くの者は，人生には何らかの意味があると考えていることになる。

次に，人生の意味の源についての分類を行った。自由記述の分類については，デフォーグラーとエバーソール（DeVogler & Ebersole, 1981, 1983）や，エバーソールとデパオラ（Ebersole & DePaola, 1987）などの研究においてよく見られている，意味の源についての8個のカテゴリー（「関係」「奉仕」「信条」「獲得」「成長」「健康」「ライフワーク」「喜び」）に加え，「無意味である」と「わからない」というカテゴリーを加えた合計10個のカテゴリーを作成した。このカテゴリーに基づき，筆者を含む心理学専攻の院生の判定者2名によって，回答者がどのカテゴリーの「生きる意味」を記述しているかを判定し，見解の不一致については，合議の上で一致したものだけを採用した。なお，記述内容が複数のカテゴリーに当てはまる場合は，そのまま複数のカテゴリーに分類した。

分類結果に基づいて，意味の源が1つの者と，2つ以上の者に分け，その2群で実存的空虚，対人信頼感，情動的共感性，死に対する態度に差が見られるか，ということを検討した（t検定）。

その結果，意味の源が1つの者と2つ以上の者とを比較すると，実存的空虚では尺度全体において，情動的共感性では「感情的冷淡さ」で有意差が見られ，意味の源が1つの者よりも，2つ以上の者のほうが，ポジティブな人生観や感情を持っているということが示された（表3.4）。

また，人生の意味に対する態度では，記述の分類で「関係」「成長」「喜び」の3つの意味の源が多く見られた（それぞれ，43例，30例，38例）。これは，たとえばランストとマルクーン（Ranst & Marcoen, 2000）の研究で Sources of Meaning Profile（SOMP; Reker, 1996）を使って因子分析をした結果，個人的な「喜び」に関わる「自己没入（self-preoccupation）」，個人的な「成長」を含む「個人主義（individualism）」，他者との「関係」を含む「自己超越（self-transcendence）」の3因子が抽出されていることなどからも，現代人の意味の源に関わる基本的な3要素であるといえるであろう。

今回の調査では，たとえば，「関係」群と「喜び」群との違いなどが，価値観や感情にどのように影響しているのか，という意味の源に関する

表 3.4　各下位尺度得点の平均値との検定結果

		意味の源				
		1つ		2つ以上		
		(N=82)		(N=18)		
		M	SD	M	SD	t 値
実存的空虚	実存的空虚感	19.40	(6.33)	16.44	(5.32)	2.06*
	実存的空虚観	13.51	(4.17)	11.33	(3.76)	2.18*
対人信頼感		48.70	(8.75)	49.35	(8.24)	-0.3
情動的共感性	感情的暖かさ	47.67	(6.86)	48.94	(6.65)	-0.71
	感情的冷淡さ	35.80	(8.48)	32.88	(5.33)	1.83*
	感情的被影響性	22.14	(2.66)	24.41	(12.24)	-0.76
死に対する態度	死の恐怖	21.35	(5.40)	21.00	(5.80)	0.24
	積極的受容	8.88	(2.62)	9.53	(3.62)	-0.71
	中立的受容	9.70	(2.60)	9.88	(2.15)	-0.27
	回避的受容	12.44	(4.50)	10.65	(3.37)	1.56

*$p < .05$

結果は得られなかったが，何らかの意味の源を持っていること，そして多様な意味の源から意味を経験していることが，実存的空虚はもちろん，対人信頼感や，情動的共感性，死に対する態度にポジティブに影響するということが示されたといえる。

本章では，実存的空虚についての尺度を作成し，その尺度と心理学的諸要因との関連を検討してきた．2章の表2.8で見たとおり，人生の意味に関する尺度は多く開発されてきており，その中にはPILの他にも空虚感の概念が含まれる尺度が存在している（たとえばハゼル（Hazell, 1985）の空虚感（emptiness）に関する尺度や，ハッツェルとピーターソン（Hutzell & Peterson, 1985）の Existential Vacuum Screening Scale，ニューカムとハーロー（Newcomb & Harlow, 1986）の無意味さ（meaninglessness）に関する尺度など）．しかし，本来のフランクルの概念を忠実に反映し

た尺度は存在しておらず，長年フランクルが論じてきた実存的空虚の問題に実証的なメスを入れるための材料は揃っていなかった。その点，本尺度は，慢性的な空虚感と，その背後にある還元主義的ニヒリズムという実存的空虚の概念の根本をなす2つの要素を含んでいるという点で，フランクル理論の原点に立ち返るオリジナルな尺度であるといえよう。ただし，この尺度は，さらに妥当性を確認する必要があることや，ネガティブな内容の項目が多いことなど，いまだいくつかの課題も含んでおり，その点は今後の検討課題としたい。

調査2では，実存的空虚と精神的健康に関わる概念との関連は，おおむね想定した通りであり，実存的空虚を経験することが，精神的な危機につながっていることが示された。また，意味の源が多様であること，すなわち「意味の幅」が広いことが実存的空虚の低さと相関することも有益な示唆であるといえよう。

一方で，今回，「意味がある」と考えている青年も8割弱と多いことも明らかになった。この数値を多いと見るか，あるいは2割弱の青年が「意味がない」と考えていることを深刻と見るべきかは議論があるところだろう。さらには「意味がある」という回答のうち，「意味は創造される」と考える者の回答は，必ずしも肯定的なものばかりではない。「意味は創造される」に分類された者でも，「与えられていないと思います。人生を通してそれは見つけていき，死ぬ間際に生きてきた意味がわかるので」という回答や，「生きている意味はあると思う。というより思いたいが，自分で見つけ出すもの，作り出すものだと思う」という回答は，「意味がある（と思いたい）」という考えはあっても，「意味がある」ということを現実の自分の実感や経験としてまだ納得できていないことを示しているといえるだろう。また，「与えられる意味はない。自分がそうしたいから生きているだけ」というような見方は，むしろ典型的実存的空虚の表明と見るべきなのかもしれない。

さらにいえば，本調査では，現代青年の主な意味の源は，自分とごく身近な他者で完結する個人主義的な意味の源で成り立っていることが明

らかになったが,「関係」や「成長」はともかくとして,「喜び」を人生の意味の源に置くということについて,そこに,意味への意志が満たされないことによる快楽の意志への志向が隠れているということはないだろうか。この点は,様々な意味への答えを検討する5章でもう一度見ることになる。

とまれ,フランクルが20世紀の前半から警鐘を鳴らし続けてきた実存的空虚は,決して埃を纏った海の向こうの概念ではない。社会精神医学者の影山(1999)は,現代の青少年の特徴として「空虚な自己」の病理があるとし,モノや情報にあふれた時代において,性欲などの欲動やモノへの欲望が満たされない葛藤よりも,自己の存在の希薄さ,空虚さ,自尊心などの自己に関わることの傷つきやすさなどの「自己の病理」(エゴパシー)の時代へと急速に移行していると論じている[4]。このような空虚さの背景には,影山が言うような家族の機能不全や体験不足による「身体的自己」の希薄化,生々しい人間関係の欠如などがあるのかもしれない。あるいは,東(2001)が論じたように,かつては人間固有の社交性を通じて満たしていた「生きる意味」への渇望は,ポストモダンの人間にとっては,動物的な欲求に還元することで孤独に満たすことしかできないのかもしれない(東,2001, p.140)。これらの論考から10年以上経った今も,現代日本人を取り巻く現状は,少なくとも改善はしていないように見える。このような現状を考えてみても,還元主義的ニヒリズムがもたらす内的空虚の体験,根源的な意味喪失の感情,というフランクルの実存的空虚の定義は,いまだ古くささを感じさせない。経済的不況よりも深刻な「生きる意味の不況」(上田, 2005)の様相を呈する現代日本において,その超克の道を探るためには,今一度実存的空虚という観点から心理や社会を捉え直してみることも必要であろう。

---

[4] 影山自身が都内の大学生に行った調査によると,自己の存在の希薄・空虚感が「大変ある」と「かなりある」を合わせると,理工系男子では,27.1%,文系男子では28%,文系女子では35.6%と,おおむね3割前後の学生が,希薄感・空虚感を経験しているという。

Topic 2

無常観について

　「この世の中の一切のものは常に生滅流転して，永遠不変のものはない」（大辞泉）という無常観は，仏教伝来以降の我が国における思想形成に深く関わってきたといえる。この無常観については，日本文学研究の領域を中心に諸説が提唱されてきたが，それらの論考の多くでは，2つあるいは3つの側面から無常観が捉えられてきた。たとえば，西尾(1957)は，感傷的な生活感情としての「詠嘆的無常観」と認識と自覚の問題としての「自覚的無常観」を分類しており，この分類はその後広く認められるところとなっている。その他，小林（1959）の「無常観」と「無常感」，唐木（1965）の「はかなさ」と「無常」，今成（1978）の「空間の無常」と「時間の無常」，関口（1983, 2005）の「生成的無常観」と「消極的無常観」およびそれらを包摂した「本来的無常観」などの無常観の諸分類が見られる。それらは，もちろんそれぞれの主張の力点は異なるものの，心理学的な用語でいえば，情動的側面と認知的側面に分ける見方が一般的であるといえる。

　このような無常観は，古典のみならず，現代日本人においても無縁の価値観・感情ではないだろう。東日本大震災直後にさかんに無常観が取り沙汰されたことも記憶に新しいが，社会の劇的な変動や，頼るべき価値観や大きな物語の喪失などが顕在化する現代だからこそ，世の中や人生に対するむなしさやはかなさが意識化されることも多いと予想される。

　これらの点から，無常観は，今後心理学の領域においても検討すべき重要な概念であるといえる。それは，いわば仏教思想および日本文化に根ざした東洋的な「実存的空虚」であると見ることもできよう。

　そこで筆者は，まずこのような無常観を心理学的に捉えるための予備

的検討として，無常観の諸相を測定する心理尺度の作成を試みるべく，質問紙調査を実施した。

調査においては，関西圏内にある3つの大学の学生385名（男性78名，女性306名。平均19.26歳）に質問紙を配布，回収した。尺度項目については，『万葉集』『方丈記』『平家物語』『徒然草』など，日本文学における無常観の表出が見られる文学における歌や随筆などの表現，および冒頭に挙げたような無常思想についての日本文学研究における論考を参考に，無常観に関する尺度項目24項目を作成した。評定は，「まったくあてはまらない」から「非常にあてはまる」までの7件法とした。

この無常観尺度24項目を用いて，因子分析を行った結果14項目を選択した。第1因子は，自己も含めた人生の無常についての項目が並ぶことから「生と死」と命名した。第2因子は，人生や世の中の移ろいやすさを表す項目が多いことから「詠嘆的無常観」と命名した。第3因子は，はかなさを受け入れることの大切さやその真実性についての項目がまとまっていることから，「自覚的無常観」と命名した（表1）。

また，各下位尺度の内的一貫性を検討するためにクロンバック（Cronbach）の α 係数を算出したところ，「生と死」で.781，「詠嘆的無常観」で.671，「自覚的無常観」で.678であり，一定の信頼性が認められた。

その後，筆者はこの尺度を用いて大学生385名（男子78名，女子306名）を対象に調査を行い，情動的共感性，人生の意味，人生満足度，実存的空虚などとの関連を検討した（表2）。

現在整理中のデータであるが，たとえば実存的空虚との関連において，「詠嘆的無常観」では「実存的空虚観」と「実存的空虚感」との間に正の相関が見られている。また，同じく「詠嘆的無常観」と人生の意味尺度の「意義保有」や人生満足度尺度に負の相関が見られていることから，情緒的な無常観は，精神的健康とはネガティブな関連を持つ可能性が示唆されている。逆に，「自覚的無常観」は，「意義保有」とは正の相関，「実存的空虚観」とは負の相関を示していることから，無常を自覚的に意識することのポジティブな意義も見いだされるかもしれない。また

表1 無常観尺度の因子分析結果（主因子法・Promax 回転）

	因子負荷量		
項目	F1	F2	F3
F1　生と死			
この自分もいつかは年老いて死んでいくことを考える	.939	.042	-.076
人が生きて，やがて死ぬことについて考える	.691	-.035	.039
自分もだんだん年を取っていくことについて考える	.619	-.097	.054
F2　詠嘆的無常観			
人生など，すぐに過ぎ去ってしまう短いものだと思う	-.165	.605	.020
人生は夢やまぼろしのようにはかないと思う	-.046	.558	.100
形のあるものは必ず滅びてしまうことを考える	.282	.499	.052
全てははかなく移ろいゆくものであると思う	.129	.483	-.003
*　永遠に変わらないものがあると思う	-.167	.450	-.376
大切な人ともいつかは別れるということを考える	.280	.425	-.071
地位や名誉もはかなくむなしいものだと思う	-.052	.401	.122
F3　自覚的無常観			
人生は，はかないからこそ大切にしなければならないと思う	.087	-.034	.650
はかなさをあるがままに受け入れている	-.043	.024	.574
常にはかなさを意識して生きることが大事だと思う	-.018	.196	.492
全てが変化することこそ人生の真実だと思う	-.073	.268	.441
因子間相関　F1	-		
F2	.392	-	
F3	.459	.386	-

*逆転項目

表2 無常観尺度の各因子と他の尺度との相関分析結果

	情動的共感性			人生の意味		人生満足度	実存的空虚	
	感情的暖かさ	感情的冷淡さ	感情的被影響性	意義保有	意義探求		実存的空虚観	実存的空虚感
生と死	.22**	-.03	.14**	.04	.28**	.05	-.14**	.17**
詠嘆的無常観	-.01	.19**	.12*	-.25**	.06	-.24**	.28**	.36**
自覚的無常観	.18**	-.04	.01	.17**	.26**	.07	-.21**	.05

**$p < .01$, *$p < .05$

「生と死」と情動的共感性の「感情的暖かさ」に正の相関が見られることなども，いつか消えゆくということを意識することが，人や動物への共感と結びつく可能性を示している点で興味深いといえよう。

　本研究で作成された無常観尺度は，伝統的な無常の概念から構成されたものであり，因子分析の結果からも，おおむね無常の概念が包摂する意味内容を網羅したものであるといえる。今後は，無常観とパーソナリティ特性やアイデンティティ，生きがい感や心理的健康との関連性や，生涯発達過程における無常観の変遷およびその影響について，尺度をさらに精緻化しつつ検討していきたいと考えている。

4章
人生の意味への問い
——問いの諸相

　　　　「深遠なる疑問の答えは……」
　　　　「答えは……」
　　　　「生命，宇宙，その他もろもろの答えは……」とディープ・ソート。...
　　　　「答えは……!!!……」
　　　　「四十二です」ディープ・ソートは，はてしない威厳をこめ，あくまでも落ち着きはらって答えた。
　　　　　　　　　　ダグラス・アダムス『銀河ヒッチハイク・ガイド』
　　　　　　　　　　　　　　　（Adams, 1979 安原訳 2005, p.242）

　ダグラス・アダムスの『銀河ヒッチハイク・ガイド（*The hitchhiker's guide to the galaxy*）』は，人生の意味に関わる著作でしばしば引用されるSFである（たとえば Cottingham, 2003; Seachris, 2013; Singer, 1992 工藤訳 1995）。「人はなぜ生まれ，なぜ死ぬのか」といった「人生の意味」や，「宇宙，生命，その他もろもろ」についての深遠なる疑問に答えるために開発された，スーパーコンピューターの「ディープ・ソート」は，問いの解答を出すのに750万年をかけた。そして，ついに出てきた解答が「四十二」だった。答えを待っていた男たちはその答えに呆然とするが，ディープ・ソートは「ですから，なにが問いかわかれば，答えの意味もわかるでしょう」と言うのである。すなわち，私たちは，人生の意味への解答を知ろうとする前に，そもそものその問いが何であるかにも意識を向けな

ければならない。

　心理学における人生の意味についての研究は，量的手法を中心に展開し，様々な尺度が作成されてきたことは2章で見た通りであるが，それらの尺度は，人生の意味をどれだけ経験しているかという程度や，主に感情的な満足感を測定するものが大半であった。また，面接や自由記述による研究では，人生の意味を「個人にとって最も大切なもの」と定義し，それを質問項目としているものが多い（たとえばDeVogler & Ebersole, 1980, 1981, 1983; Ebersole & DePoala, 1987; O'Conner & Chamberlain, 1996; Taylor & Ebersole, 1993; Wong, 1998a）。つまり，これらの研究では，人がどのようなことに人生の意味を見出しているか，すなわち人生の意味への答えについての検討がなされてきたわけである。これらの探求は，ディープ・ソートの「四十二」という答えに比べれば，意味を喪失することのリスクや意味を保有することの心理的重要性を明らかにしてきたという点でははるかに有益であったかもしれない。しかし，これらの研究では，そもそもの人生の意味への問いに関する側面が十分に検討されていない。

　一方，日本では，欧米に比して人生の意味についての心理学的研究が少ないのが現状であるが，人生の意味への問いのきっかけや個人にとっての重要性に関する検討はいくつか見られる。問いのきっかけについて，亀田（2003a）は，生きる意味への問いの契機についての自由記述による調査から「将来の探求」「具体的なコンフリクト」「コンテクスト，外部刺激，他者の死，ふと，その他」の3つを主たる問いの契機として挙げており，それらが，生きる意味の問いと関連があることを示唆している。人生の意味や目的の獲得の重要性については，尾崎（1997a, b, 1998）が，人生の意味や目的を獲得していることが適応との関連を持つという可能性を示している。今後，人生の意味への問いが重要となる文脈や，問うきっかけ，そしてそれが個人の発達に及ぼす影響について，より詳細な検討をする必要があるだろう。

　さらには，このように，人生の意味への問いを問題にするならば，バティスタとアーモンド（Battista & Almond, 1973）が，人生の意味を実証的

に検討するための問いの立て方として挙げた2つの問い（「人生を意味あるものとするような個人の経験の特徴は何か？」「個人が人生を意味あるものとして経験する条件は何か？」）に加え、「人が人生の意味を問う発達的な背景や条件は何か？」という問いも立てるべきであろう。ここで、人生の意味への問いと類似の形で発達早期に問われる問いとして示唆的なのが、近年我が国における一連の研究で検討されてきた「自我体験」である。渡辺・小松（1999）は、青年への調査をもとに、「なぜ私が私なのかという問いを中心に、それまでの自己の自明性が疑問視される体験、および、この困難な疑問に解決を与えようとする思索の試みであって、自己の独自性・唯一性の強い意識を伴うこともある」(p.20)というような体験を自我体験と定義している。その後、渡辺らによって、自我体験の発生率や初発年齢、アイデンティティとの関連などが検討され（渡辺・髙石, 2004）、①初発年齢のピークは、前思春期と考えられること、②おそらく半数近くが過去に自我体験をしていると考えられるものの、大学生では想起率が15％～30％に低下すること、③それらを踏まえると、後期青年期を中心としたアイデンティティの危機・混乱とは異なる自己意識発達上の意味を持つ可能性があること、などが示唆されている（渡辺, 2004）。この自我体験は、「問い」が体験の中心的な問題となっていることや、それらが「自分とは何か」「なぜ自分は自分なのか」というような存在論的な問いであることなどから、人生の意味への問いと親近性の高い概念であると思われる。人生の意味への問いと自我体験との関連を検討することは、人生の意味への問いが、発達過程において、いつ、いかに成立するかということを知る上でのヒントになると考えられる。

　これらを踏まえ、本章では、まず4-1節において人生の意味への問いの諸相を捉えるため、質問紙調査によって、問いへの関心やきっかけ、個人にとっての重要性などの観点から検討した上で、人生の意味への問いと自我体験との関連を探る（調査3）。続いて、4-2節では、4-1節の質問紙における知見を補うべく、インタビューにより自我体験を聴取し、その語りと人生の意味への問いとの関連を検討する（調査4）。

最後に，4-3節では，人生の意味についての問いを問う途上にある者の様相も捉えるべく，人生の意味への問いについての面接調査を実施し，人生の意味への問いが，どのような文脈でいかに問われ，それが個人の人生観にどのように関わっているのか，ということを検討する（調査5）。その際，研究の枠組みとして，ナラティヴ・アプローチを採用することとする。これは，2章でも見たように，ナラティヴ・アプローチが，個人が行う意味づけの特徴を，意味づける文脈や語りのつながりから捉えようとする立場であり（Bruner, 1990），人生の意味を問う文脈を捉えるのに適していると考えられるためである。

4-1　人生の意味への問いの諸相　　調査3

(1) 意味への問いの質問紙調査の実施

　ここでは，人生の意味への問いについて，その内容や問うきっかけ，個人にとっての問いの重要性についての自由記述を分類・分析した上で，問いと自我体験との関連を検討する。研究参加者は，大学生・大学院生164名（男性79名，女性85名，平均年齢19.32歳）であり，2004年7月から11月にかけて質問紙調査を実施した。

　質問紙の構成は以下の通りである（付録参照）。

①**人生の意味への問いについての関心の程度**　「「私という存在が，この世界，この時代に生まれ，こうして生きており，そしていつか死んでいくということの意味とは何か」「私はなぜ存在し，何のために生きているのか」と問われるような「人生の意味」について，普段考えることはありますか？」という質問（「よく考える」「ときどき考える」「あまり考えない」「全く考えない」の4段階評定）。

②**問いの内容**　「「人生の意味」について考えるとき，それはあなたの中でどのような問いとなっていますか？　あなたにとっての「人生の意味」への問いを，問いの形のままで，できるだけ具体的にお答

えください」という質問。
③**問いを持った時期ときっかけ・状況**　「「人生の意味」について，今まで真剣に考えた時期がありますか？　あるとすれば，何をきっかけに，どのような状況で考えていましたか？」という質問。
④**問いの重要性とその理由**　「「人生の意味」を考えることは，一般的に言って，生きていく上で大事なことだと思いますか？」（「大事だと思う」「どちらでもない」「大事ではないと思う」の3段階評定）と「その選択肢を選んだ理由をご記入ください」という質問。
⑤**渡辺・小松（1999）の自我体験調査の質問項目**　19項目，「はい」「いいえ」の2件法の質問項目に加え，その中の最印象項目の選択と，体験のきっかけと体験時の状況についての自由記述。

(2) 人生の意味への問いの分析
問いの頻度，内容，きっかけについての分析

まず，①の人生の意味について普段考えるかどうかということについて，「よく考える」(19.6％)，「ときどき考える」(52.3％)，「あまり考えない」(19.0％)，「全く考えない」(9.2％) となった。また，「よく考える」と「ときどき考える」とを「人生の意味を考える群」として合わせると，164名中117名となり，全体の71.3％であった。ここで，人生の意味への問いを問う程度が，性によって人数比率に差があるかを検討した（χ^2検定）。

その結果，表4.1に示すように，人生の意味への問いを問う程度には性によって差があることが示された[*1]。ここから「よく考える」が男子に有意に偏りがあり，「あまり考えない」で女子に有意に偏りがあることがわかる。すなわち，男子のほうが女子よりも人生の意味を問う頻度が高い傾向にあるといえる。

次に②の人生の意味への問いの内容について，亀田（2002，2003a,b，

[*1]　$\chi^2(3)=17.42, p<.01$

表4.1 人生の意味への問い

	よく考える	ときどき考える	あまり考えない	全く考えない	合計
男	22（ 2.6)**	42（ 0.3)	6 (-3.7)**	9（ 1.0)	79
女	10 (-2.6)**	43 (-0.3)	26（ 3.7)**	6 (-1.0)	85
合計	32	85	32	15	164

** $p < .01$

2004) の研究で見られている人生の意味への問いの分類（「人生の目的への問い」「人生の価値の懐疑」「存在の根拠への問い」）を参考にしつつ，KJ法[*2]（川喜多, 1967）に準じて分類を行った（表4.2）。

　表に示しているように，自己の存在価値や効力感から，人類全体の目的まで，様々な次元があることがわかる。これまでの研究における（すでに獲得・達成された）意味内容の分析においても，他者との関係性や，自己の成長や喜び，政治的・宗教的信条など，様々な次元の内容が見られているが（たとえば Debats, 1999; DeVogler & Ebersole, 1980, 1981; Ebersole & DePaola, 1987），今回見出された問いの内容とも相対的に対応すると考えられる。意味内容については，2章でも見た通り，「幅（breadth）」や「深さ（depth）」という概念が提唱されているが（Reker & Wong, 1988），問いに関しても，問いの幅や深さを問題にすることもできるであろう。

　次に，表4.2における「その他一般の問い」を除く3つの大カテゴリーについて，筆者を含む心理学専攻の大学院生の評定者2名によって，回答者がどの人生の意味への問いを記述しているかを独立して判定し，一致したものだけを採用した。判定者間の一致率は89.9％であり，有効回答数は107例（「目的への問い」40例，「根拠への問い」12例，「価値への懐疑」55例）であった。

[*2] KJ法とは，野外科学の方法論と発想法の実践的技法であり，多様な質的データを「カード化」「図解化」「文章化」などのプロセスで分析する手法である。本研究では，自由記述の分類のためにカード化を行っているが，本来のKJ法は分類することのみが目的ではない。

表 4.2　人生の意味への問いの分類

人生の目的への問い	生活の満足や幸福への問い	「どうすれば満足で幸せな人生を送れるのか」
	日常生活における目的への問い	「繰り返す日々を生きていくことの意味は何か」
	自己の意志への問い	「自分は人生で何がしたいのか」
	行為の意味への問い	「なぜ大学で勉強しなければならないのか」
		「人生において働く意味は何か」
	当為への問い	「自分の人生で何をなし,いかに生きるべきか」
		「この社会や世界で果たすべき役割は何か」
	人類一般への問い	「他の生命を奪い,資源を消費して人類が生きることの意味は何か」
		「人類は何のために存在しているのか」
		「なぜ人間(動物)は遺伝子を残すのだろうか」
	苦楽の意味・死の意味への問い	「苦しみや悲しみは避けられないのになぜ生きるのか」
		「幸せや喜びは儚く刹那的なのになぜ生きるのか」
		「いつか死ぬのに,なぜ生まれ,生きているのか」
人生の価値の懐疑	自己価値感・自己効力感への問い	「自分が生きていて世界に何か影響を与えているのか」
		「自分が死んだ後,他者や世界に影響を残すことができるか」
		「自分は世の中の役に立っているだろうか」
		「いてもいなくてもいい自分が存在する意味はあるのか」
		「自分は他者に何ができるだろうか」
存在の根拠への問い	哲学的な存在の意味への問い	「どうして今生きているのが他の誰でもない自分なのか」
		「自分が今ここに生きている意味とは何か」
その他一般の問い	一般的な意味への問い	「人生に意味はあるのだろうか」
		「なぜ生きるのか」

また、③の問いの契機についての自由記述は、亀田（2003a）の問いの契機の分類も参考にした上で、KJ法に準じて分類した結果、「将来の探求」「具体的なコンフリクト」「コンテクスト、外部刺激、他者の死、ふと」の3つに分類された。

　以上の分類結果に基づいて、問いと契機との関連性をχ^2検定によって検討した。しかし検定の結果、亀田（2003a）で見られているような有意な偏りは見られなかった[*3]。

　この原因として、まず第1に、亀田の研究では、問いの内容の3側面（「人生の目的への問い」「人生の価値の懐疑」「人生の根拠への問い」）についての具体例の教示を行っていたことにより、研究参加者がより明確に人生の意味への問いを意識化できたことが挙げられる。また第2に、本研究では自我体験と現在の人生の意味への問いの関連を見るという目的から、「普段どの程度考えますか」という教示をしていたのに対し、亀田では、「過去および現在において、考えたことはありますか」という教示であったことから、問うきっかけとなった当時の問いの内容が記述されやすかったのではないか、という点も考えられる。一方、本研究では、人生の意味への問いの3側面について、判定者間の一致率が89.9％と高かった（亀田の研究では61％）。これは、本研究が「問い」を問いの形のままで記述することを求めており、問いの内容がより明確に表現されていたからではないかと思われる。

問いの重要性についての分析

　④の問いの重要性に関して、「重要だと思う」と答えた割合は、男性が54.7％、女性が45.3％であった。ここに差があるかを検討したところ、5％水準で偏りがあることが示された（χ^2検定）[*4]。表4.3に示しているように、「大事だと思う」で男子に偏る傾向が見られ「どちらでもない」で女子に有意に偏りが見られている。

[*3] 　$\chi^2(4)=4.77$, 非有意
[*4] 　$\chi^2(2)=7.95$, $p<.05$

表 4.3　人生の意味への問いの重要性

	大事だと思う	どちらでもない	大事ではないと思う	合計
男	47 (1.9)†	22 (−2.7)**	8 (1.4)	77
女	39 (−1.9)†	42 (2.7)**	4 (−1.4)	85
合計	86	64	12	162

† $p<.10$, ** $p<.01$

　ここまでの結果から，男子のほうが，女子よりも人生の意味を問うことが頻繁であるのに対し，女子は男子に比べ，問うことはあまり多くないという傾向が見られるとともに，人生の意味への問いが重要であるかどうかという点についても，男子のほうがより重要であるとみなす傾向が見られた。尾崎（1997a, b）の研究での，意味や目的を見出そうという探求的態度を持っていなければ不適応感は高くならないという結果が出ていることを合わせて考えると，男子のほうが，探求的な態度が強く，そのことによって人生の意味への問いにつながるような心理的問題をより抱えやすいのかもしれない。

自我体験調査の質問項目の分析

　⑤の自我体験調査の質問項目について，因子分析（主因子法・promax回転）を行った結果，因子負荷量が低い項目7（「いま，夢の中にいるのかもしれないと思って，不安になったことがある」）を除いた18項目において統一的解釈が可能な4因子を抽出した。それぞれ渡辺・小松（1999）の研究と類似の因子構造が得られ，因子負荷量の大きさにしたがって，それぞれの因子を「自己の根拠への問い」「主我と客我の分離」「自己の独一性の自覚」「独我論的懐疑」と命名した。

　また，自我体験調査の質問項目が一貫して同じ概念を測定できているかという内的一貫性（信頼性）を見るため，クロンバック（Cronbach）の a 係数を算出したところ，尺度全体（a = .78），「自己の根拠への問い」（a = .75），「主我と客我の分離」（a = .58），「自己の独一性の自覚」（a

表4.4　自我体験と人生の意味への問いとの関連

	人生の意味への問い (被験者全体) $N=164$	人生の意味への問い (自由記述による判定者のみ) $N=24$
自己の根拠への問い	.48**	.31
主我と客我の分離	.31**	.44*
自己の独一性の自覚	.13	.00
独我論的懐疑	.17*	.13
自我体験尺度全体	.43**	.33

** $p < .01$, * $p < .05$

=.56),「独我論的懐疑」(a =.58)となり,第2因子,第3因子,第4因子については信頼性が高いとはいえない結果となった。しかし,自我体験調査に関しては渡辺・小松(1999)によって信頼性・妥当性が確認されていること,今回筆者が抽出した因子が彼らとほぼ類似の因子構造を維持していたことを踏まえ,今後の分析にもこの尺度を用いることとし,自我体験と人生の意味への問いとの関連について見ていくことにした。

自我体験と人生の意味への問いとの関連

自我体験と人生の意味への問いとの関連を検討するために,⑤の渡辺らの自我体験に関する質問項目と,①の人生の意味への問いについての関心の程度とのスピアマン(Spearman)の順位相関係数を算出した(表4.4)。

表4.4に示しているように,自我体験尺度全体と人生の意味への問いが中程度の正の相関を示しているとともに,「自己の根拠への問い」と「主我と客我の分離」が中程度の正の相関,「独我論的懐疑」が弱い正の相関を示している。

さらに,自我体験についての質問項目の得点によって,人生の意味への問いの程度がどのように影響されるかを検討するために,「よく考える」と「ときどき考える」とを「考える」群として1つのグループにま

とめ，「考える」「あまり考えない」「全く考えない」の3グループを，自我体験の各因子の得点から予測するという分析（判別分析）を行った。その結果，「独我論的懐疑」以外の自我体験の各因子の得点が高いほど，つまり各因子項目で「体験あり」という回答が多いほど，人生の意味を考える傾向にあるということが示唆された[*5]。

しかし，この自我体験についての質問項目は，非常に曖昧・多義的であり，これが特殊な体験であると理解したうえで回答した者と，自我体験とはさしあたって関係のない何かを読み取って回答した者，つまり，自我体験の体験者と非体験者の両方が含まれてしまう（渡辺・小松, 1999）。ゆえに調査結果は，数量的な観点と，内容的な観点の双方から分析をする必要がある。そこで，渡辺・小松（1999）の自我体験の判定基準に従って，質問紙の最印象項目についての自由記述から，2名の判定者が独立に判定を行い，その判定が一致した24例を，自我体験の事例とみなし，その上で，改めて自我体験に関する質問項目と人生の意味への問いについての関心の程度との相関を見た。その結果，表4.4に示しているように，「主我と客我の分離」に，中程度の相関（$r=.44, p<.05$）が見られた。

また，判定基準によって自我体験の事例であるとみなされた群と，自我体験とはみなされなかった群とで，自我体験に関する質問項目の得点の平均に差が見られるかを検討したところ，「自己の独一性の自覚」以外のすべての因子で，体験者とみなされた群のほうが有意に平均が高かった（表4.5）。

これらの結果から，自我体験が認められる者は，自我体験に関する質問項目の得点もおおむね高いということが示された。

[*5] 判別分析において，第1番目の正準相関係数は有意であり（$r=.48, p<.01$），判別関数係数は，「自己の根拠への問い」「主我と客我の分離」「自己の独一性の自覚」「独我論的懐疑」がそれぞれ.87, .23, .20, －.11となった。また，グループ重心の関数は，「考える」「あまり考えない」「全く考えない」がそれぞれ0.32，－0.53，－1.38となり，判別的中率は，59.1％であった。

表4.5　自我体験記述「あり」群と「なし」群の平均値の検定結果

	自我体験の記述		
	あり（N=24）	なし（N=140）	t値
	M (SD)	M (SD)	
自己の根拠への問い	5.2　(1.79)	3.57 (2.10)	3.58**
主我と客我の分離	3.58 (1.38)	2.84 (1.45)	2.33**
自己の独一性の自覚	2.04 (1.12)	1.78 (1.24)	0.98
独我論的懐疑	1.33 (0.82)	0.69 (0.78)	3.7 **
自我体験尺度全体	12.67 (3.99)	9.3　(4.03)	3.78**

** $p < .01$

　このように，自我体験と人生の意味への問いとの関連について，相関分析，判別分析，そして自由記述による体験者の分類後の分析という3側面から分析したが，この分析結果についての解釈にはなお注意が必要である。これらの項目は，すでに述べたように，自我体験とはさしあたって違うものを読み取って回答される可能性が大きい。たとえば「自分はいったい何者なのかわからなくなったことがある」という項目は，アイデンティティ拡散の状態とも読み取られる可能性が高く，「他人も自分と同じようにものを考えたり感じたりするのだろうかとか，私だけが本当に生きていて他人はみんな機械のようなものではないかとか，思ったことがある」という項目は，典型的な離人症状の記述とも解釈できる。ただ，自由記述から自我体験が認められると判定された者は，この自我体験に関する質問項目でも平均よりも高い得点，つまり，より多くの項目に「体験あり」と答えていることから，項目得点と自我体験の間に一定の関連があるということはいえるであろう。

4-2 「語り」から見る自我体験と人生の意味への問いとの関連　調査4

(1) 意味への問いについてのインタビュー調査

　前節では，質問紙調査によって，主に統計的・量的手法を用いて自我体験と人生の意味との関連について検討したが，先に述べたとおり，質問紙法，および自由記述法によって，本当に自我体験といえる体験があったかを判定することは困難であり，より詳細に体験内容を検討する必要がある。そこで，ここでは，前節で意味への問いとの関連が示唆された自我体験についてのインタビュー調査を行い，より具体的な体験内容と人生の意味への問いとの関連を検討する。

　研究参加者は，関西の大学の大学生・大学院生5名（男性3名，女性2名）である[*6]。インタビューは，自由度の高い半構造化インタビューによる。半構造化インタビューとは，質問項目や枠組みはある程度構造化しつつ，実際のインタビュー場面では話題の展開に応じて問いの順序を変えるなど，インタビュイーの反応やインタビュアーの関心に応じて十分な柔軟性を持たせるインタビューのことである（詳細については，Flick, 1995; 徳田, 2007などを参照）。インタビューでは，まず調査1で使用した，人生の意味への問いと自我体験についての質問紙に回答を求め，その回答結果をもとに質問を行った。続いて，天谷（2001）での自我体験についてのインタビュー調査の際に使用された質問紙の15の質問項目に回答してもらい，その中で「体験した」と回答している項目について，さらに詳しい内容を質問した（付録参照）。

　調査時期は，2004年10月から11月である。

[*6] このインタビュー調査は，後述の4-4節のインタビュー調査と同じ対象者に行われたものである。意味への問いの語りに関する分析はそちらを参照されたい。

表4.6　自我体験の具体例

自己の根拠への問い

・たとえば，その自分と全く同じ分子構造をもった有機化合物がここにあったら，それは何なのか，とか……。(Eさん)

自己の独一性の自覚

・それはなんというか，性格の暗い人が，明るい人になれない，とか，そういうのではなくて，何になってもそれは自分である，と。そういう感じです。だから，たとえば僕が，ものすごい科学技術を持ってたとして，浦田さんと全く同じ分子構造を持った，外見もまったく同じようなものになったとしても，それは僕である，と。そういう感じです。(Eさん)

独我論的懐疑

・たとえば，浦田さんがこうしてアンケートをとっていても，たとえば，浦田さんが生きていなくて，それそっくりのアンドロイドが全く同じ動きをしていても全く関係ないじゃないですか。つまり，他の人が生きてるっていうのは，僕にとっては何にも関係のないことなんですよ。(Eさん)
・中学の頃よく考えてたのは，ほんとに世界が何かの舞台の上にある，と。で，自分が移動して自分が見える範囲では舞台があるんだけど，自分がその場から退場するとセットみたいにそれがなくなってて……っていうのは考えた。(Aさん)

(2) 自我体験者の語りにおける人生の意味への問い

自我体験者

　今回のインタビューで，渡辺・小松（1999）や渡辺（2002）を参考にして狭義の自我体験と「独我論的懐疑」とを合わせて自我体験者であるとみなされたのは，AさんとEさんの2人であった。この2人の語りの内容を分類した結果，「自己の根拠への問い」「自己の独一性の自覚」「独我論的懐疑」の3つの領域での語りが見られた。他の対象者（Cさん，Dさん）にも，対自的自己意識に関連すると思われる語りはいくつかあったものの，今回は明確に表現されているものについてだけ取り上げることにした。具体的には表4.6に示すような語りが見られた。

自我体験と人生の意味への問いとの関連

　今回の調査においては，自我体験が見出されたのは，5名中2名（A

さん，Eさん）であり，そのうち1名（Aさん）は，自我体験の中核である「自己の根拠への問い」には当てはまらず，独我論的体験が見られただけであった。また，インタビューで聴取できた範囲内では，独我論的体験が，今の人生観や人生の意味への問いに影響を与えていることはあまりないと思われた。

　Eさんについては，自我体験者特有の表現が多く見られており，かなり典型的な自我体験者であるといえる。また，次の語りは自我体験的視点からの人生観についての示唆的な語りである。

> 　僕は生きてる意味とか価値とかは，ないと思っているんですけど，だからできることは，生きてることを最大限味わうことで，やっぱりものを深く考えることだと思うんですけども，さっき言ったんですけども，他人って生きてても生きてなくても，全然自分にとっては何の関係もないじゃないですか。それと同様に，たとえば僕が生きてても，そっくりのアンドロイドでも，全然関係がないじゃないですか。てことは，やっぱり生きてるっていうことを味わえるのは，自分を通してでしかできないじゃないですか。だからその自分を基盤にして，ものを考えるっていうのがとても大切かな，って思うんですよ。

　この語りは，「生きてる意味とか価値とかは，ないと思っている」としてすべての意味や価値を否定しながらも，「ものを考えるっていうのがとても大切」だという，生きる上での重要な「価値」について語るという循環的な語りといえるだろう。そして，結果的には「自分でものを考える」ということがEさんにとっての人生の意味の源であると読み取れる。この語りに見られる「他人って生きてても生きてなくても，全然自分にとっては何の関係もないじゃないですか」というのは，前述した自我体験の具体例でも挙げたように，「独我論的懐疑」に当たる語りである。また，「やっぱり生きてるっていうことを味わえるのは，自分を通してでしかできないじゃないですか」という表現の中の「自分」はまさに自我体験でいう「自我」であり，「自己の独一性」を表現したものであると考えられる。このように，Eさんは，自我体験的な視点に

立って,「人生で価値あるもの」を捉えており,これは,自我体験およびそれに類する視点が,その個人の人生観に影響を与えているということを示唆する語りであるといえるだろう。

(3) 自我体験者にとっての意味への問いとは

　本研究では,広義の自我体験者であると認められたのは,対象者5人中2人であった。そのうち,1名は狭義の自我体験には含まれない独我論的体験のみが見られたことから,典型的な自我体験者とみなされたのは,1名のみということになる。渡辺・小松（1999）や渡辺（2002）の研究における自我体験の発生率が20％前後であったという結果と併せても,やはり狭義の自我体験は,少なくとも大学生において,それほど普遍的な現象であるということはいえないと思われる。

　自我体験と人生の意味への問いについては,直接の関連を示す語りは見られなかったものの,自我体験者と判定されたEさんの語りで,対自的自己意識が現在の人生観に影響を及ぼしていると見られる示唆的な語りが見られた。Eさんは,「人生の意味や価値は存在しない」としながらも,「やはり考えてしまう」と何度も語っていることから,Eさんにとって人生の意味への問いが,やはり非常に重要な問いであるといえる。

　高井（2004）は,自我体験の発達心理学的な意味について考察し,自我体験は,「心の理論（theory of mind）」の研究で検討されてきた反実仮想の理解（「今この世界」である現実に反することを想像すること）や,言葉と指示対象との恣意的結合へのメタ認知的な気づきなどによる「相対的な世界観の獲得」の瞬間の体験ではないか,としている。すなわち,「別のまったく違った世界でも存在したかもしれない自分が,今のこの世界に存在している」（高井, 2004, p.197）ことの不思議さを実感する体験が自我体験の1つの側面であるという。このような気づきは,特に哲学的な人生の意味への問いの発生にかかわるものであると考えられる。なぜならば,このような相対的な世界観への気づきと,それにも関わらず「私

が他の誰でもない私である」という自己の存在の孤立性・唯一性・例外性の感覚とのギャップにおいて「なぜ私が私なのか，その根拠，理由，意味は何だろうか」という問いが芽生えると考えられるからである。小松（2004）が指摘するように，そのギャップの解決方法の1つが「私だけが私である（私だけが存在している）」という独我論であるとするならば，Eさんの独我論的認識と，「その自分を基盤にして，ものを考えるっていうのがとても大切」という語りは，人生の意味への問いと自我体験的認識の双方へのある種の解答であると考えられる。

　このように，少なくともEさんにおいては，自我体験とそれに基づく世界認識が人生の意味への問いに密接に関わっているということが示唆された。今後この点をさらに検討することによって，個人が持つ暗黙の世界観や死生観などを浮き彫りにできると考えられるため，他の自我体験者および（体験を忘却した者も含む）非体験者の人生の意味への問いとの関わりを詳細に見ていくことが課題として挙げられる。

　また，自我体験に関して，このテーマが抱えている困難の1つが，自我体験が，文字通り「体験」であるということである。当初，渡辺（1992）は，自我体験を，梶田（1980）に倣って「対自的自己意識」と呼んでいた。しかし，渡辺（2004）は後に，自我体験は対象化されて経験的に認識された主我はすでに客我となってしまうことに生まれて初めて気づいて驚いたり，怪しんだり感動したりするといった経験なのであるから，まずは，自我体験を「体験」の研究として取り上げる必要性があるとして，「対自的自己意識」の体験を「自我体験」と呼び換えている。

　たしかに，自我体験は，違和感や不思議な感じを伴った啓示的な体験として経験されるものであるから，その体験としての意味は非常に重要である。ただし，本研究のように，その体験がその後の個人の現在の自己についてのある種の概念や，人生観などにどのような影響を及ぼすのか，ということを考える場合，その体験が実際にあったか否かとともに，その個人が自我体験に見られるような類の概念把握をしているかという「対自的自己意識傾向」とでも呼ぶべきものがあるかどうかを検討する

第Ⅱ部　人生の意味を心理学する

ことも重要であろう。

4-3　人生の意味への問いの文脈　調査5

(1) 人生の意味への問いについてのインタビュー調査

　ここでは，人生の意味への問いについて，個別具体的な文脈を検討する。分析においては，人生の意味への問いが，個々の生きる文脈への意味づけとして問われるものであると考えられることから，個人にとっての文脈や語られ方に注目して分析し，各々の人生の意味への問いの特徴を捉えるための新たな枠組みを生成することを目指す。

　本研究では，本章4-1節で実施した質問紙調査において，①人生の意味を問う頻度が高く，②問いの記述内容が人生の意味への問いを含んでおり，③過去に特に真剣に人生の意味を問う経験があった，ということを基準に対象者を選択した。結果として，筆者とすでにある程度のラポール（親密な関係性）が成立している関西の大学の大学生・大学院生5名（男性3人，女性2人）が選択された。

Aさん	男性	大学院2回生	25歳
Bさん	女性	大学院2回生	24歳
Cさん	女性	大学院1回生	23歳
Dさん	男性	大学院1回生	24歳
Eさん	男性	大学　5回生	22歳

　面接では，人生の意味への問いについての質問紙の回答結果をもとに，半構造化インタビューを行った。面接の質問項目については，①人生の意味への問いの文脈を捉えるためには，意味という語の個人にとっての意味づけの特徴を明らかにする必要があること，②全対象者の人生の意味への問いの自由記述において，死との関連で人生の意味への問いが記述されていたことから，各対象者に共通した質問としては，①「あなた

が人生の意味と言うとき，それは，どのような意味合いでそう表現しますか」という，人生の意味という言葉の個人にとっての意味合いを問う質問と，②「あなたにとって，死あるいは死ぬということはどのようなものですか」という，死についての価値観を問う質問の2つを設定した。

面接は，教室など大学構内で行われ，許可を得たうえでテープまたはミニディスクに録音し，逐語文字化して，分析の資料とした。実施回数はそれぞれ1回，面接時間は，質問紙の回答時間も含め，約1時間程度であった。調査時期は，2004年10月から11月である。

(2) 質的コード化によるインタビューデータの分析

本研究では，人生の意味への問いについて，その意味づけ方の特徴を個人の語りの文脈において捉えることを目的とするため，質的コード化の手法（Coffey & Atkinson, 1996）と，それに基づいた徳田（2004）の研究を参考にして分析を行った。質的コード化とは，データに即した分析カテゴリーを生成する質的分析法の1つであり，あらかじめ設定された枠組みではなく，データそのものからカテゴリーを生成し，分析に用いるものである。この方法では，まず，内容や語りの特徴に沿ってデータを区分し，そこに適宜ラベルを与えコード化する。続いて，そのラベルについて繰り返しデータ間の比較を行い，各々の語りの類似性と差異から，個々のラベルを整理，統合するカテゴリーを生成していく。そして，生成されたカテゴリーは，再度データに立ち戻って検討され，修正を加えられることによって洗練される。このようにすることで，データに即したカテゴリーが生成されるというものである。以下に，その分析カテゴリー生成と類型化のプロセスを示す。

分析カテゴリー生成のプロセス

「あなたが人生の意味を問うとき，それはどのような意味合いでそう表現しますか」という人生の意味への問いの質問について，それぞれの繰り返し語られるフレーズに注目し，語りの内容の特徴と差異からコー

ド化を行った結果，①人生の意味は神によって与えられており発見されるもの，②人生の意味は自分で創造する，あるいは，他者との関係の中で生まれてくるもの，③人生の意味は存在しない，という3つの下位カテゴリーを抽出した。また，2つ目の質問である「あなたにとって，死あるいは死ぬということはどのようなものですか」という質問に対する語りには，「死んだらどうなるのか」というような「死の解釈」についての語りと，「いつか死ぬとわかっていてなぜ生きるのか」というような「死を前にした人生の意味」についての語りが見られ，それぞれを分析カテゴリーとして抽出した。

「人生の意味」の意味づけ方を軸とした類型化

このカテゴリーを生成した上で，再びデータに立ち返り，各人の面接の語り全体の文脈を改めて検討し，分析カテゴリーとして抽出された人生の意味の個人にとっての意味合いの3つのカテゴリーと，死についての価値観についての2つのカテゴリーの特徴の関連を探った。その結果，「人生の意味」の意味づけ方を軸に，「死の解釈」，「死を前にした人生の意味」が文脈の流れとして位置づけられたことから，「人生の意味」の意味づけ方に基づいた類型化を行った。

(3) 3パターンの人生の意味への問い

「人生の意味」の意味づけ方に基づいて類型化を行い，3つのパターンを見出した。すなわち，「意味は，発見されるもの，与えられるもの」（パターン1：Aさん），「意味は，自分で創造する，あるいは，他者との関係の中で生まれてくるもの」（パターン2：Bさん，Cさん，Dさん），「意味や価値は存在しない」（パターン3：Eさん）の3つである。それぞれのパターンで見られる特徴の骨子だけを抜き出すと，表4.7のようになる。

以下に，それぞれのパターンで見られた語りについての具体的内容とその語りの特徴を示していく。

表4.7　3つの人生観のパターンの概要

	パターン1	パターン2	パターン3
意味についての解釈	与えられるもの・発見されるもの	創造するもの・他者との関係の中で生じるもの	意味も価値も存在しない
意味への問い	・進むべき道は何か ・与えられている道は何か	・何ができるか ・何がしたいか ・いかに生きるか	・無意味な人生でできることは何か？
意味を問う視点	神の視点	俯瞰的な視点	客観的な視点
死の解釈	・この世での役目を果たしたときに訪れるゴール ・死後の世界への入り口	無・存在の消滅	
死を前にした人生の意味	人間はその意味を知ることはできないものの、意味は与えられている	死んでも残された他者に何らかの影響を残すかもしれない	死んで無になったとしても、生きたという事実は残る
各パターンに特徴的な語り	意味の不可知性へのとまどい	懐疑的な語り	語りの揺れ 堂々巡り

Pattern1　「意味は、発見されるもの、与えられるもの」(Aさん)

①「人生の意味への問い」の語りの特徴

「人生の意味への問い」についての質問では「大前提として、人生に意味はあるっていうのは、信じてるわけ、無条件に。そしてその意味は何かっていうのはよく考えるけど、意味があるかどうかっていう根本的なところは信仰があるから、そこは迷わない」、「(意味は作り出すものなのかという問いに対して) 作り出すっていうよりは、あるはずだから見つけるもの、っていうかな。だから、自分でがんばらなくても、何かしらあるはずなので……」という語りに見られるように、人間が人生の意味を

理解することはできなくとも，それは神から与えられており，それを発見することが人生の目的である，というように位置づけられている。

「上から見たら，それでちゃんと意味があることなんだろうけど」「人間から見ると，働き盛りで死ぬ人もいるし，不本意な死に方をする人もいらっしゃると思うんだけど，神様の視点から見ると，その人の役割はもう終わったから，っていうことで死ぬんじゃないかな」という語りに見られるように，ここで人生の意味を捉える視点は神からの視点である。

②死の解釈について

死とは何かということに関して，「やるべきこととか，あと，走るべき道を走り終えたら，そこにゴールがあるわけで，それがたぶん，人生っていうものだと，死っていう形になってると思う」「生まれ変わりとかはないと思うけど，死後の世界っていうのはあると思う」というように，死は人生の1つのゴールであり，死後の世界に向かうための通過点と解釈されている。

③死を前にした人生の意味について

「神様が書いたシナリオをね，たぶん人間は，最初から最後まで読めないわけ。どういう意味があってこういうことになってるかっていうのは，たぶん人間の知恵ではわからないことなんで，たとえば自分が，あとどれくらいで死にますっていうのは，それはたぶん，上から見たら，それでちゃんと意味があることなんだろうけど，自分としては納得できないこともあると思う」というように，ここでも信仰によって，神の意志によって死には意味が与えられているものだ，とされている。

④パターン1の特徴

このパターンに分類されたAさんは，子どものころからクリスチャンであり，インタビュー当時は，大学院を卒業した後牧師になるために，神学大学に進学予定であった。このパターンの語りは，一貫して確固とした宗教観を反映しており，神から与えられている意味を発見し，自分に与えられた役割を果たすことが，人生の目的であるという人生観である。そして，死もまた終わりではなく，この世での役目を終えた時点で

の1つのゴールであり，死後の永遠の生命へと続く道の過程であると捉えられている。

　ただ，もし自分に死が訪れるときには「いざとなったらじたばたするかもしれないけど……」という語りがあったが，「どうしてじたばたするのだろう」という質問には，「理解としては，神様は，必ず，なんていうのかな，よいようになさるはずなので。でも自分の理解ではそうでないことがあるかもしれないやんか。そうすると，よいことをしてくださる神様っていうのは疑わずに，自分の理解のほうを疑うことになるので，とまどうのかな……」と語り，死や苦しみについても，信仰を基盤にして理解おり，「とまどう」のも，信仰を基盤にした上でのものであることがうかがえる。

🗣 Pattern2　「意味は自分で創造する，あるいは，他者との関係の中で生まれてくるもの」（Bさん，Cさん，Dさん）

①「人生の意味への問い」の語りの特徴

　「人生を意味あるものにしたい」（Dさん），「まあ，いつか死ぬかもしれないから，今が，一日一日を大切に生きられれば，まあ，いつか死んでしまっても，それでいいかな，って」（Bさん），「生まれてきたからには，自分は満足して生きたいと思うんで，自分は人生をちゃんと考えようとは思うんですよ」（Cさん），「考えれば考えるほどその人生は濃くなっていくと思うし，だからこそ生き抜いたときに達成できるんじゃないかって思うんですよ」（Cさん）というような語りに見られるように，人生の意味というものを自分の人生の内側から「意味づける」というものである。ここで，人生の意味として捉えられているのは，「満足感」や「達成感」である。

　「今私が会ってる人たちには，まあ，真心でもって接したいとか……」（Bさん），「人が生きていくにあたって，いろんな影響を与え，与えられて生きていくから」（Cさん）「誰にも必要とされなかったら，なんで生きてるのかなって思ったら……」（Cさん）というように，人生の

意味は他者との関係において生じてくるものとしても捉えられている。

「この世界がすべてのように感じるけど，自然の中の人間とかそういう単位で考えたときは，ぜんぜんそうじゃないのにな，って……うん，たぶん，こだわりから離れたいときとかに思うのかもしれない」(Bさん)，「人間って生まれてきて死ぬまで，何年か人生あるけど，何で生まれてきたん？って思うんですよ。」(Cさん)，「自分がっていうのから人がっていうのに広がっていくんですけど」(Cさん)，「(むなしさを感じるときの文脈は)もっと社会的な感じ，もっとでかい気がする」(Dさん)というように，人生の意味を問う際の視点は，いずれも主観的なものの見方を離れて社会的，あるいは時間的に俯瞰的な視点を持ったときであることがわかる。

②死の解釈について

「死ぬのってすごく重大なことで，自分にとっては，存在がなくなるんだから……」(Bさん)，「自分自身については無になると思うんですよ」(Cさん)「無をイメージしたりする。なんか渦巻いていくような」(Dさん)というように，死それ自体は，自分という存在がなくなること，無になることとして捉えられている。

③死を前にした人生の意味について

「自分が死んだことで他人が引き継ぐ何かはあるかもしれない」(Cさん)「自分は，自分の存在が消えても，誰かには残るからいいかなって感じです。」(Cさん)というように，死を前にしても，残された他者に何らかの引き継ぐものがある，というある種の世代継承性によって，死すべき運命にある人生の意味というものが語られている。

「死ぬのと同じくらい大事な過ごし方をしたいから……死んでも全然いいやっていうくらい，死と同じ価値を持つくらいに，生きれたらいいなあ，って……」(Bさん)というように，無としての死に対して今ある生を対置し，生きることの大切さを表現する，という語りも見られた。

④パターン2の特徴

いずれのインタビュイーの語りにおいても，「人生の意味」という言

葉は，まず第 1 に，その人にとって重要な価値のあるもの，そして，その上で自分の周りの人にとって価値のあることを漠然と指すものとして解釈されている。そして第 2 には，自分の人生を価値あるものにするための時間的展望の明確さに纏わるものとして使われている。ゆえに「人生の意味とはどういうものを意味と表現しているのか」という質問に対しては，「自分は満足して生きたいと思うんで……」（C さん），「何がしたいんだろう，この短い一生の中で，どういうことがしたいんだろう」（B さん），「成し遂げたいって思う」（D さん）というような間接的な答え方がされるということが特徴的である。

また，「人生の意味への懐疑」についての語りもパターン 2 に特徴的な語りとして見られた。「でも人間は何でこう地球の上に，いろいろ物質的なものをがんがん立てて道路ひいてルール作って，それでこんなにいろんなものにこだわりながら生きていくのかなあ，ていうのがまずあって……」（B さん）「生きるために生きてるんですけど，生かされているような気がしなくもないじゃないですか，自分の意志で生まれてくるわけではないし……っていうことを考えたら，私たちっていうか，私にとって人間っていうのは無に等しいんじゃないかなって思うんですよ」（C さん）というように，無意味なものかもしれない人生への懐疑が語られた。

Pattern3 「意味や価値は存在しない」（E さん）

①「人生の意味への問い」の語りの特徴

「外から与えられる意味も，自分で見出す意味も，何もかもがないっていうことなんじゃないでしょうか」「（人生に意味はないと E さんが言い切るのはなぜか，という質問に対して）やっぱりその，生きる目的とか意義っていう概念も，概念自体が，その人間が作り出したものであって，その人間がいつかは死滅しちゃうからじゃないでしょうか」というように，発見されるような意味はもちろん，創造するような意味も人生には存在

しないという観点の語りが見られる。

「(人生の意味をどんなときに問うか,という質問に対して) やっぱり家にいてて,暇なときとかですかね。あんまりその,普通に社会生活を送ってるときとかはあんまり考えないじゃないですか。やっぱり,その,普段社会生活を送ってるときは,その,主観的に行動してるじゃないですか。でも,家に帰ってきて,その,ちょっとふと今日やったこととかを思い出したら,自分が客観的に見えてくるじゃないですか。そういうときですかね……」というように,パターン2と同じく,主観的なものの見方を離れた文脈で人生の意味を問うという語りがいくつか見られた。

②死の解釈について

「(死ぬと)何もかもなくなるんじゃないでしょうか」「死によって,なにもかもがチャラになるっていうのが,もう,なんというか,その,自分のすべてが否定されてるようなもんじゃないですか」というように,パターン2と同じく,死というものを存在の消滅と捉えているといえる。

③死を前にした人生の意味について

「XY平面上に線分があるように,なんかこの,ある位置よりも,あるX軸の値が,ある値よりも大きいときに,その線分が存在してなかったとしても,その線分は存在してるじゃないですか。だから,別になくなったからといって,その,たとえば,僕が死んだ時点で世界がなくなるとしても,価値が,たとえば価値があったとしたら,それによって価値がなくなるということにはならないような気が……。(つまり,過去に生きたっていう事実が残るっていうこと?) はい,まあそういう感じですかね」というように,自分が生きたという「事実性は滅びることはない (Jankélévich, 1966)」ということを想起させる内容の語りが見られた。

④パターン3の特徴

パターン3において「人生の意味がない」というときの「意味」という語は,「なにもかも含めるんじゃないでしょうか」と語られているように「超・究極的な『なぜ』という問い (the super-ultimate why-questions; Edwards, 1981)」に関わる意味や価値を指す一方で,「自分で意味とか価

値とかを見出したとしても，やっぱり結局それには意味も価値もないわけだから」というように，「なにもかも含める意味」の中にある個人が創造する意味や価値も指している。そして，それらすべてが存在しないというわけである。

そして，「ただ生きてるっていうのは苦痛じゃないですか。だから，その，そういうふうに認識しちゃったら，生きる目的がなくて苦しいんで，じゃあ，一体どういう目的を見出して生きていけばいいのかなっていうのは，最初によく考えた」と語り，「意味とか価値とかは，もうないと思うんですけども，ないと考えたときにじゃあどうしようかなっていうんですけども，うーん，やっぱり，できることといえば，今ここに生きてることを最大限味わうことかな，っていう感じがするんですけども……」という一応の結論に至っている。そして，「今はあんまり意味を考えなくなったっていうことなんだけど，それはどうしてかな？」という質問には「いや，だからもう意味はないからですよ」と答えている。しかし，その直後にも「まあ，でも考えてしまいますけどね」と語っており，やはり意味はないと思っても，意味への問いを問わずにはいられないという「揺れ」あるいは「堂々巡り」が随所で表現されている。

(4) 語りから見えてきたもの
3つのパターンについて

本研究では，5名の大学生・大学院生に面接調査を実施し，それぞれの語りを分析した結果，「意味」という語をどのように捉えているか，ということを軸に3つの「人生の意味への問い」についての語りのパターンが見出された。

「意味は，発見されるもの，与えられるもの」（パターン1）という語りは，神の視点から「意味」というものを理解した上での語りであり，他の2つのパターンの語りとは明らかに異なる様相を呈していた。語りにもあったように，「信仰」は「無条件」であり，ある意味では，あらゆるものごとの根拠をすべて無条件に説明しうる基底的なものである。そ

のため，語りは非常に首尾一貫しており，揺れや循環は見られなかった。もっとも，現代日本の青年においては，このような「意味」が神から与えられているという視点は少ないと思われる。4章や6章において，「生きる意味」についての自由記述から意味の源について検討を行った際にも，アメリカの研究で必ず見られている「宗教的信仰（religious belief）」についての意味の源はほぼ皆無であった。そして，意味の源のうち最も多く見られたのが「関係」と「喜び」であったことを考えると，「意味は自分で創造する，あるいは，他者との関係の中で生まれてくるもの」（パターン2）の語りが，現代青年には最も一般的なものであろうと思われる。

しかし，パターン2では，「人生の意味への懐疑」が伏線として語られることがあり，「意味や価値は存在しない」（パターン3）という語りとの境界線は，あまりはっきりしたものではないと考えられる。逆に，パターン3の語りにおいても，「意味や価値は存在しない」としながらも，そのように考えることの「大切さ」について語るという「語りの揺れ」も見られることから，パターン3からパターン2へも比較的容易に移行しうるのではないかと思われる。このような点については，縦断的な調査が必要であるが，どちらの場合も，「人生観」すなわち「人生とその有する意味の理解・解釈・評価の仕方」（広辞苑）のある種の「揺らぎ」が「人生の意味への懐疑」を生み，それが「人生の意味への問い」へと収斂していくといえるだろう。

「語りえぬもの」の語り

「人生の意味」という問題は，根本的に「語りえぬもの」を多く含んでいる。今回の面接での語りにおいても，たとえば，「死ぬのと同じくらい大事な過ごし方をしたいから……死んでも全然いいやっていうくらい，死と同じ価値を持つくらいに，生きれたらいいなあ，って……」（Bさん）のように，本来比較不可能な「生」と「死」を比べるという語りや，「無をイメージしたりする。渦巻いていくような」（Dさん）という

不可視なものの視覚的な表現などが見られた。無や死というような，本来語りえないもの，しかもそれが把握できない場合の脅威が非常に大きいものに対して，私たちはこれまでの意識的体験に頼って理解しようとする[*7]。Eさんの循環的な語りも，結局は「今ここに生きていること」という「語りえぬもの」の周囲を巡る語りであるともいえる。このように，「語りえぬものを前にして，人はいかに語るのか」ということに注目し，語りの揺れやズレや循環に注目することは，「人生の意味」のような，本質的に語ることができない生や死の問題について考える上で重要な視点となるのではないかと思われる。

「私の死」とジェネラティヴィティ（生成継承性）

このインタビュー調査でも問題にしてきたように，人生の意味への問いが，単なる「生きていること」の意味への問いだけではなく，「生まれて生きて死ぬ」という人生というもの全体への問いも含むとするならば，それには死や死後の捉え方という死生観のあり方が密接に関わってくるであろう。

このような現代人の死生観について，やまだらは1994年から研究を開始し，その後日本とフランスの国際共同研究によって，他界観についての質問紙やイメージ画を用いて多角的に研究を行っている（やまだ・加藤・戸田・伊藤, 2010）。イメージ画の分析では，日本，イギリス，フランスの青年において，「あの世」が「この世」の上にあり，死者は雲の上からこの世の人を見下ろして気にかけているというイメージが多く見られている。森岡（2003）も言うように，たとえ「死んだら無になる」と考えている唯物論者が「私が死んだ後のこの世界」というものを想像する場合でも，自分が不在のまま続いていくこの世界というものを，どこか雲の上から覗き見るような形で想像しているのではないだろうか。世界は常に私から眺められた「私の世界」というあり方をしているために，

[*7] 存在しないものを理解しようとする際のこのような制約を，ベリング（Bering, 2006）は，「シミュレーション制約仮説（simulation constraint hypothesis）」と呼んでいる。

暗黙のリアリティの次元では「世界が存在するとき，その世界を見ている私も必ず存在しているはずだ」と思ってしまうのである。森岡 (2003) は，この想像の世界の中には，いわばいないはずの「私の存在」が密輸入されている，と指摘している。たしかに唯物論的に考えれば，私の死とはそのような暗黙のリアリティの次元での「私の世界」それ自体が消滅することであるはずだ。しかし，「非存在について想像しようとしても，私自身の非存在を知覚したり知ったりすることを想像しなければならない」(Nichols, 2007, p.220)。そこで，私たちは原理的にはありえないような「私の存在しない世界」を視覚的に想像するのである。本研究の面接での語りを例にすると，「私の死」を「永遠の無」として捉えている人において「自分は，自分の存在が消えても，誰かには残るからいいかなって感じです」という語りがあった。しかし，「いいかな」と納得している主体は誰か，ということを掘り下げてみれば，そこには「死んだ後，誰かに自分の影響が残っていることを確かめて納得している死後の自分」というものも含まれているといえないだろうか。そして，このような何らかの永続性，象徴的不死性への暗黙の信念が，私たちの人生の意味への信頼を下支えしているとすれば，このような「私の死」に限定した他界観および，それに基づく生死の意味への問いについても，今後さらなる検討が必要であろう。

　また，この「誰かには残るからいいかな」という語りは，同時に人間の生と死が，個人の生と死であるだけではなく，人と人，世代と世代をつなぐライフイベントである（やまだ, 2000）ということを示す語りでもある。これは，やまだ（2000）がエリクソン（Erikson）のジェネラティヴィティ（世代継承性）の概念をライフストーリー研究や世代間伝達の見地から修正した「生成継承性」の問題であり，人生観や死生観について発達心理学的な視点から考えようとすれば，この生成継承性の視点が不可欠となってくるであろう。

Topic 3

人はなぜ「なぜ」を問うのか？

　人はしばしば人生や世界の意味を問う。意味を問うことの中核にあるのは,「なぜ」という問いである。では，なぜ「なぜ」を問うのか，その動機はどれほど基本的かつ普遍的なものなのか，ということについて，哲学や心理学から脳科学に至るまで，様々な答えが提案されてきた。このような意味への問いについての理論モデルのうち，とりわけ「実存的意味（existential meaning）」の概念に関連する理論モデルをいくつか紹介しよう。

答え I：死の恐怖を減らすためである：TMT

　意味を求める動機の根源性について，比較的早くから着目してきたのが，序章でも少し紹介した恐怖（存在脅威）管理理論（terror management theory: TMT）である（Pyszczynski, Greenberg, Solomon, Arndt, & Schimel, 2004；脇本, 2012）。TMT では，人は，死に対する実存的な不安を管理するために自尊心を必要とし，自尊心を得るためには，自らを意味ある世界の価値ある参加者であらしめる文化的世界観（cultural worldview）を信じなければならない，と提唱しており，人が意味を求めるのは，死の恐怖を低減するためであるという主張を展開している。この前提のもと,「文化的世界観への信頼の強化や自尊感情の高揚によって死の不安は減じる」という「不安緩和仮説（anxiety buffer hypothesis）」と,「死ぬべき運命（mortality）を思い起こさせると，文化的世界観への信頼と自尊感情の高揚への欲求が増加する」という「死ぬべき運命の顕現化仮説（mortality salience hypothesis）」の 2 つの主要な仮説を実証すべく，多くの検討がなされてきた。この理論に対しては様々な反論もあり，学会誌上で何度も

論争が繰り広げられてきたが，現時点でもかなり頑健な証拠が蓄積されてきているといえるだろう（たとえば Landau, Solomon, Pyszczynski, & Greenberg, 2007）。

答えⅡ：意味への脅威に対処するためである：MMT・MMM

意味を求めることそのものが人間の根本動機であるという見解では，フランクルの「意味への意志」概念（第3章参照）が代表的であるが，近年，ウォン（Wong, 2008）の意味管理理論（meaning management theory: MMT）やハイネら（Heine, Proulx, & Vohs, 2006）の意味維持モデル（meaning maintenance model: MMM）なども新たに提案されている。MMTでは，人は生き残ることと同時に，生き残る意味や理由を見つけるという動機づけも有しており，死の恐怖も，死の受容や自己実現，自己超越をもたらすこともあると主張している。MMMでは，心的表象の維持を脅かすもの，すなわち意味の脅威が根本的であるとし，その脅威によって受けたダメージを補償するために，新たな関係を再確認（reaffirm）する流動的補償（fluid compensation）がなされると論じている。これらの理論モデルは，いずれも先のTMTを補完・統合するモデルとして提案されており，死の恐怖が根源的であるとするTMTに対して，意味を探求・生成する動機が，象徴的不死性や自尊感情を求める動機よりもより根源的であり，自らが意味ある存在であると認識するために様々な方略がとられると主張する点では類似する視座に立っているといえるだろう。

答えⅢ：不確実性に対処するためである：UMM

理論モデルⅡと同様に，TMTを補完する理論モデルとして提唱されたのが，ヴァン・デン・ボス（Van Den Bos, 2009）の不確実性管理モデル（uncertainty management model: UMM）である。UMMでは，人にとって根源的な脅威となるのは不確実性であり，不確実性を低減することが，実存的な意味を生成することにつながるため，人は自らの人生に意味を与えることへ動機づけられると主張されている。

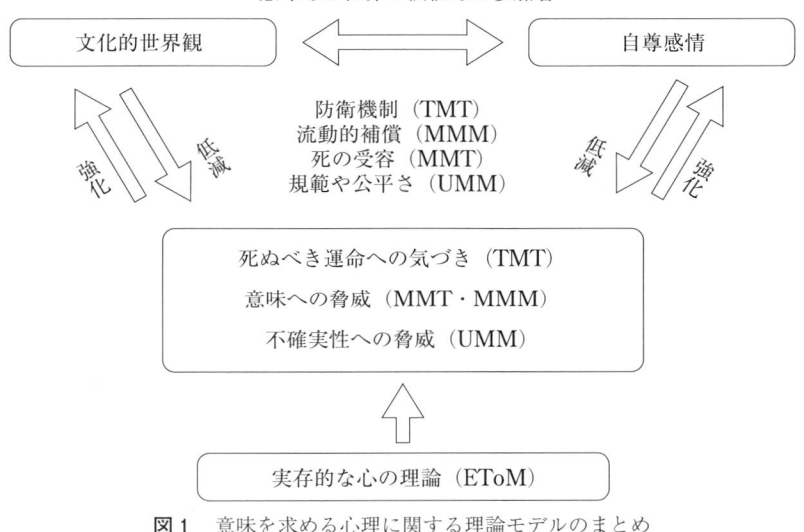

```
           意味ある世界の価値ある参加者
    ┌──────────┐   ⇔   ┌──────────┐
    │ 文化的世界観 │       │  自尊感情  │
    └──────────┘       └──────────┘
       ↑↓                    ↑↓
      強化 低減              低減 強化
         防衛機制（TMT）
         流動的補償（MMM）
         死の受容（MMT）
         規範や公平さ（UMM）

    ┌──────────────────────────┐
    │ 死ぬべき運命への気づき（TMT）    │
    │ 意味への脅威（MMT・MMM）      │
    │ 不確実性への脅威（UMM）       │
    └──────────────────────────┘
                ↑
    ┌──────────────────────────┐
    │   実存的な心の理論（EToM）    │
    └──────────────────────────┘
```

図1　意味を求める心理に関する理論モデルのまとめ

答えⅣ：ヒトは実存的な心の理論を持つためである：EToM

　進化心理学者の急先鋒であるベリング（Bering）が提唱する実存的な心の理論（existential theory of mind: EToM）とは，生きていく上で実存的意味を知覚することを可能にする解釈システムのことであり，哲学的―宗教的な理由づけにも関わるものである（Bering, 2002）。このEToMが備わっていることによって，人は，出来事に対して明示的な行動を予測する（これは従来の心の理論（theory of mind）で指摘されてきたことである）のみならず，暗示的・象徴的な意味を帰属させようとすることへ向かうのだという。

　以上の理論を図にまとめると図1のようになるだろう。
　これらの他にも意味への動機をめぐる様々な理論モデルが存在するが，ここで取り上げた理論モデルは，いずれも人間の根源的な動機についてのグランド・セオリーを提示しようとしており，意味の概念はその中でもとりわけ重要な役割を果たしているということについては広く一致し

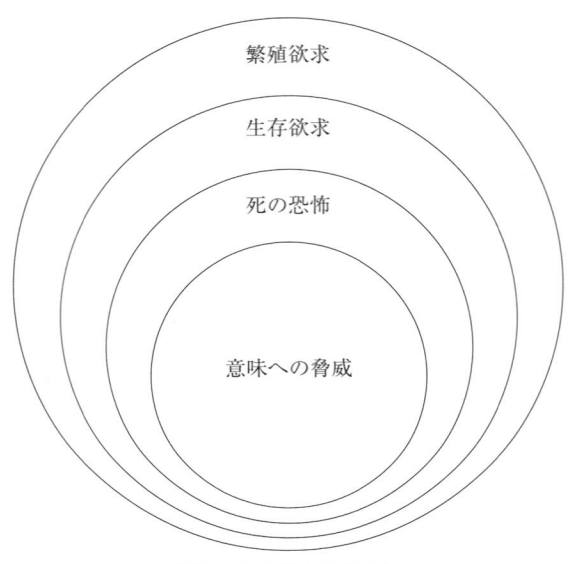

(同心円図:外側から)繁殖欲求／生存欲求／死の恐怖／意味への脅威

図2 根本的な動機の幅

ているといえる。しかしながら，(TMTの豊富な知見による傍証はさておくとしても) 意味を求めることが進化論的かつ通文化的に根源的・普遍的であることを示す直接的な証拠はいまだほとんど見いだされていないのが現状である。

　今後これらの理論の妥当性・有効性を検討していく上で特に重要と思われる点は，以下の3点である。すなわち，①たとえば意味が「基本的 (basic) 動機」である，というときの「基本的」とは何を意味しているか，②「意味」という概念は何を含むものとして定義されているか，そして③これら2つを踏まえた上で，意味の根源性・普遍性について，いかなる研究の方法論が可能であるか，という3点を検討することである。①については，多くの生物種にも共通して見られる基盤として，すなわち認知システムの基盤となる「幅」を持っているという意味で基本的なのか (図2)，あるいは人に固有の認知システムとして，すなわち他の生物種は見られない「深さ」を持っているという意味で基本的なのか (図

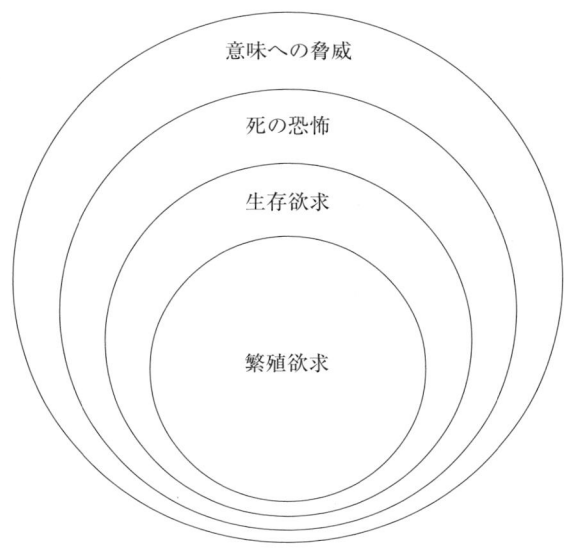

図3 根本的な動機の深さ

（同心円：外側から「意味への脅威」「死の恐怖」「生存欲求」「繁殖欲求」）

3）ということを問わなければならないであろう。図のような包含関係を想定すれば，前者の場合の最も基本的な動機は繁殖欲求となり，後者では意味への脅威となるであろう。この点を明示した上で②を定義し，③を検討するということが必要ではないだろうか。

そのためには，それぞれの立場で「意味」概念の定義に含まれているものを明確にした上で，各理論モデル間の包摂関係や因果関係を見極めるための理論的整理と実証的知見の蓄積が必要となるであろう。

これらの意味の動機をめぐる理論モデルは主に心理学の領域の議論であるが，最近は，生物学・脳科学の観点から意味や価値の起源やそのメカニズムが取り上げられることも増えてきており（たとえば Newberg, D' Aquili, & Rause, 2001 茂木監訳 2003; Thagard, 2010），生物学的基盤と心理的メカニズムの双方を統合する作業も，今後実りある知見をもたらすだろう。

5章
人生の意味の追求と実現
——意味の内容と構造を掘り下げる

　　　　　ぼくにとっての人生の意味は
　　　　　できるだけ善く，生きたいように
　　　　　生きること
　　　　　女房と子供をかわいがり
　　　　　孫をかわいがり
　　　　　できるだけたくさん笑うこと
　　　　　できればほかの人にもいっしょに笑ってもらうこと
　　　　　できるだけ善く人生に取りかかること
　　　　　そして終わりに思いたい
　　　　　誰かの人生にとってぼくは何か意味があったと
　　　　　　　　　ロイ・ステンタフォード（Gabay, 1993 長野訳 1997, p.151）

　「人生の意味」は，言語学的にのみ問われるのではないということに何度か言及してきた。しかし，ある意味では，人生の意味とは人生という言葉が当てはまるものすべて，人生の中で生じる出来事すべてでもある。ロイ・ステンタフォードは，10年以上ごみ集め業をしている普通の男性であり，廃棄物管理トラックの運転手である。既婚で子どもは成人して孫もいる。彼の人生の意味は，歴史に名を残すような大きな業績を成し遂げることでもなければ，世界中の人々を愛することでもない。彼の人生の意味は，彼の人生そのものである。そして，それは，もちろん，個人的な願望を満たすことでもあるが，関係の中で生じる喜びからも立

ち上がってくるものである。そして、最後の言葉は、人生の意味が、彼の人生と「誰かの人生」との「あいだ」から生まれてくるのだと伝えている。

　前章では、人生の意味への問いがどのように問われるのかについて検討してきたが、本章では、人が人生の意味をどのように捉えているか、すなわち、人生の意味に（多くの場合暗黙に）いかに答えているか、ということを中心に検討する。調査6では、従来の知見との比較をしつつ、人生の意味の源や幅、深さについての検討を行う。そして、調査7では、意味の源と、その追求と実現の程度を同時に評価することが可能な新たな尺度を開発する。

5-1　人生の意味の内容——源と幅，深さの検討　調査6

　2章で見たように、意味の源あるいは意味のカテゴリーに関して、エバーソールと共同研究者は、生きる意味についての自由記述を用いて幅広く調査を行い、それぞれの発達段階や文化において、どのような生きる意味のカテゴリーが多く見られるのか、ということを中心に検討していた。3章でも意味の源について検討しているが、そこでは、大学生を対象として、エバーソールとデフォーグラー（Ebersole & DeVogler, 1980）が開発した Meaning Essay Document（MED）と類似の教示による生きる意味についての自由記述を分析し、大学生の主な意味の源として「関係」「成長」「喜び」の3つを見出している。しかし、それぞれの意味のカテゴリーの違いが、価値観や感情とどのような関連があるのか、また、その記述内容の深さが、生きる意味を喪失した状態（実存的空虚）とどのように関連するのか、ということは明らかにされていない。また、欧米の先行研究においても、生きる意味のカテゴリーの違いと意味の深さや精神的健康の関連について詳細に検討したものは見当たらない。これらの関連が明らかにできれば、健康で意味ある人生を生きるために（必須とは言わないまでも）有益な要素について提案することができるだろう。

また，普段，私たちが素朴に人生を意味あるものにすると思っている要素（たとえば喜びや快楽など）を求めることが，実際にその人に意味ある人生をもたらしているのか，ということについて，何らかのヒントが得られるかもしれない。そして，そのためには，人が，自らの人生を意味あるものにすることをどう捉えているのか，ということを網羅的に検討し，それらを実証的に把握できる方法論を開発することが必要となる。

　そこで，本節では，まず予備的検討として，これまで欧米で多く研究がなされてきた人生の意味の源・幅・深さについて，先行研究の方法論に基づいた形で我が国での調査を実施し，欧米の知見と比較しつつその様相を探る。そのため，源・幅・深さの検討には，既存の尺度を用いるが，同時に3章で作成された実存的空虚尺度（EVS）も用いて，それらと実存的空虚の関連についても検討する。

(1) 意味の源についての質問紙調査の実施

　人生の意味の捉え方には文化差があるだろうか。ここでは，現代日本の青年が，人生を意味あるものにする源をどこに置いているかということを明らかにし，欧米の先行研究と比較したいと思う。

　ここでは，新たに看護学生を対象として調査を実施する。看護学生を対象とするのは，先行研究において，青年期におけるアイデンティティ確立や死生観のあり方が，非看護系の大学生とは異なることが指摘されており（中新他, 2005; 糸島, 2005），それらに深く関連すると思われる生きる意味に関する価値観についても，大学生とは異なる特徴が見出されることが予想されるからである。

　そこで，調査方法としては，エバーソールとデフォーグラー（Ebersole & DeVogler, 1980）によって開発され利用されてきた Meaning Essay Document（MED）を用いて，生きる意味の源とその深さについて，実存的空虚との関連から分析し，欧米での先行研究と，3章で用いた大学生のデータとの比較を行う。分析においては，生きる意味の深さはそれぞれの源といかなる関連があるのか，あるいは，生きる意味の源の違いや深

さによって，生きる意味を感じる程度に違いがあるのか，ということを検討することによって，日本の青年における生きる意味の様相を明らかにする。

質問紙調査においては，大阪府内の看護専門学校生150名に質問紙を配布し，回答に不備のあったものを除いた147名（女性124名，男性23名，平均21.43歳）を分析の対象にした。そのうち自由記述については，無回答を除いた132の記述を対象とした。調査時期は2006年7月である。

質問紙では，以下の2つの尺度を用いた（付録参照）。

① **Meaning Essay Document**（DeVogler & Ebersole, 1980）**の邦訳版**　本尺度は2つの質問から構成されている。質問項目は，「今現在の，あなたの最も大きな生きる意味はなんですか？　もしも，あなたが，今現在，生きる意味がないと感じているのであれば，ここ＿＿に○をつけて，どのように意味を失ったのか，もしくは，なぜ意味がないと思うのかを書いてください」「あなたの生きる意味（もしくは意味のなさ）が，よりわかりやすくなるような，あなた自身の体験例を書いてください」の2つである。回答にはA4の用紙を用い，それぞれの質問に対する余白の大きさは等しくし，余白内に自由記述を求めた。

②**実存的空虚尺度**（EVS）　3章で構成した13項目，5件法。なお，今回は看護学生と大学生とを比較するため，本尺度と生きる意味についての自由記述による調査データも併せて分析を行うこととする。分析の対象としたのは，関西の大学生161名（女性108名，男性53名，平均21.54歳）である。そのうち自由記述については，無回答を除いた107の記述を対象とした。

(2) 意味の源・深さ，実存的空虚の関連
生きる意味のカテゴリーと深さの分析

MEDによって得られた自由記述について，エバーソールとデパオラ（Ebersole & DePaola, 1987）で示されている8つのカテゴリー（「関係」「奉仕」「信条」「獲得」「成長」「健康」「ライフワーク」「喜び」）に基づいて分類した。

複数の記述や2つ以上のカテゴリーにまたがった記述については，より記述量が多く中心的なカテゴリーと思われるもののみを取り上げた。また，分類に際し，たとえば，「私の生きる意味はあります。あるというか，生きることが当たり前だと思う……この世に生まれてきたから生きる意味があると思う」「生命を授かったから生きている」「今現在では，私にとっては生きるということ自体が生きる意味です」など，既存のいずれのカテゴリーにも当てはまらず，かつ特徴的な共通性を持った記述が見られたため，それらを「存在（Being）」という新たなカテゴリーにまとめ，「その他（Miscellanerous）」も含めた10のカテゴリーに基づいて，自由記述を分類した[*1]。

　筆者を含む2人の評定者によって分類したところ，分類の一致率は81％であった。分類について，不一致であったものに関しては，評定者で協議の上で，再分類を行った。それぞれのカテゴリーの割合を，海外の先行研究や，3章で得られた大学生群の分類結果とともに，表5.1に示す。

　表からわかるように，アメリカの大学生に実施された調査（DeVogler & Ebersole, 1980）に比べ，日本の大学生，看護学生ともに，「成長」と「喜び」の割合が多いのに対し，「信条」や「ライフワーク」がほとんど見られないことが特徴的である。その他のカテゴリーについては，おおむね類似の割合が見られている。

　これに関して，たとえば金児（1997）も，1986年から95年にかけて大学の新入生に実施した調査結果などをもとに，現代日本の青年の宗教行動は，挫折において信仰を自覚するような実存的関心はほとんどなく，初詣でや墓参りなど，社会規範・習俗という趣が強い，と指摘しており，一般に，確固たる宗教的な信仰を生きる意味の源としている青年は少ないと思われる。

　次に，看護学生と大学生とで人生の意味の源の割合に違いがあるかを

＊1　ここでは，3章の調査で収集した大学生のデータについても，この新たなカテゴリーを加えて再分析している。

表5.1　意味のカテゴリーの割合

	DeVogler & Ebersole (1980)	DeVogler & Ebersole (1981)	Ebersole & DePaola (1987)	本研究			
				大学生		看護学生	
対象	大学生	成人	老年夫婦				
	%	%	%	%	N	%	N
関係	37	51	45	32	36	27	36
奉仕	5	3	6	1	1	5	6
信条	18	26	3	1	1	0	0
獲得	0.5	0	3	0	0	2	2
成長	13	6	0	22	25	30	39
健康	0.5	7	22	0	0	0	0
ライフワーク	10	3	0	0	0	2	2
喜び	10	0	19	28	32	14	19
存在	−	−	−	2	2	7	9
その他	6	−	−	9	10	3	4
無意味	−	3	−	6	7	11	15

確認するために，自由記述から得られた意味の源ごとの差を評価した結果（χ^2検定），看護学生群と大学生群とで有意な差が見られ[2]，残差分析の結果「喜び」において大学生の割合が高いという有意差が見られた[3]。

これらの結果から，大学生では看護学生よりも「喜び」を重視する者が多い傾向はあるが，両者ともに「関係」と「成長」と「喜び」が主要なカテゴリーであることが示された。

一方，本研究では，欧米での先行研究では見られなかった生きる意味の新たなカテゴリーとして，「存在（Being）」というカテゴリーを作成した。これは，生きること，存在していること自体に意味がある，という

---

[2]　$\chi^2(9) = 23.70, p < .01$
[3]　看護学生-2.6，大学生2.6，$p < .05$

ような内容の記述であるが，このような記述の具体例として挙げられているのが，近親者の死，あるいは重大な病気や事故など自身の生死に関わる体験や，新しい命が誕生するという出産場面に立ち会った体験などであった（看護学生では，「存在」のカテゴリーの全9例中6例）。一方，近親者の死に立ち会ったために，生きる意味のなさと感じた，という記述も2例あり，いずれにしても，生や死に関わる体験が，人生観を大きく揺さぶる体験であるということが考えられる。

2章で見たとおり，欧米では，生きる意味のカテゴリーあるいは意味の源について，本研究で使用したMEDの他にも，リーカー（Reker, 1996）によるSources of Meaning Profile-Revised（SOMP-R），ウォン（Wong, 1998a）によるPersonal Meaning Profile（PMP）などの尺度も開発されているが，我が国ではこの領域のまとまった研究は見当たらず，今後の知見の蓄積が必要である。

なお，大学生，看護学生のどちらの群においても7割以上が「関係」「成長」「喜び」のいずれかに分類されていたため，以下の分析では，この3つのカテゴリーを中心に検討することとした。

次に，生きる意味の深さに関して，看護学生から得られた147の自由記述について，筆者を含む心理学専攻の大学院生2名の評定者によって，デフォーグラー－エバーソールとエバーソール（DeVogler-Ebersole & Ebersole, 1985）による意味の深さの5つの評定基準（2章参照）と，エバーソールとキラン（Ebersole & Quiring, 1991）やエバーソール（Ebersole, 1998）の評定の具体例を参考に5段階の評定を行った。評定の一致率（ピアソンの相関係数）を算出したところ，十分に高い値が得られた（$r = .80, p < .01$）。ここから，MEDが一定の信頼性を持つことが確認されたといえる。

この評定結果に基づいて，生きる意味の深さについては，2名の評定結果の平均値を最終的な意味の深さのスコアとし，以後の分析に用いることとした。評定に際し，浅いと評定された回答例としては，「これからを楽しむため」「夢」といった，具体性に欠け，漠然としており，短い記述にとどまっているものが含まれる。一方，深いと評定された回答

表5.2　3群の看護学生における意味の深さのスコア

	関係 $N=36$ M（SD）	成長 $N=38$ M（SD）	喜び $N=18$ M（SD）	F値	多重比較
意味の深さ	2.90(0.57)	2.68(0.63)	2.33(0.69)	5.10**	「関係」＞「喜び」

** $p<.01$

　例としては，「看護師になるための技術，知識を習得し，看護師の国家資格を取得し，看護師として患者を助けるために働き，安定した収入を得て家族を養いたいので，勉強を頑張っているということ」「私の最も大きな生きる意味は，看護師になることです。毎日実習に行き，患者さんのところで学習させていただき，人と人とのつながりを実感する。生きるということは，看護師に一歩ずつ近づいていってることだと思う」というように，より具体的で複雑な記述がなされているものが含まれる。

　また，生きる意味の源によって，意味の深さが異なるかを検討するために，分散分析を行った（表5.2）。結果，有意差が見られ，「関係」群のほうが「喜び」群よりも意味の深さ得点が高いことが示唆された[*4]。

実存的空虚尺度（EVS）の得点化

　実存的空虚に関して，実存的空虚尺度（EVS）が本調査でも信頼性が維持されているかを確認するため，各因子についてクロンバック（Cronbach）の係数を算出したところ，「実存的空虚観」で.79，「実存的空虚感」で.77であり，尺度の一定の信頼性が確認された。

　次に，看護学生群と大学生群でのEVS得点の差を検討するために，EVSの各因子の得点についてt検定を行った（表5.3）。その結果，「実存的空虚感」において，大学生よりも看護学生のほうが，有意に高い得点を示していた[*5]。

---

*4　「関係」「成長」「喜び」の3つのカテゴリーを独立変数，生きる意味の深さのスコアを従属変数とした分散分析。多重比較はHSD法による。

*5　$t(307)=2.23, p<.05$

表5.3　学校別のEVSの平均値とSDおよびt検定の結果

	大学生（N=161） M（SD）	看護学生（N=147） M（SD）	t値
実存的空虚観	20.32（5.98）	19.51（6.61）	−1.14
実存的空虚感	12.26（4.39）	13.45（4.94）	2.23*

*$p < .05$

表5.4　各学年におけるEVSの得点

	1年 N=64 M（SD）	2年 N=43 M（SD）	3年 N=41 M（SD）	F値	多重比較
実存的空虚観	21.06（6.52）	17.84（6.90）	18.83（6.04）	3.47*	2年＜1年
実存的空虚感	14.45（5.05）	12.58（5.08）	12.78（4.41）	2.40	

*$p < .05$

　また，看護学生のデータについて，EVSの各因子の得点の平均点を各学年で比較するために分散分析を行った（表5.4）[*6]。結果，「実存的空虚観」因子において有意差が見られ[*7]，2年生のほうが1年生よりもその得点が高いことが示唆された。

　これらの結果に対し，看護学生を対象とし，PILを用いて人生の意味・目的意識を検討した先行研究（齋藤他，2000；齋藤・丸山・小林・花屋・柴田，2001，齋藤・小林・丸山・花屋・柴田，2002）では，縦断的・横断的分析ともに，人生の意味・目的意識は，1年生が最も高く，2・3年次では低下するという一貫した結果が示されており，本研究では，それらとは逆の傾向が示唆されたことになる。

　この結果の相違の原因としては，調査時期の違いが挙げられるだろう。先行研究はいずれも4月に調査されたものであり，その時期は，1年生は，高校卒業と短大合格という目的を達成し，充足感を味わっている時

[*6] 「大学生」「看護学生」を独立変数，実存的空虚尺度の各因子を従属変数とした分散分析。多重比較はHSD法による。

[*7] $F(2, 183) = 4.13, p < .05$

期と考えられる。しかし本研究を実施した7月という時期は、入学から3ヶ月が経ち、一度入学によって完了したかのように見えた自我同一性が、「ここまでしてなんで看護師になろうと思ったんやろうって感じ」「毎日同じ繰り返しの中で、正直何の意味があるかなんてわからない」（ともに1年生のMEDの記述より）というような同一性拡散の危機に向かいやすい時期なのかもしれない。この結果は、看護学生が入学以降、同一性拡散の危機を経験するのは、先行研究よりも早い時期であることを示唆している。

看護学生と大学生との生きる意味のカテゴリーと実存的空虚との関連について、看護学生は、大学生に比べ、「喜び」を生きる意味の源とする割合が小さく、EVSの「実存的空虚感」が高いということが明らかになった。この結果は、看護学生が情動的側面においては、大学生よりも空虚感が高いということを示唆している。これについては、看護学生は、大学生よりも日々の実習などで忙しいなどの生活パターンの相違が考えられるが、他の心理学的要因を併せて検討する必要があろう。

意味の源と実存的空虚との関連

次に、実存的空虚と生きる意味の源との関連を検討した。ここでは、大学生と看護学生のデータを併せて用いて、「関係」「喜び」「成長」の3つの意味の源について、実存的空虚に差があるかを検討した。（表5.5）[8]。結果、EVSの「実存的空虚観」において有意な群間差が見られ[9]、喜び＞関係＝成長という結果が得られた。

この結果と、意味の源および意味の深さに関して「関係」群よりも「喜び」群のほうが、意味の深さのスコアが低かったという結果とを合わせると、喜びを経験することや幸せを追求することを生きる意味の源としている者は、他者との関係を生きる意味の源とする者よりも、意味

---

[8] 「関係」「成長」「喜び」の3つの源を独立変数、EVSの各因子を従属変数とした分散分析。多重比較はHSD法による。

[9] $F(2, 183) = 4.13, p < .05$。

表5.5 3つの意味の源における実存的空虚尺度の得点

	関係 N=72 M (SD)	成長 N=63 M (SD)	喜び N=51 M (SD)	F値	多重比較
実存的空虚観	18.00(5.22)	17.78(4.96)	20.55(6.86)	4.13*	「関係」<「喜び」
実存的空虚感	12.22(4.37)	12.83(3.83)	11.08(4.52)	2.43	

*$p<.05$

の深さが浅く,かつ虚無的な人生観・世界観を持っているという可能性が考えられる。これは,「意味への意志が欲求不満に陥ったその場所が快楽への意志によって占領され」(Frankl, 1972 山田監訳 2004, p. 20),実存的欲求不満に陥るという,フランクルの理論を想起させる。また,1章でも述べたが,意味の深さ(レベル)に関して,リーカーとウォン(Reker & Wong, 1988)は,フランクル(Frankl, 1963)やロカーチ(Rokeach, 1973)の理論に基づき,意味の深さを「自己超越(self-transcendence)」の度合いから4つのレベルに分けている。すなわち,快楽主義的な喜びや快適さに没入すること(レベル1),個人的な能力の実現に時間とエネルギーをささげること(レベル2),利己心を超えて他者を世話することや,より大きな社会的・公的なものにコミットすること(レベル3),個人を超え,宇宙的意味や,究極的な目的を含むような価値を受け入れていること(レベル4)の4つである。そして,実証的検討においてもリーカー(Reker, 1991)は,レベル3とレベル4から意味を経験している者のほうが,レベル1とレベル2で意味を経験している者よりも,より満たされ,満足しているということを示している。この4つのレベルにおいて,レベル1は「喜び」のカテゴリーに,レベル2は「成長」のカテゴリーに,レベル3は「関係」と「奉仕」のカテゴリーにおける内容を含むものであるといえるが,生きる意味の源において,個人的な喜びよりも,他者との関係性が重要であることを示唆する本研究の結果は,このリーカーとウォンの理論と整合的であるといえよう。

意味の深さと実存的空虚との関連

意味の深さについて，先に評定した意味の深さのスコアとEVSの各因子である「実存的空虚観」および「実存的空虚感」との相関係数を算出した結果，ともに負の相関（それぞれ $r=-.29, p<.01, r=-.20, p<.05$）が認められた。

これらの結果から，意味が深いほど実存的空虚が低いということが示唆されたが，このことは，より複雑で具体的・現実的な意味を経験している者は，人生には意味があると考えており，日々の生活にむなしさを感じることが少ない，ということを示している。

残された課題――MEDの問題点について

MEDは，意味のカテゴリーと深さについて，PILのように自己評価ではなく，研究者の側が評定するものである。この利点としては，すべての対象者の記述から得られた参照枠をもとに，意味の源と深さを判定できるということであるが，これはそのままMEDの問題点ともなっている。ここでは，MEDの問題点として以下の2点を挙げておく。

まず1つには，MEDでは，意味の源の関連について十分に検討されないということである。MEDにおける意味の源の分析は，自由記述やインタビューのデータについて，最初に用意された8つの源に基づいて，その記述を単純に分類するものである。カテゴリーの出現数は，調査データ全体で集計され，そのデータで認められたカテゴリーの出現割合が提示される。しかし，この方法論では，①そのデータで見られている意味の源は，その個人が理想的なものとして追求したいと思っているものなのか，それともすでに実現しており重要なものと見なしているのか，という重要な区別や，②それぞれの意味の源がどのような文脈において見られているのか，という個別具体的な文脈については検討することができない。それゆえ，意味の幅や深さについてのある程度客観的な評価基準が存在しておらず，2点目の問題として指摘するような課題が残されてしまう。

その2点目の問題とは，MEDにおける評定の妥当性の問題である。意味のカテゴリーに関して，先行研究では，評定者間の一致率（同じカテゴリーを選定した割合％）は80％（DePaola & Ebersole, 1995）から93％（DeVogler & Ebersole, 1983）と高い水準を保っている。一方，2章でも述べたように，意味の深さの一致率（2者の評定値の相関係数の大きさ）については.43（Ebersole & DePaola, 1989）から.82（DeVogler-Ebersole & Ebersole, 1985）と，一致率にばらつきが見られる。

また，より根本的な問題として，調査者自身の生きる意味についての価値観が評定に反映する危険性がある。たとえば，調査者自身が「関係」を重要な生きる意味の源と考えている場合，同じカテゴリーの記述がその他のカテゴリーの記述よりも高く評定されてしまう可能性がある。実際，学部学生に評定させたところ，自分が好むカテゴリーと同じものを高く評価するという傾向が見られている（Ebersole & Kobayakawa, 1989）。

以上のように，MEDは，意味のカテゴリーと深さについて質的なデータをもとに検討する，という独自の観点から作成された尺度であるが，いくつかの注意すべき点があり，特に意味の深さに関しては，その概念定義，評定のあり方など，今後検討するべき点は多いであろう。

5-2 意味の源を評価する尺度の開発 調査7
——Important Meaning Index（IMI）の構成

ここまで，人生の意味の答えに焦点化した研究を行ってきた。しかしながら，私たちは，確固たる人生の意味を常に確信しながら生きているわけではない。多くの人は，意味への問いと答えの狭間を揺れ動きながら生きている。人生の意味は身近な人との関わりにあると考えて，それを日々追い求めている人の中でも，現在，それが得られていないがゆえに追求する人もいれば，すでに意味ある関係を実現しつつも，よりよい関係性を発展させたいと追求する人もいるだろう。このズレがあまりに大きいとき，人は人生を無意味なものとして感じるかもしれない。逆に，

関係的意味を追求しない人にも，その実現をあきらめているがゆえに追求しない人もいれば，すでに実現しているがゆえに追求しない人もいるだろう。

　また，このような追求と実現の側面は，発達に従って変化していく。それは，単に全体的に意味の追求が減り，実現が増えるという変化（Steger, Oishi, & Kashdan, 2009）だけでなく，どのような意味を追求し，どのような意味を実現しているかという個々の側面の変化ももたらすはずである。これらの問い（追求）の側面と答え（保有）の関係を見ていくことによって，それぞれの年代で追求される意味や，実現されにくい意味を明らかにし，実現と追求の差が大きいことのリスクについても示唆が得られるであろう。そこで，5-2節においては，まず意味の源についてさらに網羅的に評価するための新たな尺度を作成する。尺度項目は，これまでの先行知見で得られた意味の源の内容を再分類したものを元に構成するが，この尺度では，これまでの研究のように，個人にとっての重要性のみを見るのではなく，スティーガーら（Steger et al., 2006）が提唱する意味の2つの次元（意味の探求の次元と保有の次元）を考慮し，意味の源の追求と実現の程度の双方を測定することを目的とする。さらに，この尺度の妥当性と信頼性を確認した後，年代による差を横断的に見ることにより，意味の追求と実現の発達的変化の一端を探る。

（1）意味の源を評価する新たな尺度の開発

　前節では，人生の意味の源について，これまで多くの研究で使用されてきたMEDの有効性を検討し，その問題点を指摘した。本節では，その問題点のうち，MEDで分類された意味の源は，その個人が理想的なものとして追求したいと思っているものなのか，それともすでに実現しており重要なものと見なしているのかが明らかになっていないという点に着目し，意味の源についての尺度項目それぞれについて，追求と実現の程度を問う尺度の作成を試みる。また，この尺度は，同じく探究（追求）と保有（実現）の2側面を測定するMeaning in Life Questionnaire

（MLQ）と異なり，意味の具体的な内容それぞれについての評価も可能とするものである。

尺度項目は，これまでの研究で見出されてきた意味の源について，2章でまとめた意味の源に関する知見を再分類して作成し，MEDで用いられているカテゴリーも含め，さらに網羅的に人生の意味の源を測定する尺度の開発を目指す（調査7）。

（2）Important Meaning Index（IMI）の作成にあたっての準備

尺度項目の作成——先行知見の再分析

2章で見たように，先行研究では，意味の源について多くの研究がなされており，それぞれの地域や対象における意味の源のカテゴリーが抽出されている（表2.6参照）。ここでは，これらの先行研究を元に，人生の意味の源に関する尺度項目を作成する。その際，項目の具体的内容にそれらの記述を反映するため，カテゴリー名だけでなく，実際の自由記述や語りのデータが記載されている研究（表5.6）を対象とした。

手続きとしては，それらの記述をカード化し，KJ法（川喜田，1967）に準じた方法によって，意味内容のまとまりがあるものを集め，それぞれの記述を反映したラベルを作成した。ここでは，項目の作成が目的のため，下位ラベルまでの分析を行った。結果，36のラベルが作成され，これを尺度項目とし，Important Meaning Index（IMI）と命名した。このように，先行知見から作成した項目の信頼性と妥当性を確認すべく，質問紙調査を行った。質問紙には，以下の①と②のみを用いたバージョンと，①〜⑤が含まれたバージョンの2つを用いていた（付録参照）。

① **Important Meaning Index**（IMI）「追求」と「実現」の程度について，それぞれ36項目，7件法。
② **スティーガーら**（Steger et al., 2006）**による人生の意味尺度（MLQ）の日本語版**（島井・大竹, 2005） 10項目，7件法。
③ ディーナーら（Diener et al., 1985）による人生満足度尺度（SWLS）の日

表 5.6　分析に用いた意味の源に関する先行研究

研究者	類型	地域	対象者
Battista & Almond (1973)	「対人関係」「奉仕」「理解」「獲得」「表現」「倫理」	アメリカ	医学生
Yalom (1980)	「利他主義」「大義への献身」「創造性」「快楽主義」「自己実現」「自己超越」	アメリカ	―
DeVogler & Ebersole (1980)	「理解」「関係」「奉仕」「信条」「表現」「獲得」「成長」「実存的-快楽主義的」	アメリカ	大学生
DeVogler & Ebersole (1981)	「関係」「信条」「成長」「ライフワーク」「健康」「奉仕」「理解」「獲得」	アメリカ	成人
DeVogler & Ebersole (1983)	「関係」「活動」「健康」「獲得」「学校」「外見」「信条」「成長」「奉仕」「喜び」	アメリカ	前期青年
Ebersole & DePaola (1987)	「関係」「奉仕」「信条」「獲得」「成長」「健康」「ライフワーク」「喜び」	アメリカ	高齢者
Fiske & Chiriboga (1991)	「達成と仕事」「よい対人関係」「哲学的・宗教的目標」「社会的奉仕」「困難からの自由」「楽しみの追求」「個人的成長」	アメリカ	成人
Taylor & Ebersole (1993)	「関係」「活動」「信条」「成長」「獲得」「学校」「健康」	アメリカ	児童
O'Connor & Chamberlain (1996)	「人間関係」「創造性」「個人的成長」「宗教的もしくはスピリチュアル」「社会的もしくは政治的」「自然との関係」	ニュージーランド	40～50歳の成人
Reker (1996)	「自己没入」「個人主義」「集団主義」「自己超越」	カナダ	16～93歳の男女
Wong (1998a)	「達成努力」「宗教」「関係」「満足」「公平-尊敬」「自信」「自己統合」「自己超越」「自己受容」	カナダ	18～60+ の男女
Debats (1999)	「関係」「ライフワーク」「個人的ウェルビーイング」「自己実現」「奉仕」「信条」「物質主義」	オランダ	18～26歳男女
Prager, Savaya, & Bar-Tur (2000)	「他者からの尊敬」「家族との親密さ」「社会集団への所属」「価値を基準にした生活」「スピリチュアル, 心的／知的な追求」「心身の健康」「個人的な地位や成功」「自己充足」	イスラエル	21～78歳の男女
Baessler (2001)	「関係」「信条」「成長」「奉仕」「健康」「ライフワーク」「獲得」「喜び」「実存主義」	ドイツ・ペルー	青年
Kim (2001)	「達成」「経済的安定」「宗教」「受容と肯定」「関係」「自己超越」「よい性格」「自己鍛錬」「身体的健康」「親密な友人」	韓国	18～60+ の男女
Lin (2001)	「自己発達」「達成」「受容と満足」「西洋宗教」「関係」「目的の追求」「家族」「自然や真理への接近」「よい待遇」「親密な関係」「普遍宗教」「自己超越」	中国	10～60代の男女

Pöhlmann, Gruss, & Joraschky (2006)	「関係」「人生の仕事」「個人的ウェルビーイング」「自己実現」「奉仕」「信条」	ドイツ	神学部と科学系の大学生
Schnell & Becker (2006)	「自己超越」「自己実現」「秩序」「ウェルビーイングと共同性」	ドイツ	19～68歳の男女
Auhagen & Holub (2006)	「個人的関係」「積極的な社会的行動」「活動」「獲得」「目標」「個人的成長」「ウェルビーイング」「人生それ自体」「進化」「超越」	ドイツ	18～69歳の男女
浦田 (本章)	「関係」「奉仕」「獲得」「成長」「ライフワーク」「喜び」「存在」	日本	大学生・看護学生

本語版（大石, 2009） 5項目，7件法。
④ **Big Five 尺度**（和田, 1996） 60項目，7件法。
⑤ **ストレス反応尺度**（田中, 1995） 30項目，5件法。

　①と②の尺度を含んだ質問紙は，関西地方および東海地方の高校生から成人後期（15～64歳）の男女720名（男性273名，女性447名）へ配布・回収した。そのうち，③～⑤の使用尺度が含まれていたのは，高校生から成人後期（15～64歳）の男女243名（男性96名，女性147名）へ配布・回収した分である。内訳は，表5.7に示した。これらの質問紙の調査時期は，2009年2月～7月および，2010年1月～2月である。

Important Meaning Index（IMI）の開発

　IMIの項目について，どのような因子に分かれるかを検討すべく，因子分析を行った。因子分析については，追求の得点を元に分析した。その理由は，意味を追求している程度は，その価値観を重視しているということを直接反映しているが，実現している程度は，その価値観を重視し，かつ実現している場合と，いまだ（あるいはすでに）重視していないが，実現している場合が含まれており，必ずしも回答者の価値観をそのまま反映したものではないと予想されるからである。そこで，IMIの追求の側面について，因子分析（主因子法・promax回転）を行い，それぞれの因子からあまり影響を受けていない項目（因子負荷量の低い項目），すな

表5.7　研究参加者の概要

	青年期 15〜22歳	成人前期 23〜44歳	成人後期 45〜64歳	計
質問紙（尺度①②のみ）				
男	156	15	6	177
女	272	13	15	300
質問紙（①〜⑦のすべての尺度を含む）				
男	49	19	28	96
女	60	40	47	147
計	537	87	96	720

わちいずれの因子に含めることも適切でない2項目（「自分の限界を受け入れること」「人の役に立ち，奉仕すること」）を削除した34項目について，最終的に4因子を抽出した（表5.8）。これらの尺度内容は，筆者の研究も含めた先行知見を網羅的に含めたものであるといえる。

各下位尺度に含まれる項目内容を元に因子を命名し，第Ⅰ因子を「ウェルビーイング（WB）と共同性」，第Ⅱ因子を「自己実現」，第Ⅲ因子を「自己超越」，第Ⅳ因子を「現世利益」とした。

各因子について，クロンバック（Cronbach）の α 係数を算出したところ，.88から.63の値が得られた。第Ⅳ因子の値がやや低いものの，一定の内的整合性が保たれているといえる。

次に，IMIとMLQの各尺度得点について，ピアソンの積率相関係数を算出した（表5.9，表5.10）。結果，IMIの追求得点とMLQの探求得点は，IMIの実現得点とMLQの探求得点との相関よりもおおむね高い相関が得られており，IMIの実現得点とMLQの保有得点は，IMIの追求得点とMLQの保有得点よりもおおむね高い相関が得られた。IMIとMLQは，ともに，意味の探求の側面と実現の側面を測定するものであり，それぞれの相関の傾向からIMIの併存的妥当性が支持された。

次に，IMIの追求（S）と実現（P）のそれぞれについて，「ウェルビーイングと共同性」「自己実現」「自己超越」「現世利益」の4つの因子の

表5.8 IMI（追求得点）の因子分析結果（主因子法・promax回転）

項目	I	II	III	IV
I　ウェルビーイングと共同性（a =.85）				
心身の健康を維持すること	.70	.05	.20	-.12
親密な恋愛（夫婦）関係を維持していくこと	.69	-.17	.29	.02
家族と仲良く暮らすこと	.65	-.08	.17	-.09
友人と楽しく過ごすこと	.64	.06	-.20	.09
おいしいものを食べること	.62	.03	-.12	.07
喜びや満足を感じること	.60	.17	-.20	.14
人と出会うこと	.56	.17	.03	.05
自分らしくあること	.55	.31	-.14	.01
快楽を追求し，楽しむこと	.51	.18	-.10	.10
普通であること	.47	-.11	.07	-.10
容姿をよくすること	.41	-.09	-.08	.40
生きていることそれ自体に満足すること	.39	.28	.04	.07
II　自己実現（a =.88）				
知識を広げて，多くのことを理解すること	.01	.86	-.06	-.07
能力や技能を身につけて成長すること	.04	.84	-.13	-.01
目標を達成するために努力すること	.08	.71	.05	-.02
真理を見つけること	-.15	.63	.26	-.01
何かを創造すること	-.20	.59	.13	.17
自分の潜在的な可能性を実現すること	.04	.58	.01	.20
さまざまなことを体験すること	.33	.57	-.10	-.06
自然とつながりを持つこと	.01	.55	.30	-.18
仕事や学業にはげむこと	.11	.52	.11	-.04
美しいもの，芸術的なものを味わうこと	.08	.48	.14	-.09
自立して責任感を持つこと	.36	.39	.01	-.05
III　自己超越（a =.88）				
神仏を信じてその教えを守ること	-.11	-.05	.64	.08
遺伝子を残し，人類の存続や進化に貢献すること	.51	-.26	.54	.07
スピリチュアルな次元に気づき，つながりを持つこと	.01	.12	.51	.08
社会や政治に関心を持ち，世の中をよくしていくこと	-.09	.38	.48	.02
文化の伝統を守っていくこと	-.03	.31	.47	-.01
正義や道徳を大事にして実践すること	.30	.21	.37	-.09
IV　現世利益（a =.63）				
地位や名誉を手に入れること	-.20	.00	.32	.73
お金で買えるものを所有すること	.11	-.08	-.04	.57
他人に対する影響力を持つこと	-.03	.30	.22	.38
お金をたくさん稼ぐこと	.36	-.11	-.02	.38
他者から認められ，尊敬されること	.30	.13	.06	.37

因子間相関		I	II	III	IV
	I	—			
	II	.64	—		
	III	.15	.36	—	
	IV	.52	.52	.22	—

表5.9　IMIの追求得点とMLQの相関

		IMI（追求）				
		追求全体	WBと共同性	自己実現	自己超越	現世利益
MLQ	意味探求	.57**	.49**	.60**	.33**	.36**
	意味保有	.36**	.20**	.40**	.37**	.22**

**$p<.01$

表5.10　IMIの実現得点とMLQの相関

		IMI（実現）				
		追求全体	WBと共同性	自己実現	自己超越	現世利益
MLQ	意味探求	.24**	.25**	.25**	.07	.08*
	意味保有	.56**	.41**	.55**	.41**	.42**

**$p<.01$, *$p<.05$

　得点を算出した上で，追求の程度から実現の程度を引いた差（S-P得点）を因子ごとに求め，このS-P得点と，人生満足度，Big Five，人生の意味，ストレス反応との関連を検討した（表5.11）。

　表5.11に示している通り，IMIと各因子の間において，ポジティブな心理特性については負の相関が，ネガティブな心理特性については正の相関が多く見られている。またMLQとの関連においては，IMIの各因子とMLQの探求の因子との間に，いずれも中程度の正の相関が見られており，意味探求をしている者は，追求と実現の差が大きいことが示唆されている。

　最後に，IMIの追求（S）と実現（P）と，追求—実現（S-P）および，MLQの各因子得点の年代差を検討した（表5.12）。結果，IMIに関しては，追求得点および追求—実現得点ではすべての因子で有意差が見られ，実現得点では，「ウェルビーイングと共同性」以外の各因子で有意差が見られた。一方MLQでは，意味保有の得点のみに年代差が見られ，青年期よりも成人後期が有意に高く，IMIと同様の傾向が見られた。これ

表 5.11　IMI の S-P 得点（追求―実現得点）と各下位尺度との相関

	WB と共同性	自己実現	自己超越	現世利益
人生満足	-.27**	-.24**	-.21**	-.28**
Big Five				
外向性	.03	.04	.06	.08
情緒不安定性	.34**	.27**	.19**	.18**
開放性	.02	.07	.09	.08
誠実性	-.25**	-.19**	-.10	-.26**
調和性	-.21**	-.12	-.18**	-.16
人生の意味				
意味探求	.30**	.42**	.31**	.33**
意味保有	-.18**	-.02	-.01	-.04
ストレス反応	.33**	.20**	.23**	.25**

$**p<.01, *p<.05$

らの結果から，①追求については，自己超越において青年期と成人後期が高く，それ以外の因子については，青年期がおおむね高いこと，②実現については，「ウェルビーイングと共同性」以外の各因子において，成人後期がおおむね高いこと，③追求と実現の差は，年代が上がるにつれて減少することが示された。IMI の 4 つの各因子得点の平均値のグラフを図 5.1 に示す。

これらの結果は，スティーガーら（Steger et al., 2009）やリーカー（Reker, 2005）の知見およびウォン（Wong, 2000）の理論などとおおむね一致するものである。しかし，自己超越的な意味の追求については，青年期と成人後期の双方で高いことが示唆され，これは，スティーガーら（Steger et al., 2009）のように，全体的な意味の探求や保有の側面を検討することでは見出すことができなかった結果である。スティーガーら（Steger et al., 2009）も，MLQ の探求得点が成人後期でも高いままにとどまっていることから，発達のダイナミズムや，加齢に伴う役割変化および意味ある目標の減少などをその理由に挙げているが，本研究では，特に自己超

表5.12 IMIおよびMLQの各得点の分散分析結果

	①年期 N=508 M(SD)	②成人前期 N=82 M(SD)	③成人後期 N=88 M(SD)	F値	多重比較
IMI（追求）					
WBと共同性	60.41(10.12)	54.82(10.89)	54.31(8.15)	23.23***	②③<①
自己実現	53.90(10.29)	49.62(13.02)	51.87(9.98)	6.65**	②<①
自己超越	23.80 (6.51)	21.41 (5.95)	25.57(5.25)	9.95***	②<①, ①②<③
現世利益	23.08 (5.17)	20.22 (5.39)	20.40(4.00)	19.92***	②③<①
IMI（実現）					
WBと共同性	50.93 (9.53)	48.84 (8.59)	50.91(7.92)	1.93	
自己実現	42.43(10.30)	41.56 (9.37)	47.62(8.97)	11.11***	①②<③
自己超越	17.82 (6.38)	18.98 (5.43)	24.81(4.79)	52.01***	①②<③
現世利益	17.47 (5.01)	16.76 (4.45)	19.16(4.12)	6.23**	①②<③
IMI（追求—実現）					
WBと共同性	9.70 (9.65)	5.76 (8.33)	3.65(5.62)	21.41***	②③<①
自己実現	11.63(10.43)	7.27 (9.30)	4.53(7.23)	23.19***	②③<①
自己超越	6.00 (6.27)	2.38 (5.41)	0.80(4.03)	38.95***	②③<①
現世利益	5.67 (5.92)	3.35 (5.29)	1.34(4.48)	25.69***	②③<①
MLQ					
意味探求	23.78 (5.78)	22.99 (6.18)	22.66(4.90)	2.00	
意味保有	18.53 (5.79)	19.64 (6.04)	21.26(4.83)	9.67***	①<③

***$p<.001$, **$p<.01$, *$p<.05$

越的な意味については，再び高くなるという結果が示されたことから，追求する意味内容が年代によって変化する可能性が考えられる。

　もっとも，MLQを用いたアメリカと日本の比較では，アメリカのほうが保有の得点が高い一方，日本のほうが探求の得点が高いことや，探求と保有の相関について，アメリカでは正の相関が見られるのに対して，日本では負の相関が見られることなど，両国で探求と保有の様相が異な

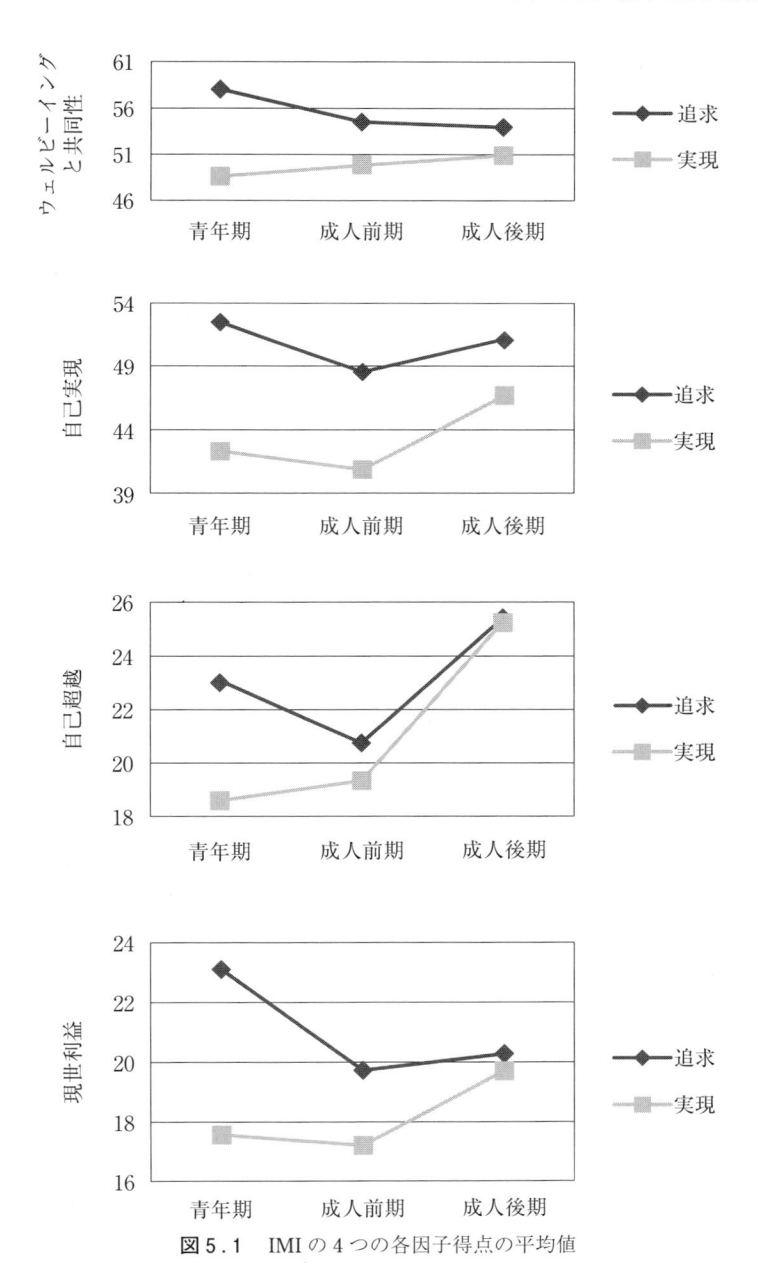

5章　人生の意味の追求と実現

図 5.1　IMI の 4 つの各因子得点の平均値

ることが報告されており（Steger, Kawabata, et al., 2008），文化的背景も考慮した場合，それらの関係は単純ではないことも予想される。

　また，追求と実現の差については，年代が上がるに従って減少することや，両者の差が大きいことが，精神的不健康と関連し，意味の追求を高めていることが明らかになった。先行知見でも，意味の探求が精神的不健康と関連する可能性が報告されてきたが（たとえば Steger et al., 2006），本研究でも，特に「ウェルビーイングと共同性」における追求と実現の差が大きい場合に心理的問題を抱えやすいことが示された。

　本研究は，横断的研究であること，各年代でデータ数の偏りがあること，データ数の不足により年代を細かく区切ることができなかったことなど，いくつかの課題を抱えているが，今後，尺度の精緻化や研究法の洗練によって，これまで個別に検討されてきた意味の構成要素と意味の源の双方を詳細かつ総合的に検討する新たな方法論として発展させていきたいと考えている。

Topic 4

究極的な人生の意味を捉える試み
——意味の木を描く

　2章で紹介したように，ロシアの心理学者のレオンチェフ（Leontiev, 2007）は，個人の世界観を捉える試みとして，「究極的意味技法（Ultimate Meanings Technique: UMT）」を開発した。この技法は，人生の目的や意味についての個人の信念体系をある種の意味システムと捉えて，それを明らかにしようとするものである。具体的には，「なぜ（何のために）人はテレビを見るのですか？」というような問いを対象者に投げかけ，それ以降「～はなぜ（何のため）ですか？」を繰り返して問うていく。この問いは，トートロジカルな反復に行き着いたり，一般的な規則や人間の本質に言及されたりすることによって，それ以上説明が不可能になるまで続けられる。回答は「意味の木（meaning tree）」として図示され，その一貫性や自己中心性，内観傾向などが量的・質的に検討される。本来，この方法はインタビュー形式で実施されることを前提としているが，筆者は，このUMTを質問紙の形式で調査した。

　ここでは，大学生153名と専門学校生13名の計166名（男性38名，女性127名，不明1名）を対象に以下の尺度を質問紙に含めた。

① **究極的意味技法（UMT）（Leontiev, 2007）**　本研究では最初の問いとして「人が大学（もしくは専門学校）に通うのは何のため？」という問いを設定し，UMTの回答法を口頭およびスライドで説明した後，各自で究極的意味に至る「意味の木」を空欄に描くように教示した。
② **自尊感情尺度（山本・松井・山成, 1994）**　10項目。
③ **実存的空虚尺度（EVS）（浦田, 本書3章参照）**　13項目。「実存的空虚観」と「実存的空虚感」の2つの下位尺度からなる。

表1　究極的意味技法のデータ分析と解釈の指標（Leontiev, 2007, pp.249-250）

数量的分析
1　究極的カテゴリーの絶対数：N（U）
2　節々のカテゴリーの数：N（N）
3　一貫性の指標：（Co）＝ N（N）／N（U）。たくさんの枝から1つの究極敵意味に達するとき最大値となり，他に連結されていないまっすぐな連鎖がいくつかある時に最小値となる。
4　すべての意味カテゴリーの数：N（M）
5　生成力の指標：（Pr）＝ N（M）
6　鎖の長さの平均：（Ln）＝最初のステップから究極に至るまでのステップの数。

内容分析
1　脱中心化（Decentration）指標（Dc）は「自分ではなく，他者，社会的集団，一般の人々が行為主体（agent）となっているカテゴリーの頻度」と定義される。「他者が彼らを評価するために」「彼らの子供が彼ら自身よりもよりよく生きられるように」「人間性がその発達を止めないために」など。脱中心化は，孤立感や自己満足に対し，他者や社会とのつながりの感覚として解釈される。
2　内観（Introspection）指標（In）：「意味が主観的なリアリティ（知覚，知ること，感覚，信じること，思い出すことなど）に関して記述されるカテゴリーの頻度」と定義される。「安心するため」「他者が彼らを評価するために」「死んだ後も人生が終わらないことを知るために」など。単に心的プロセスのみに言及された内容がこのカテゴリーになる。「他者よりよくものを知るために」などはこの限りではない。この指標は，最初は個人の内的世界の発達として解釈されていた。しかし，実験的なデータは，この解釈を変えるべきであることを示唆しており，現在は，目標志向を犠牲にして内的世界に没頭していることの表れと解釈される。
3　否定性（Negativity）の指標（Ng）：「直接的な否定を含むようなカテゴリーの頻度」と定義される。「未来を恐れないために」「死後も命が存在を終えないことを知るために」「一人にならないために」など。「トラブルを避けるため」「活動を最小限にするため」など，文法上の否定形でない否定的な意味はこのカテゴリーには含めない。なぜなら，この例では，否定的なカテゴリーとするかどうかについて，単純な内容分析よりも主観的で専門的な評価が求められるからである。否定性は，自己制限（self-restriction）や防衛的で自己均衡的（homeostatic）な態度の現れと解釈される。

表2　究極的意味のカテゴリーの割合

基本原理	具体的内容	%	n
個人的意味	楽しく過ごすため	13.7	25
	成長するため	10.9	20
	自己実現，夢の実現のため	6.6	12
	自分のため	4.9	9
	生活をしていくため	4.9	9
	いろいろな経験をするため	3.3	6
	生きてよかったと思えるため	3.3	6
	自分探しのため	2.2	4
関係的／社会文化的意味	子供や次の世代のため	5.5	10
	人や社会の役に立つため	4.4	8
	恩を返していくため	1.6	3
複合的・総合的意味	生きるため	13.7	25
	豊かに生きるため	8.2	15
	幸せになるため	8.2	15
その他		8.7	16

　究極的意味技法については，レオンチェフが提案する指標（表1）に基づき，構造的な指標として「究極的意味の数：N（U）」「究極に至るまでのカテゴリー数：N（N）」「一貫性：（Co）＝ N（N）／N（U）」「すべてのカテゴリー数：N（M）」「究極的意味までの鎖の長さ（枝の本数）の平均：（Ln）」を用いた。また内容的な指標として「脱中心化（自分自身でなく他者の説明が含まれているカテゴリー数）：（Dc）」「内観（主観的現実についてのカテゴリー数）：（In）」「否定（否定形で述べられたカテゴリー数）：（Ng）」を算出した。ここでは，典型的な2事例を示す（図1，2）。

　これらの指標と他の尺度との相関を見たところ，UMTの一貫性（Co）と「実存的空虚観」の間に弱い負の相関の傾向（$r=-.17, p<.1$）が見られたのみであった。

　また，究極的意味に関して，その意味内容を分類したところ，個人的な楽しみや成長に関する意味から，人や社会，あるいは次の世代に関する意味まで，多様な究極的意味が見られた（表2）。

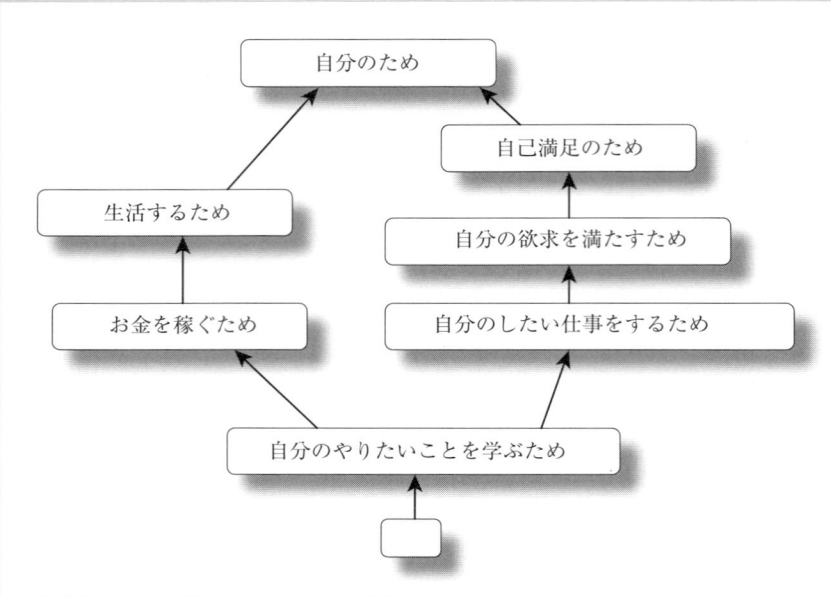

N (U) = 1，N (N) = 6，Co = 6，N (M) = 7，Pr = 7，Ln = 4.5
図1 意味の木の例1 （20歳，女性，専門学校生）

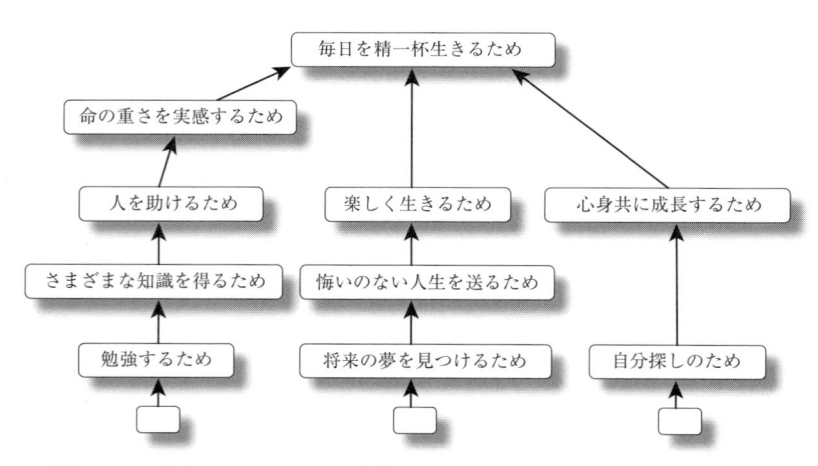

N (U) = 1，N (N) = 9，Co = 9，N (M) = 10，Pr = 10，Ln = 4
図2 意味の木の例2 （20歳，女性，大学生）

本研究では，事前の教示を詳細に行ったものの，質問紙の配布による一斉実施という制約もあり，調査の意図にそぐわない回答がいくつか見受けられた。また対象者自身が図を描くため，単純に連鎖を辿るのではなく，最初の質問に立ち戻って答えることによって，最初の質問の影響が究極的意味まで残っている可能性も考えられた。これらの問題によって，指標の妥当性が十分ではなかったと考えられる。質問紙で実施する場合は，①「～ために」という形式で回答すること，②最初の問いに立ち戻らないことなどの教示を確実に行うことが必要である。

　UMTでは，問いに答えていくプロセスの中で，意味に関して突然の洞察が得られることが示唆されており（意味カタルシス），本調査やいくつかの大学でこのUMTを紹介を実施した際の感想にも，「思わぬ洞察が深まった」との感想が多数見られた。今後，方法論や評価法をさらに洗練させることによって，臨床技法としても有効なものになりうるであろう。白紙とペンがあれば簡単に行うことができるので，読者の方も一度やってみていただければ幸いである。

第Ⅲ部
人生の意味のモデル構成とその応用

6章
人生の意味のモデルの構成
―― 哲学と心理学の知見の融合

> 人間が置かれている状況について，見分けることができる異なる意味のレベルに注目したいと思う。そこには，身体的，社会的もしくは道徳的，審美的，および宗教的な意味があり，私はそれらを意味の「レベル」と呼ぶ。なぜなら，道徳的，審美的な意味は身体的意味を前提としかつ影響されている一方で，宗教的な意味は，他のそれぞれ，あるいはすべてを前提とし，かつ影響されているが，それらの逆は成り立たないからである。……そのパターン全体で私が提案するのは，高次の意味は低次の意味を包含し，かつ影響されるような意味のレベルあるいは層（layer）があり，意味が大きな価値観を担うほど，それについての認知的な自由も大きくなるということである。
>
> ジョン・ヒック（Hick, 2000, pp.271-272）

　宗教多元論を唱える宗教学者であるジョン・ヒック（John Hick）は，人生の意味は多層的であると考えている。これは，身体的―社会的・道徳的―審美的―宗教的という単線的な関係ではなく，高次の意味は低次の意味を包み込みながらも，その低次のものなしには顕現しないという見方である。すなわち，高次のものは低次のものを含みつつ超えるという観点であるが，このように見れば，人生の意味論で展開されてきた二項対立的な議論を含みつつ超えることができるかもしれない。

第Ⅲ部　人生の意味のモデル構成とその応用

　1章と2章では，哲学と心理学にまたがるレビューを行い，人生の意味の問題が哲学的，心理学的にどのようにまとめられるのかを検討した。これらは，理論的枠組みの検討が中心であるという点で，いわばトップ・ダウンで検討する方法といえるだろう。一方，3章から5章までは，実証的な研究を中心に，人生の意味への問いと答えの諸相を見てきた。これらの章は，量的尺度の作成，関連する諸要因の検討を中心としており，基本的に従来の心理学的研究の方法論に基づいた研究であった。これらの知見はいずれも，一般の人々が人生の意味をどう問い，それにどう答えているのかということを出発点としている点で，いわばボトム・アップで検討する方法であった。

　しかしながら，トップ・ダウンがどこまで「ダウン」してきたか，すなわち抽象的な議論に終始せずに，私たちそれぞれの個別具体的な人生に当てはまるようなところまで降り立つことができているか，また逆に，ボトム・アップがどこまで「アップ」できているか，すなわち，普通の人々が抱いている暗黙の人生観がどのような意味を持ちうるかという本質的特徴を説明できるところまで至っているか，ということについては，これまでの議論ではいまだ十分ではない。もしも理論的枠組みをしっかりと保ちながらも，実証的に得られた個々の知見もできるだけおろそかにすることなく，両者の視点を包含するような「モデル」を提示することができれば，理論をより具体的な次元でも理解することが可能になるとともに，実証的知見も理論的枠組みから見直すことができるはずである。さらには，新たな仮説を生成する視点を提供することも可能となるだろう。そして，それ自体が1つのまとまりを持った価値観を表すものであるため，様々な人生観の可能性を提示する実践的な機能を持ちうることも期待できる。このような観点から，本章では，ここまでで行ってきた理論の整理と実証的検討を踏まえ，それらを媒介し，統合するモデルを構成する。

　ここで，モデル構成の基本的方針について，人生の意味の概念に絡めて簡単に説明しておこう。分析哲学において，人生の意味が与えられる

もの・発見されるものか，それとも創造されるものなのかという対立が見られることは，1章で見た通りであり，それぞれの視点による意味の捉え方は相当に異なっている。これらを「発見」陣営と「創造」陣営と呼ぶならば，「発見」陣営は，宗教の教義や道徳性によって，誰しもにいわば客観的な意味が与えられているのであり，そのような個人を超えたものがなければ人生に意味があるとはいえない，と主張し，「創造」陣営は恣意的な意味づけに偏っていると批判する。一方「創造」陣営は，そのような客観的な意味は存在せず，主観的な満足感を感じられることを行うことによって生成される意味があるだけだ，と主張し，「発見」陣営はポストモダンにおいてはもはや敗北していると言う。これらの対立を見れば，両者の立場が争うことなく融合する余地は全くないかのように見える。

　だが，よりメタ的な視点から見るならば，それぞれの論者がどちらの陣営に属しているかに関わらず，人生の意味の概念は，与えられるとする見方と発見されるという見方の2つに分かれるという見解自体については，おおむねの論者が広く一致していると見てよい。批判するにしろ擁護するにしろ，基本的にはこの二項対立を前提として議論しているという点で，両陣営は同じ土俵に立っている。そこで，ここでは，まずこの土俵の構造を明示することを目指すのである。

　さらには，分析哲学においてはあまり取り上げられなかったが，1章でも見た「脱意味」，すなわち，意味（無意味）にもはや囚われることのないあり方についてもモデルの中に位置づけてみたい。結論からいえば，脱意味は，この2つの立場が争っている土俵それ自体が「於いてある」無限の余白として捉えられる。

　また，心理学的な知見についても基本的には同様の方法で捉え直す。すなわち，2章でもすでに行っているように，これまでの個々の心理学的・実証的な知見を矛盾なく捉えられるところまで一般化・モデル化することを目指すのである。その際，「発見」陣営と「創造」陣営に分かれる人生の意味論とこれらの知見がどのような融合可能か，ということ

を着地点として，最終的には，この両者を統合・媒介するようなモデルを構成する。

このようにして構成されたモデルは，（もしその試みが成功しているのならば）理論的な基盤と，ロバストな（頑健な）実証的証拠の双方を含み込んだものになるだろう。ここからは，その試みについて順を追って説明していくことにする。

6-1　人生の意味の場所(トポス)モデルの構成

(1) モデル構成の方法論

ここでは，やまだ（やまだ，1986, 2002; やまだ・山田，2009）による質的データからのモデル構成の方法論を参考にする。ここでいうモデルとは，「関連ある現象を包括的にまとめ，そこに１つのまとまったイメージを与えるようなシステム」（印東，1973）のことであり，モデル構成においては，Ⅰ基本枠組み・Ⅱ基本要素・Ⅲ基本構図という３つのモデルが構成される[*1]。モデル構成のプロセスとしては，まず生の質的データから基本要素をボトム・アップで構成する一方，基本枠組みを理論からトップ・ダウンで作成し，最後に基本要素と基本枠組みを媒介し，包括的に関係づけるような基本構図を構成する。

このやまだの方法論を踏まえ，具体的には図6.1に示すようなプロセスで人生の意味についてのモデル構成を行う。

まず，これまでの哲学や人間学および心理学における複数の理論的な概念から，それらの共通性と差異を見出し，理論的な枠組みをトップ・ダウンで構成する（Ⅰ基本枠組みの構成）。それと並行して，これまでの研究で見出されている意味の内容の類型について，改めて自由記述データやインタビューの語りの具体例から見直し，ボトム・アップで分類する（Ⅱ基本要素の構成）。そして，単に図の太い矢印の方向性でモデル構成を

---

*1　やまだ（2002）は，Ⅰを基本枠組み，Ⅱを基本構図，Ⅲを基本要素としているが，本書では論の進め方の都合上，ⅡとⅢを入れ替えている。

6章 人生の意味のモデルの構成

```
     ┌─────────────┐
     ( 人生の意味論 )
     └─────┬───────┘
           ⇩
┌─────────────────────────┐
│ モデルI  基本枠組み      │
└─────┬───────────────────┘
      │    ⇩
      │ ┌─────────────────────────┐
      │ │ モデルIII  基本構図      │
      │ └─────┬───────────────────┘
      │   ⇧  │
      │      │
      │ ┌─────────────────────────┐
      │ │ モデルII  基本要素       │
      │ └─────────────────────────┘
                 ⇧
        ┌─────────────┐
        ( 先行研究の知見 )
        └─────────────┘
```

図6.1 モデル構成のプロセス

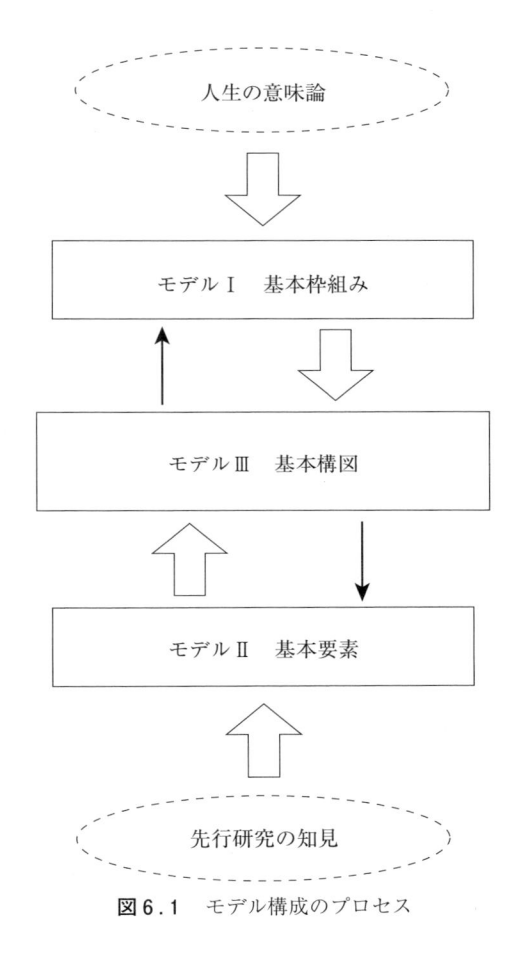

目指すのみでなく，トップ・ダウンでは理論に立ち戻りながら，ボトム・アップではデータを参照しながら，これらの基本要素と基本枠組みとを往還的に検討するプロセスを経て，これらを関係づけるような構図を構成する（III 基本構図の構成）。そして，この基本構図に従ってこれまでの心理学の知見を整理した上で，このモデルから示唆される新たな仮説を検討する。このような試みは，これまでの理論モデルや知見を統合し，メタ的な観点からその位置づけをより明確にするという意味で，一

第Ⅲ部　人生の意味のモデル構成とその応用

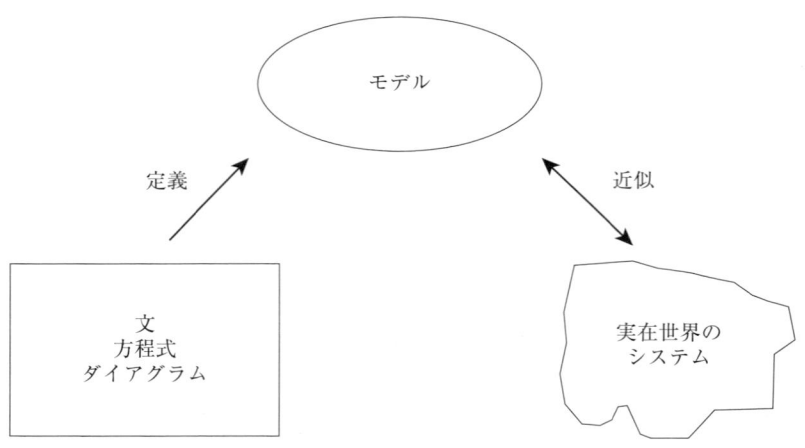

図6.2　言語モデルおよび実在世界と対象との関係（Giere, 1989, p.123より）

種の「質的メタ分析（qualitative meta-analysis）」「質的メタ統合（qualitative meta-synthesis）」と呼ぶべきものである。質的メタ分析は，混乱しがちであった人生の意味の概念を再定義する有効な方法論であるといえよう。

(2) 本研究におけるモデルの捉え方

このようなモデル構成に当たって，そもそも，モデルというものの捉え方はいかなるものであるか，ということにも触れておかなければならない。ここでは簡単に，本書の立場を述べておく。

本モデル自体は，実在システムそのものではなく，1つの抽象的で中立的でかつ単純化された概念あるいはシンボルであろうとする。しかし，それは，何者とも関係しない真空に存在するものではなく，これまで主に哲学で論じられてきた理論と，心理学で行われてきた実証的検討の双方を媒介し，関連づけるものである。

これは，科学哲学における「理論の意味論的捉え方（semantic conception of theories）」（たとえばSuppe, 1989; 戸田山, 2009）あるいは，「理論のモデルベースの捉え方（model-based view of theories）」（Giere, 1999）に重なるものである。理論の意味論的捉え方においては，公理系の形で形式化され

6章 人生の意味のモデルの構成

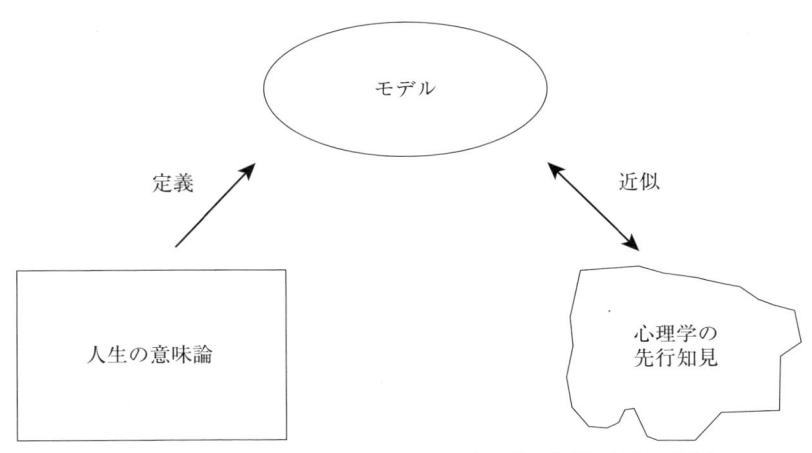

図6.3 人生の意味論とモデルおよび心理学の先行知見との関係

た理論と実在世界との間に「モデル」を挟む（図6.2）。

　そして，理論は，このモデルによって値踏みされる一方，実在世界とモデルの間には，「似ている」という関係が成り立っている（戸田山, 2009）。戸田山（2009）によれば，このようなモデルの捉え方には2つの利点があるという。すなわち，理論の変化に伴うモデルの漸進的・累積的な進歩を語ることが可能となるという点と，実在世界との類似は視点・用途に依存するため，様々なモデルがありうるが，それはあくまでも「1つの実在」のモデルであるといえるという点である。また，この捉え方において，さらに意味論的観点を強化するならば，科学の目的を「真なる理論をつくること」から「実在と重要な点で似ているモデルをつくること」へと捉え直すこともできる（戸田山, 2009）。その上で，実在に様々な程度で類似するモデルを構築することが科学の1つの目的である，とすることができるわけである。

　本書では，この理論の意味論的捉え方と，筆者の方法論にある種の相似形を認めながら，「理論」と「実在世界」と「モデル」の関係を捉えることにする。すなわち，本研究における「理論」は，これまでの哲学や人間学，心理学で挙げられてきた人生の意味論に関する記述として捉

え，「実在世界」は，心理学的調査に基づく人生の意味の内容の記述として捉えることにする（図6.3）。

もちろん，心理学の先行研究における知見は，実在世界そのものではなく，それぞれの調査によって得られたデータがそれぞれの研究者によって単純化・抽象化されたものであり，より厳密には「下位モデル」と呼ぶべきものであるが，モデル構成における抽象度としては，最も低次のものであり，観察可能な個別具体的な文脈に近いものであることから，あえて意味論的な捉え方に倣えば，便宜的に実在世界に最も近い「レプリカ」（戸田山, 2009）として捉えることも可能であろう[*2]。

また，このように意味論的な捉え方でモデルを捉えることによって，これまでの公理系，すなわち科学理論を文の集まりと捉える「文パラダイム」（戸田山, 2005）によってのみ表象されるモデルのみならず，グラフ，表，絵，計算機プログラム，写真，アニメーションなど，モデルを表象する仕方の多様性を正当に取り上げることができるようになり，人間の認知的特性を踏まえつつも，目的に適合した表象の有用性を正当に捉え直すことが可能となる。

本書でも，後述するように，人生の意味を心理的場所（トポス）として捉え1つの図の形で表象する。モデルに図を用いるのは，人生の意味という，まさに公理系としては捉えがたい概念について，直感的にその全体を捉えやすくするためである。また，7章で意味システム・アプローチへの適用などを試みる際にも，図を用いて分析を行うことにより，図としてのモデルの利点が活かされることとなる。

[*2] 実際には，心理学において科学的実在論の立場を堅持することは困難であり，心理学がターゲットとする現象に関しては，やはり，完全にということではなくとも，部分的に不可知論の立場を採らざるを得ないと考えられる（遠藤, 2006）。もちろん，本書においても，それぞれの人生観を心理学的に実在するものとしては捉えておらず，調査によって観察可能な領域を整合的に理解しやすくする枠組みを提示する以上のこと目指しているわけではない。

6-2 モデル構成

(1) 基本枠組み

ここでは理論的な枠組みに関して，1章で整理した諸概念（表1.4）を元に，基本枠組みの構成を行う。

哲学・心理学ともに人生の意味の概念にはいくつかの対極的な立場が存在することが繰り返し指摘されているが，これらの人生の意味についての立場では，それらの文脈の含む範囲が異なっているといえる。たとえば地上的・具体的な意味を考える立場において，その立場が含む文脈は，個人の内面やその周囲の身近な人々との関係などであり，パーソナルでミクロな次元であるといえる。それに対して宇宙的・究極的な意味を考える立場で問われるのは，人生一般についての問いや世界の存在理由など，地上的・具体的な意味を「含みこんだ」よりマクロな次元である。

このような人生の意味の概念を包括的に捉えるモデルとして，ここではやまだ（1988）の心理的の概念，および西田幾多郎の場所論を踏まえた上田（1999, 2007a, b）の「二重世界内存在」の概念を基にして入れ子状のモデルを採用し，これを「人生の意味の場所モデル」と呼ぶことにする。

やまだ（1988）によれば，心理的場所(トポス)とは，物理的な空間そのものではなく，自分の居場所としての「囲われた場所」であり，「比較的恒常的な個人の内部の意味体系」（やまだ, 1988, p.140）である。またこのような「意味体系（意味システム）」としての心理的場所は，幾重もの「入れ子」のかたちをした多重の場所(トポス)であるとされる。たとえば，やまだと山田（2006）は，人生を意味づける行為，すなわち経験を組織化する行為としてのライフストーリーについて，それを入れ子構造の心理的場所として捉え，パーソナルな場所(トポス)から身近な場所(トポス)へ，そして周辺の場所(トポス)から社会・文化システムといったマクロな場所(トポス)まで広がるものとしてモデル化している（「ライフストーリーの樹」モデル）。

人が自らの人生の意味を探求し理解しようとすること，すなわち自らの様々な人生経験を結び合わせて組織化しようとすることを，文字通り人生を意味づける行為の1つとして捉えるならば，人生の意味の概念も心理的場所(トポス)の観点からモデル化しうるであろう。そうするならば，人生の意味は，個人的・日常的な文脈における意味から普遍的・大域的な文脈における意味までを包含する多重の入れ子として捉えることができる。

　さらに，このような「囲われた場所」としての入れ子の内部に収まらないような前意味・超意味・脱意味といった立場を捉えるためには，やまだと同じく「場所」の概念から自己や世界の構造を考察する上田（上田, 1999, 2007a, b; 上田・柳田, 1992）の「二重世界内存在」の概念が有用である[*3]。上田（1999）は，「世界内存在としての我々の世界は世界として元来二重になっている」とし，「〜のために」を要としてまとめられた意味連関によって張り渡された重層的で包括的な意味空間としての世界の内に「於てある」我々は，「世界の内にあることによって，世界の内にありつつ同時に，世界が「於てある」限りない開け，見えざる虚空に「於てある」」(p.33)と捉えている[*4]。このような観点から，多重の意味空間としての人生の意味の入れ子が「於てある」場所は，上田の言う「「無」意味空間」「限りない開け」「無限の余白」「絶対無の場所」「見えざる虚空」であると捉えることができる。つまり，この人生の意味という心理的場所(トポス)は，究極的には（あるいは前提として）意味・無意味，主観・客観を脱した脱意味という非二元的基底としての虚空に「於てある」と捉えるべきであろう。

　これらを踏まえ，人生の意味の様々な立場を，「虚空」に「於てあ

---

*3　上田は，自己存在の究極の意味に至るまでの意味連関に関して，「たとえば親としては自己にとって家族ないし家庭が意味の場であり，これはさらにいわゆる社会によってつつまれている。自己の置かれている場は同時に自己存在の意味がそこで会得され確認され充実される意味連関でもある」（上田・柳田, 1992, p.83）と論じており，やまだと同じく，意味を場所の観点から多重の入れ子状のものとして捉えている。

*4　もっともこの二重世界の構造は，表裏・明暗・正反といった単なる対称性ではなく，世界地平とその彼方という仕方で関わってくる「見えない二重性」である（上田, 1999）。

6章 人生の意味のモデルの構成

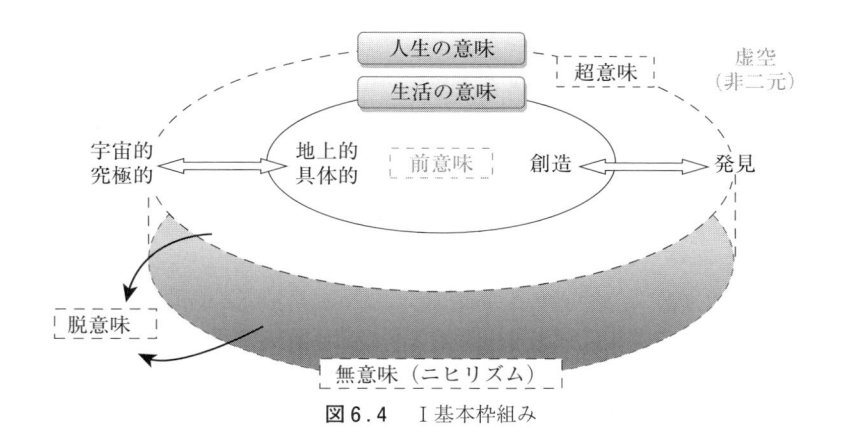

図中のラベル：
- 人生の意味
- 生活の意味
- 超意味
- 虚空（非二元）
- 宇宙的究極的 ⇔ 地上的具体的
- 前意味
- 創造 ⇔ 発見
- 脱意味
- 無意味（ニヒリズム）

図6.4　Ⅰ基本枠組み

る」多重の文脈からなる心理的場所(トポス)と考え，それぞれの立場の連関とそれが包含する文脈の大きさの観点から整理すると，図6.4のような入れ子の構造として捉えることができる。

図6.4に示したように，地上的・具体的な次元で問われるのは，日々の生活の中で，何を生きる目的としているか，ということであり，それは「生活の意味(meaning in life)」であるといえよう。その問いがさらに広がり，パーソナルな次元からより普遍的・一般的な次元へと敷衍されるとき，それは生きること全体の意味，つまり「人生の意味(meaning of life)」となるであろう。

さらに，ここでは，1章で整理した「超意味」「無意味」「脱意味」「前意味」もモデルへ位置づけた。超意味は，「すべてに大きな意味がある」(Frankl, 1947 山田他訳1993, p.112)という立場であり，捉ええない「限界概念」(Frankl, 1946 霜山訳1957, p.39)であることから，このモデルの外縁部に位置づけ，外縁を点線で示した。無意味は，「すべては意味を持たない」というニヒリズムの立場であるため，この人生の意味全体が反転したもの(虚空に映じられた人生の意味の影の部分)として捉えた。脱意味は，意味や無意味といった分別から脱落する立場であることから，この入れ子の外側に位置づけた。前意味は，これらの意味の前提であること

215

から、この入れ子の中心に潜在的、背景的にあるものとした。これらはおおむね哲学的・人間学的考究や東西の黙想的な（contemplative）伝統から導出された概念であるが、人生観や死生観の問題として今後心理学でも取り上げていくべきものであろう。

(2) 基本要素

次に「意味の源（sources of meaning）」として多くの実証的検討が見られる意味内容の類型に関する先行研究から基本要素を構成した。ここでは、2章で概観し（表2.4）、そのうち5章で具体的な記述や語りがある先行研究（表5.7）について行った分析をさらに進め、上位次元として、「価値の方向性」および「基本原理」をまとめた（表6.1）。

表6.1に示している通り、それらは、①健康や経済性、感情的な側面など、主に主観的ウェルビーイングに関連する内容、②自己の成長や目標達成、潜在的な可能性の実現など、自己実現に関連した内容、③身近な人（家族や子供など）や恋人や友人との関係性など、他者との共同性に関する内容、④普遍的な道徳や正義を重視することや、社会的・政治的信条を持つこと、文化の継承や子孫の存続など、身近な他者を超え、より大きな文脈における価値を志向した内容、⑤自分を超えたもの（宗教やスピリチュアリティ）とのつながりを重視する内容の5つに大別された。ここでは、さらに基本的な人生の意味の類型として、①と②を合わせて「個人的（personal）意味」、③を「関係的（relational）意味」、④を「社会的／普遍的（social/universal）意味」、⑤を「宗教的／霊的（religious/spiritual）意味」と呼ぶことにする[*5]。

(3) 基本構図

以上を踏まえ、基本枠組みと基本要素を媒介する基本構図を構成する。その際、基本要素における意味の類型を基本枠組みに単純に位置づける

[*5] 実際には基本要素と基本枠組みの構成は並行的に行っており、要素と枠組みの相互の往還プロセスを経て、このような名称を最終的に採用するに至っている。

6章　人生の意味のモデルの構成

表6.1　意味内容の分類（Ⅱ基本要素）

基本原理	価値の方向性	意味の要素	具体的内容
個人的	主観的ウェルビーイング	健康	心身の健康を維持すること
		外見	外見をよくすること
		獲得	物質的・金銭的なものを獲得し，所有すること
		快楽	快楽を追求し，楽しむこと
		幸福感	喜びや満足を感じること
		体験	様々なことを体験すること
		美の享受	美しいもの，芸術的なものを味わうこと
		自己受容	自分の限界を受け入れ，満足すること
		生そのもの	生きていることそれ自体が意味である
	自己実現	目標達成	目標を達成すべく，努力をすること
		責任性	自立して責任を持つこと
		成長	能力や技能を身につけて成長すること
		潜在性の実現	自分の潜在的な可能性を認識し，実現・達成すること
		創造性	何かを創造すること
		ライフワーク	仕事・学業に従事すること
		理解	見識を広く持ち，多くのことを理解すること
関係的	他者との関係性	家族	家族，子供と仲良くすること
		承認・尊敬	他者から認められ，尊敬されること
		友情	親しい友人との良好な関係を保つこと
		恋愛	恋愛関係における親密さを持つこと
		奉仕	他の社会的に困っている人などを助けること
社会的／普遍的	集合的・普遍的な価値	道徳性	正義や道徳を重視し，実践すること
		真理の把握	なんらかの真理を見つけること
		社会への貢献	社会的・政治的な信条を持つこと
		伝統の継承	文化の伝統を守り，価値あるものを維持していくこと
		自然との関係	人間が自然の一部であると認識し，つながりを持つこと
		進化・ジェネラティヴィティ	遺伝子を残し，人類の存続，進化に貢献すること
宗教的／霊的	自己超越	宗教的信仰	神を信じ，神とのつながりを持つこと
		スピリチュアリティ	スピリチュアルなもの，より高次なものとのつながりを持つこと

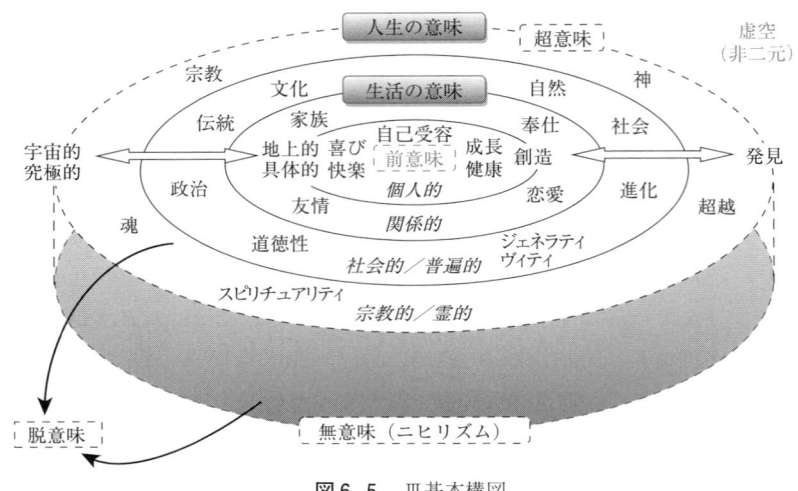

第Ⅲ部　人生の意味のモデル構成とその応用

図6.5　Ⅲ基本構図

のではなく，心理学における既存の関連モデル[*6]や，人生の意味の心理学的研究で見出された様々な知見に立ち戻り，それらの知見を参照・比較しながら作業を進めた。

　以下では，まず完成した基本構図を提示し（図6.5），その概要を説明した上で，モデル構成のために参照した理論や研究の知見を踏まえつつ，このモデルによって整理されることをまとめて示す。

　図6.5に示した基本構図の概要を以下に述べる。基本要素において，基本原理として「個人的意味」「関係的意味」「社会的／普遍的意味」「宗教的／霊的意味」を提示しているが，これらの基本原理は，その立

[*6] 参照した主な心理学のモデルとして，たとえばカーンとアントヌッチ（Kahn & Antonucci, 1980）のコンボイ・モデル，コールバーグ（Kohlberg, 1981）やギリガン（Gilligan, 1982）の道徳発達理論，ブロンフェンブレンナー（Bronfenbrenner, 1979）の生態学的発達モデル，やまだ・山田（2006）の「ライフストーリーの樹」モデル，シュウォーツ（Schwartz）による一連の価値研究における10の基本的価値のモデル（たとえばSchwartz, 1992），ウィルバー（Wilber, 2000）の「存在の大いなる入れ子（the great nest of being）」，スミス（Smith, 1976 菅原訳 2003）の「自己の諸レベル」の議論などがあるが，これらの理論と人生の意味の問題との関連についての詳細は，機会があればまた別に論じたい。

218

場の文脈が含む範囲の大小の観点から,「個人的意味」<「関係的意味」<「社会的／普遍的意味」<「宗教的／霊的意味」と捉えることができる。ここで,「宗教的／霊的意味」を「社会的／普遍的意味」と区別し,さらにその外側に位置付けたのは,たとえば,本章の冒頭に挙げた宗教学者のジョン・ヒック(Hick, 2000)が述べているように,高次の意味は低次の意味を包含し,かつ影響されるような意味のレベルあるいは層(layer)があるという見方に基づいている。ヒックは,宗教的な意味は,身体レベルや道徳レベルの意味を包含(include)し,その関係は,身体的意味(本書での「個人的意味」)<道徳的意味(本書での「社会的／普遍的意味」)<宗教的意味(本書での「宗教的／霊的意味」)と捉えられると考えている(Hick, 2000, pp.271-272)[*7][*8]。

この4つの基本原理のうち,「個人的意味」と「関係的意味」は,日常生活における具体的・地上的な意味であることから,基本枠組みにおける「生活の意味(meaning in life)」に含まれると考えられる。それに対し,「社会的／普遍的意味」と「宗教的／霊的意味」は,「生活の意味」を超え,大域的・宇宙的・究極的意味に向かう「人生の意味(meaning of life)」に含まれるものであるといえる。これらを位置づけた上で,それぞれの入れ子の領域に,基本要素で見出されている具体的な意味内容を配置した(「健康」「友情」「道徳性」「神」など)。

[*7] ここでは,ヒックの議論の他にも,コールバーグ(Kohlberg)の道徳発達における第7段階(宗教的段階)についての理論(Carter, 1986; Kohlberg, 1981),宗教は人生全体に究極的で深淵な意味(宇宙的なメタナラティヴ,究極的な価値や目的,最大限の統合性)を与えるという基本的性質についての多くの一致した見解(たとえば Bolz, 1997 村上訳 1998; Davis, 1987; Emmons, 1999; Pargament & Park, 1995; Quin, 2000b; Runzo, 2000; Smart, 2000; 脇本, 1997; Wong, 1998c)なども踏まえている。

[*8] ここでは,さしあたり文脈が含む範囲の大小を問題にしており,必ずしも「社会的／普遍的意味」や「宗教的／霊的意味」が最も発達的に「高次の段階」であると主張するものではない。ただし従来の発達心理学における知見(たとえばコールバーグ(Kohlberg)やギリガン(Gilligan)の道徳発達段階,ファウラー(Fowler)の信(faith)の発達段階など)を踏まえるならば,少なくとも「社会的／普遍的」意味までは発達プロセスとゆるやかな対応があると考えられる。

6-3 諸概念・諸知見の整理および仮説の生成

(1) 人生の意味の場所(トポス)モデルによる先行知見の整理

　既存の心理学的な理論や知見を本モデルに位置付けて捉えなおすならば，以下のような点が挙げられる。

① 表2.4にも示したように，発達段階や社会文化的背景などによって，多様な意味が経験されている。また，単一の意味の源で人生観を統合している人は少ないことも指摘されている（たとえばKaufman, 1986）。しかし，「何によって人生の意味が満たされるか」という「生きる姿勢（life orientation）」（Battista & Almond, 1973）としては，入れ子のいずれかの領域に重心が置かれることが多い（たとえばDebats, 1999; Fegg, Kramer, Bausewein, & Borasio, 2007）といえる。哲学的な論考においても，いずれかの意味の源を重視する論は多々見られる。たとえば，達成を意味あるものとする論（James, 2005），仕事が最も意味があるとする論（Levy, 2005），家族関係に意味があるとする論（Velleman, 2005），道徳が意味ある人生を導くという論（Thomas, 2005），創造性や卓越性，ウェルビーイングや人間関係などが特に意味深いとする論（Audi, 2005）などである。

② このモデルにおいて，入れ子のより内側の次元では，意味は内発的・内因的であるが，より外側の次元になるほど外発的・外因的である。たとえばリーカーとウォン（Reker & Wong, 1988）は，これらをそれぞれ「ボトム・アップで要素的（elemental）な観点」「トップ・ダウンで総体的（holistic）な観点」と呼んでいる。

③ 既存の理論では，この入れ子の外側になればなるほど，つまり主観的な快楽から対人関係的な意味へ至るほど，そしてより社会的なものへの奉仕から宇宙的・霊的な意味に至るほど自己超越的であり，意味が深まるとされることが多い（たとえばEbersole, 1993; Ebersole & Quiring, 1991; Frankl, 1966; Maslow, 1971; O'Connor & Chamberlain, 1996; Reker & Wong, 1988）。

④ オコナーとチェンバレン（O'Connor & Chamberlain, 1996）が，成人男女へのインタビュー調査によって，リーカーとウォン（Reker & Wong, 1988）の意味の深さの4つのレベルに基づいて意味の深さを見たところ，レベル1は，相対的に幅が狭く，喜びや快適さなどの「生活の意味」だけに関連付けられているが，レベル3は，個人的または対人関係的な「生活の意味」から，より大きな社会的・国際的な「人生の意味」にまで広がっていることを見出している。このことから，入れ子の外側の次元は内側の次元を包含しており，領域が広がるほど多くの意味の源を含むといえる。つまり，ある次元で有意味である時，原則的にはそれより内側にある次元全体が有意味となると考えられる。

⑤ また，入れ子のより外側の次元の意味内容とのつながりがあるほど，心理的健康度が高い傾向が見られる。たとえば，喜びや刺激や快適さに価値を置く者は実存的欲求不満が高い傾向（Crandall & Rasmussen, 1975; Paloutzian, 1981）や，自己中心的傾向が少ない者が人生の目的の感覚が強いこと（McCann & Biaggio, 1988），親密な他者との関係に幸福感を抱く者が意味感覚が強いこと（Harlow & Newcomb, 1990），自己超越的な意味を感じている者が，自己没入している者や個人主義的な者に比べ，目的や一貫性および意味の感覚（sense of meaning）が強く（Emmons, Colby, & Kaiser, 1998; Magen & Aharoni, 1991; Reker, 1994），死への態度も受容的であること（van Ranst & Marcoen, 2000），「関係」を生きる意味とする者が，個人的な「喜び」を意味とする者より実存的空虚感が低いこと（3章），より自己中心的でない意味の源を持つ者のほうが人生観の統合性が高いこと（Leontiev, 2007a），神が世界観の中心にある者がより人生の目的の感覚を有していること（Molcar & Stuempfig, 1988），宗教を持つことが人生の意味の感覚や幸福感とポジティブに関連すること（たとえばArdelt, 2003; Ellison & Levin, 1998; Steger & Frazier, 2005）などが示されている。また第4章でも示したように，意味内容が多様であるほど適応的であることもいくつかの研究で報告されている（熊野, 2007; Reker, 1994）。

⑥ 2章で見たように，生涯発達的な検討において，年齢が上がるにつれ人生の意味を経験する程度が強くなることは，一部の研究（Pinquart, 2002; Ryff & Essex, 1992）[*9]を除いて，複数の研究で指摘されている（たとえば Meier & Edwards, 1974; Reker & Fry, 2003; Reker, Peacock, & Wong, 1987; Steger, Oishi, & Kashdan, 2009; van Ranst & Marcoen, 1997）。また，個人的意味のシステムは，年齢が上がるにつれてより統合され確固たるものとなること（Dittmann-Kohli & Westerhof, 2000），若者は新しい（主に物質的な）目標を達成し，より意味のある未来を期待する欲求や物質的欲求が強いのに対し，成人後期以降は宗教的な活動，社会的大儀，利他主義，伝統や文化の維持，文化的価値や理想の保護などにより大きな意味を引き出していること（Orbach, Iluz, & Rosenheim, 1987; Prager, 1998a, b; Reker, Peacock, & Wong, 1987）などが示されている。さらに，高齢者になると宇宙的な次元への気づきが増え，自己に対するナルシスティックな見方が減少し，それに人生への満足感が伴うことを示唆する「老年超越（gerotranscendence）」という概念（Braam, Bramsen, van Tilburg, van der Ploeg, & Deeg, 2006; Tornstam, 1997）や，人生の意味づけに関する個人の信（faith）が普遍合理性へと至るというファウラー（Fowler, 1981）の発達理論などを踏まえると，人生の意味の発達は，意味の幅が，意味システムとしての一貫性や統合性を保ちながら入れ子全体へと広がるプロセスとして捉えることができるであろう。

（2） フランクル理論のモデルへの位置づけ

次に，このモデルとフランクル理論の諸概念との関連についても見ておきたい。ここでは，2章で整理したフランクルにおける鍵概念のうち，本モデルに密接に関連すると思われる，自己超越と人生の意味のコペル

---

*9 リフ（Ryff, 1989）の人生の目的についての尺度を用いた検討（Ryff & Essex, 1992）や，中年期と老年期の人生の目的に関する研究のメタ分析（Pinquart, 2002）では，年齢が上がるにつれて意味の感覚が低下すると指摘されているが，前者においては尺度で達成動機的側面が強調されていること，後者においては分析対象の年代が限定されていることなどが課題として残されており，さらなる生涯発達的検討が必要である。

ニクス的転回，および3つの価値（創造価値・体験価値・態度価値）が，このモデルにおいていかに位置づけることができるかを検討する。

自己超越

自己超越とは，自己の根底に自己を超えたものが働いているという意味での自己超越と，その自己を超えた者は自己ならざる他の存在への自己超越として働くという意味での自己超越の2つに分けられる（山田, 2002）ということを2章で述べた。本モデルにおいては，前者の自己超越は，フランクルの言う「超意味」であり，モデルの外縁部分から余白にかけての部分として捉えられる。

また，後者の自己超越は，以下の記述に見られるように，モデルにおける入れ子全体を指し示しているといえる。

> 人間の実存の本質はその自己超越にある，と私は言いたいと思います。人間であるということは，つねにすでに，ある物またはある者に向かって方向付けられ，秩序づけられてあること，言い換えれば，その人が専念している仕事や愛している人間，さらにはその人が仕えている神に引き渡されてあるということなのです。
>
> （Frankl, 1972 山田監訳 2004, p.221, 傍点部は筆者による）

ここには，傍点部のように，様々な意味の源へと向かう人間の働きが述べられており，この全体が自己超越として位置づけられている。そして，このような考え方が，2章で見た3つの価値（創造価値・体験価値・態度価値）という，人生が持つ具体的な意味や価値につながっているわけである。

このような捉え方に関しては，たとえば，「越人間的次元」と「人間的次元」の区別が十分になされていない，すなわち，「向こうから与えられてくるもの」としての意味と，「主観的な意味感情」「生きがい」としての意味のカテゴリーを混同しているという批判がなされてきた（諸富, 1997; 滝沢, 1969; 荻野, 1998）。しかし，本モデルの枠組みからフランク

ル理論を捉え直すならば，越人間的次元と人間的次元は，並列するカテゴリーではなく，包含関係にあるものと見ることができる。すなわち，「向こうから与えられてくるもの」としての意味は，「すべてに大きな意味がある」(Frankl, 1947 山田他訳 1993, p.112)」という「超意味」を保障するものであり，それが保障されることによって，個人的意味や関係的意味といった個別具体的な意味の入れ子の内部全体が保障されると捉えることができる。

人生の意味のコペルニクス的転回

人生の意味のコペルニクス的転回は，すなわち，「人生から何をわれわれはまだ期待できるか」という自己中心的な観点から，「人生が何をわれわれから期待しているか」という世界中心的な観点への転回である（山田, 1997, p.147)。これを本モデルに即して言い換えるならば，入れ子の内側から世界や人生を見る視点から，入れ子とその外側も含んだ超越的な次元からそれらを見る視点への転回であると見ることができる。コペルニクス的転回が，見ている世界（すなわち入れ子）が同じにも関わらず，その見方が根本的に変容することを意味するとすれば，この視点の転回によって，それぞれの意味の源の価値も，「質的に転じられたもの，すなわち，「意味への意志」によって貫かれたものとして実現される」（山田, 1993, p.189）といえるかもしれない。

3つの価値

ルーカス（Lukas, 1972 山田監訳 2004）は，自身の調査において人生の意味に関する回答を収集し，フランクルの3つの価値（創造価値・体験価値・態度価値）と，それらの回答の関係を検討するために，記述を再分析している。その際，最初の分類ではフランクルの定義（不成功の人生における英雄的な態度）に沿った態度価値の概念は3％しか見出されなかったが，ルーカスは，その概念を拡張して捉え，「成功に対する肯定的な態度」も「拡張態度」として解釈した。その結果，「創造価値」は50.40％，

「体験価値」は23.26％，「態度・拡張態度」価値は26.34％となり，いずれの価値も見出されたとしている。

この調査で得られた回答について，ルーカスは9つのカテゴリー（「自分の暮らしの安楽」「自己実現」「家族」「本務」「人間関係」「興味」「体験」「信条への奉仕」「生活の困窮」）も見出している。また，これらのカテゴリーと3つの価値との関連については，フランクル自身の見解に基づいて，それぞれのカテゴリーに「手段と目的の性格」を与え，それらが充足されることによって始めて価値志向の実現も可能になると捉え，価値志向とこれらのカテゴリーは同一のものであると見なしている（Lukas, 1972 山田監訳 2004, p.197）。

本モデルについても，同様に捉えることができるであろう。すなわち，入れ子に配置したそれぞれの意味の源に「手段と目的の性格」を与え，それらの充足によって創造価値・体験価値・態度価値の実現が可能になると捉えられる。

(3) 場所(トポス)モデルによる仮説の生成

やまだ（2002）は，モデルの機能の1つとして，個々の事象を見る見方が変わり，新たな仮説や実証を発展的に生み出していく生成的な機能を挙げている。この機能を踏まえると，本モデルにおいては次のような仮説や方法論も新たに生成することができるだろう。

① 入れ子のある次元で有意味であっても，必ずしもそれより外側の次元が有意味である必要はないと考えられる。たとえば，宗教や規範が生きる意味とならなくても，主観的な喜びなどが生きる意味となりうるであろう（たとえば青木, 2004; Baier, 2000, p.128; Nagel & Wong, 1998b, p.405）。たとえば，青木（2004）は，これまでの人生の意味についての探求は，宗教的，宇宙論的，あるいは形而上学的な観点からの人生の意味を求める考え方が根本にあるが，たとえ，そのように外側からの大きな文脈から捉えて意味がないという結論に達したとしても，人生の内側から意味を見出すことができるという可能性は残るという。これは，文

第Ⅲ部　人生の意味のモデル構成とその応用

学ではカミュ（Camus）が，哲学ではネーゲル（Nagel）などが主張してきた立場であるが，本モデルでいえば，入れ子の外側から意味を考えるのではなく，入れ子の内側から人生の意味を捉えることによって有意味になりうるという立場であるといえるだろう。

② ①においては，すべての層で有意味になることが必要ではない，という捉え方について述べた。しかし，ある次元の意味のみが極端に絶対化され，それが有意味あるいは無意味である場合，それより内側とそれより外側のすべての次元が無意味となりうる。

たとえば，『不惑の人生観』と題された本の冒頭部分を引用してみよう。

> 生甲斐だの，人生の目的だのと探し廻らねばならない位に，内部が空虚になつた此の自分が，いまかかる偉大なものによつて充され，焰のやうに燃え上がるのだ。……
>
> 人生を再び問いたださう。いままでの腐つた，女々しい，個人的人生観や，抽象的人生論を叩き潰して出なほさう。……
>
> この矮少な自己がかくも偉大なもの——国土の運命と歴史の栄誉——に繋がり，その儘にしてかくも荘厳なものであるという偉大な人生発見が，この国土のわれわれ匹夫賤婦の旨にまで拡がつたといふ事は，後世歴史家が誇りを以て書く此の事変の巨大な収穫の一つであるだらう。
>
> （本荘, 1942, 序 pp. 3-4, 旧漢字は新漢字に修正）

これが書かれたのは，昭和17年，すなわち「大東亜戦争」の時代である。著者はこの本の中で，人間の自覚は，「無自覚」の時期から「個人的自己の自覚」，「社会的自己の自覚（市民的自覚）」と発展し，最終的に「国家的自己の自覚」の段階に至るとしている。そして，この最後の段階，すなわち「自己は共同乃至全体とともに生きている」（本荘, 1942, p36）という段階のみを絶対視したのである。これは，先述したリーカーとウォン（Reker & Wong, 1988）の意味の深さの4つのレベルから見れば，高いレベル（他者への奉仕や社会的・政治的なコミットメントを志向するレベル3）になってしまう。しかし，本モデルから捉え

るならば,「社会的／普遍的意味」のみが絶対視されており,とりわけ「個人的意味」の次元が極端に軽視されているという全体主義を見て取ることができるだろう。

これとは逆に「個人的意味」のみに依拠する俗流のポストモダン的人生観や,「宗教的／霊的意味」のみが強調される原理主義的な宗教における人生観なども,本モデルの一部の層のみを強調した人生観であるといえるだろう。

③　無意味の立場と有意味の立場は,互いに対立するものでありながら,人生の中では,意味の発見や創造と意味への懐疑が表裏一体として見られ(4章),また,これは②で述べたこととも呼応するが,無意味についても,人生の意味に相対的に対応した様々なレベルの無意味(たとえば神の否定,普遍的な秩序の否定,主観的な喜びの否定など)があると考えられる[*10]。

④　入れ子の全体,すなわち人生の意味の概念全体は,包括的な「意味システム(意味体系・意味連関)」の構造として捉えることができるであろう。やまだの心理的な概念における「個人の内部の意味体系」(やまだ,1988, p.140),上田(1999)の「意味連関がつながりつつ張り渡されている包括的な意味空間」(p.40)などの概念,およびそれに基づいて構成された本モデルは,先述した人生の意味の心理学における意味システム・アプローチの理論的背景および手掛かりになると考えられる。

⑤　「個人的意味」として,主観的ウェルビーイングや自己実現が見出されたが,これらは,個人の意味システムの統合性や一貫性とともに見なければならないであろう。一般に,自己実現は,共同社会感情や愛などといった,何らかの他の価値あるものとのつながりによって達成・実現されるものである(Maslow, 1954 小口訳 1987)。そのため,自己実現が単体で意味の源となることは少なく,他者とのつながりや文化

[*10] 本書4章や亀田(2003a, b)による人生の意味への問いの内容の検討においても様々なレベルの問いが見られている。

的な価値，場合によっては宗教的な信条や実践などとの関係において自己実現が問題とされることが多いであろう（たとえば Hanley, 2002; Tamney, 1992）。これらの見方からすれば，意味の源としては同じ「自己実現」であったとしても，人によってその質的内容は大きく異なってくるはずである。まさに，人生の意味は「あいだ」に着目してこそ，それぞれの人が持つ固有の文脈を考慮することができるといえよう。この点からも，単一の意味内容を取り上げて類型化するのではなく，複数の意味内容とのつながりの中で個人の意味経験を取り上げることが必要であると思われる。

⑥ 意味システムに着目する観点から意味の深さを捉えるとすれば，これまでの意味の深さについての理論モデルのように，単線的に意味の様相や発達を捉えるのではなく，その一貫性や複雑性および統合性の度合いや，どのような原理を取り入れているか，というような視点から意味の多様性や発達的変化を捉えることができると思われる（Pöhlmann et al., 2006）。たとえば，一貫性については，シェルドンとカッサー（Sheldon & Kasser, 1995）が，バイタリティやポジティブ感情が高い人は，垂直的一貫性（vertical coherence）が高い，すなわち上位レベルの長期的な目標が，下位レベルの日常的な目標と首尾一貫しているということを見出している。ここからも，目標の内容とともに，目標間の一貫性が心理的重要性を持っているといえるだろう。これらの点を踏まえつつどの次元の意味がその個人にとって重要であり，その意味が他の次元の意味とどのようにつながって一貫性のあるネットワークを形成しているか，ということを検討することによって，個人の意味システムの複雑性や一貫性や多様性を浮き彫りにすることができるであろう。

6-4　人生の意味の場所（トポス）モデルから人生の意味を捉えなおす

(1) 人生の意味の包括的定義

本章では，人生の意味の心理学的研究の現状と課題を踏まえ，これまでの研究を総合的に整理・統合し，今後の新たな研究を生成するためのモデルを構成した。この試みによって，これまでの心理学的研究で問題とされてきた意味の構成要素・意味の幅・意味の深さ・意味の源などの概念（Reker & Wong, 1988）をより包括的に捉えやすくなったといえる。

　意味の構成要素（情動・認知・動機など）は，個人的意味においては，意味の源とともに検討されるべきであろう。たとえば同じ「喜び」という情動的な意味の源を挙げていたとしても，それが人生の意味としての意味を持つ文脈は様々であり，どのような次元の意味との関係において認知的あるいは動機的に意味あるものとなっているのか，などについて検討する必要がある。

　また，意味の源について，これまでの研究においては，それぞれの立場の質的な違いが区別されることなく検討されてきたが，このモデルによって，それらを次元的に整理して示すことができるであろう。

　意味の幅は，意味の源の数（多様さ）を示す概念であるが，これに関しても単に意味の源の数の多少のみを問題とするのではなく，どの次元におけるどのような源が見られており，個人の主要な原理はどのようなものであるか，ということについても着目する必要があることが示唆される。

　意味の深さ（レベル）については，従来のように，単に意味あるものとして経験される内容が変化するという観点から捉えるのではなく，意味が差異化・複雑化され，より緊密に結び合わされ，一貫性のあるものになるプロセスとして捉えることが有効であると考えられる。

　以上のモデル化のプロセスを通し，ここでは，人生の意味の概念を改めて捉えなおし，以下のように定義する。

　　人生の意味とは，個人が主観的に感得し創造するような地上的・具体的な意味の次元から，他者との関係の中で生まれる意味の次元，さらには道徳や文化の継承などの社会的・普遍的な意味の次元から，宗教やスピ

リチュアリティなどの超自然的・宇宙的・究極的な意味の次元までを含む理論的概念である。そして，いずれかの次元に主要な価値を置き，（多くの場合）他の次元との関連において，それらの価値の実現や価値への従事を目的とするとき，人生は意味のあるものとして経験される。

(2) 場所（トポス）モデルを採用することの意義

　本章のモデル構成では，人生の意味を説明する方法として入れ子状の「場所（トポス）モデル」を採用した。このような入れ子状のモデルを人生の意味のような概念を説明する枠組みに採用する利点としては，以下のような点が考えられる。

　第1に，入れ子モデルは，包含関係を図示できる。入れ子モデルは，単線的な順番や因果関係を示すような連鎖モデルや段階モデル，あるいは，立場の対立を示すような二項対立モデルと異なり，内側の次元をより外側の次元が含みつつ超えるという包含関係の様相を図示することができる。すなわち，より外側の次元は，より内側の次元の特徴を有するが，内側の次元にはない新たな要素が加えられる，という関係を図示することが可能となる。たとえば人生の意味の場合，個人的意味の次元においては，関係的意味や社会的・普遍的意味は必ずしも含まれないが，社会的・普遍的意味の次元では，関係的意味や個人的意味も含まれている（O' Connor & Chamberlain, 1996）。このような関係性は包含関係で図示するのが適切であろう。

　第2に，入れ子モデルはミクロな視点からマクロな視点までを包括的に図示することができる。1章で見たとおり，人生の意味の概念には様々な次元があり，それらは，具体的で身体に根ざしたミクロな次元から，人類や宇宙へと志向するマクロな次元までが含まれている。このような視点の大小を図示するのに，それを1つの円の中に収めて示すことができる入れ子状のモデルが有効であろう。

　第3に，入れ子モデルを用いることによって，ネットワーク関係を簡単に図示することが可能となる。人生の意味の概念は，単に意味の源と

して捉えられるのみならず，それらの要素のつながり，すなわち意味システムの中でも捉えられるべきであることはこれまでも述べてきた。意味システムとはすなわち，意味のネットワークであり，それを図示する方法は，いわゆるネットワーク分析に見られるようなノード（節点）やリンク（連係）を用いたネットワーク図と同様の構造で捉えることもできる。また，このような見方は，やまだ (2008) が論じているように，従来のツリーモデル（分割と階層モデル）やリニアモデル（線形上昇系列モデル）よりも，多次元で多方向的な構造を記述するネットワークモデル（生成的網目モデル）につながる見方である。人生の意味を，文字通りの意味システムとして捉え，さらにそれをある種のネットワーク図の形で示そうとすれば，多次元的な構造を示す入れ子モデルであれば，1つの図の中で示すことができ，視覚的に意味システムを表現することが可能である。

　以上のように，入れ子状の構造をもつ「場所モデル（トポス）」は，人生の意味の概念を図示する有効なモデルであると考える。ただし，人生の意味の場所モデル（トポス）が多重の意味を持っているということは，逆に欠点ともなりうる。すなわち，人生の意味の場所モデル（トポス）の解釈としては，たとえば，ブロンフェンブレンナー (Bronfenbrenner, 1979) の生態学的発達モデルように，入れ子の外側が内側へと影響を及ぼすという関係性を意味することもある一方，ウィルバー (Wilber, 2000) の「存在の偉大なる連鎖」のように，内側から外側へ，それぞれの領域を超えて含むという発達的な包含関係を意味することもあり，多様に解釈されてしまう可能性がある。本モデルでは，発達的に捉える場合は，ウィルバーのモデルのように内側から外側へという方向性を，また，人生観の全体を捉える場合は，双方向の包含関係を考えている（前節の「人生の意味のコペルニクス的転回」を参照）。

(3) モデル構成という方法論の可能性

　本書では，やまだの方法論を応用して，モデル構成を試みた。この方

法論は，冒頭でも少し述べたように，近年その方法論が整備されつつある「質的メタ統合（qualitative meta-synthesis）」あるいは「質的メタ分析（qualitative meta-analysis）」（たとえば MaCormick, Rodney, & Varcoe, 2003; Sandelowski & Barroso, 2007; Schreiber, Crooks, & Sterm, 1997; Webb & Roe, 2007）の一種として位置づけることができるかもしれない。

質的メタ統合あるいは質的メタ分析は，いわゆる通常の文献展望（narrative summary）や，量的メタ分析（quantitative meta-analysis）と似ているように見えるが，その目的が異なっている。質的メタ統合は，質的研究の知見を統合し，新たな理論を発展させるための概念化を目指すものであり，解釈学的な方法を用いるものである（Lloyd Jones, 2007）。それは，分析対象とした研究の知見を漏れなく利用しながらも，個別の研究では見られなかった新しい解釈を提供する。

本研究においても，個別の先行研究の知見を統合し，新たな解釈の枠組みを提示することを目指す点においては，これらの質的メタ化の試みと軌を一にしている。しかし，本研究およびやまだの方法論は，次の3つの点で，これらの質的メタ化を目指す方法論とは異なっている。すなわち，第1に，理論（theory）を構成することではなく，半具象的なモデルを構成することを主な目的とする点，第2に，言語シンボルを中心にした言語モードではなく，図像（figurative）モード（やまだ, 2002）でモデルを提示している点，そして第3に，単に先行知見のデータをボトム・アップで統合してメタ理論を構成するのみならず，抽象的な理論的枠組みを積極的に参照している点である。

1点目と2点目については，本章第2項のモデルの捉え方のところで述べた通りであり，本書では，抽象的な理論と実際のデータの中間に位置するモデルの構成を目指しており，双方の利点を活かそうとする観点から図像を用いている。また，3点目の視点を取り入れたのは，本研究のテーマがすぐれて抽象的な概念であり，長らくなされてきた分析哲学における理論的考究を反映する必要があったことによる。

おそらく，このような方法論は，抽象的・哲学的な概念についての社

会科学的調査研究について，そのデータと理論的枠組みを媒介するモデルを構成する際に有効となるであろう。また，その方法論は，扱うテーマの種類や質に応じて柔軟に変えられるべきものであり，一般化できるものではないが，ナラティヴ・ターン以降，特にその量が増加している質的研究の豊富な知見について，今後それらを統合し，個別の研究以上の有益な知見を見出すアプローチが，より精緻化されることが必要であろう。

(4) 残された問題

本書で構成したモデルは，これまでの心理学的な知見と哲学や心理学の理論枠組みとを統合することを目指したものである。このモデルに関して，今後検討が必要と考えられる点について以下に述べる。

第1に，人生の意味について，発達的な変化を詳細に見ていくことが必要である。このモデルの構成プロセスにおいても，世界観に関わると思われる様々な発達理論を参照したが，人生の意味の発達的変化についてはいまだ体系的な研究がなされておらず，幅広い視野からの理論的・実証的検討が求められる。それは，おそらく，問いと答え，意味と無意味といった単純な二項対立ではなく，矛盾が同時に存在し，対立物が共存するような「両行」(やまだ, 1995) 的なプロセスを含むであろう。さらには，それすらを超えて，禅仏教に見られる「両忘」すなわち，本モデルにおける「脱意味」へ至るプロセスも見出されるかもしれない。

第2に，このモデルの基本要素・基本枠組みともに，欧米の先行研究を基本にしており，ほぼ欧米の社会文化的文脈に依存したものになっている。これは，日本において人生の意味についての体系的な研究が見られないことによるが，今後，日本における社会文化的な背景も考慮した検討が必要であろう（たとえば Steger, Kawabata, Shimai, & Otake, 2008）。この点について，人生の意味の類縁概念ともいえる幸福感・ウェルビーイングについての研究において，主に日米の文化差についての研究が多く行われてきているが，たとえば，それぞれの国では，自分の存在意義が生

まれる様相が異なっており，定義の文化差も存在することが指摘されている（たとえば Markus & Kitayama, 1998）。しばしば指摘されるように，アメリカでは，独立的自己観が重視されるのに対して，日本では協調的自己観が重視されるため，日本は，アメリカよりも対人的な側面がウェルビーイングについて強調される傾向がある（たとえば大石, 2009）。おそらく，人生の意味についても同様の問題が指摘できるであろう。それぞれの文化において，どのようなところに人生の意味を見出しやすいのか，ということを知るためには，まず，それぞれの社会文化的文脈の中での人生の意味の概念に同一の概念としての等価性があるのか，ということから検討しなければならない。

第3に，このモデルでは，基本的に意味をある程度構築している者を対象とした先行研究のみを対象として構成しているため，問いの途上にある者の様相については，別の観点からの研究やモデル化が必要である（たとえば Denne & Thompson, 1991）。この点については，4章で少し見てきたわけであるが，人がいかに意味を問い，その問いがどのように変容し，場合によっては問いを超えていくのか，ということを見ることは，広くは，私たちが意味への問いに絡め取られたときに，その問いを正面から問い，そこから超え出るためのヒントを得ることにつながるかもしれない。

第4に，このモデルは，主に生の意味に焦点化したものであるが，死の意味も哲学的・心理学的に人生の意味の重要な側面であり（たとえば Becker, 1973; Greenberg, Koole, & Pyszczynski, 2004; 川島, 2008; 河野, 2002; Nielsen, 2000a; Tomer & Eliason, 2008; Wong, 2000, 2008b），死と人生の意味の関連についてもさらなる検討や整理が必要であろう。4章のインタビュー調査でも見たが，おそらく，死の意味と生の意味は密接に対応しているであろう。たとえば，死の恐怖についての研究において，フローリアンとクラヴェッツ（Florian & Kravetz, 1983）は，個人内（intrapersonal）の要素，個人間（interpersonal）の要素，そして個人を超えた（transpersonal）要素の3つがあるとしているが，これらは，本モデルの個人的意味や関係的意味，

およびそれらを含み込んだ人生の意味の概念と緩やかに対応しているものと見ることができる。

第5に，構成したモデルについては，先行知見のデータに根ざしたものであるかという「信憑性（credibility）」や外部の理論的側面からの評価に関する「適合性（fittingness）」，目的を明示するという「検証（auditability）」などの点（Lloyd Jones, 2007）からのモデルの質の評価が今後も必要であろう。そのためには，理論と実際の生のデータ（質問紙調査のデータや語りの内容など）との整合性を，様々な角度から検証していくことが求められる。

最後に，人生の意味は，「今ある，そしてあるべき世界や人生についての説明」としての世界観（worldview）（Koltko-Rivera, 2004）に関わる問題であり，行動・認知・情動といった基本的な概念はもとより，アイデンティティの発達（Erikson, 1963; Klaassen & McDonald, 2002），英知（wisdom）（Fry, 1998），信の発達（Fowler, 1981），道徳性（Addad & Leslau, 1989; Carter, 1986），個人的目標（personal goals）あるいは究極的関心（ultimate concerns）（Emmons, 1999; Emmons, Cheung, & Tehrani, 1998），スピリチュアリティ（Breitbart, 2002; Mascaro, Rosen, & Morey, 2004; Wong, 1998c）などを横断する概念であるため，今後，それらの領域を包括する横断的な検討が求められる。

7章
意味システム・アプローチの検討
——人生の意味の構造の分析

> 人生はカクテル。それは，色んな分量の家族や関係性，遊びや仕事からできている。私達の探求は，（それを受け入れる用意をすべきだが），自分だけの配合を見つけることであるべきだ。私達が下す全ての決断が，この配合を変える。自分の選択から学ぶこと，そして必要なら間違いをただすことによって，各自の完璧なカクテルを見つけることができるだろう。
>
> サー・パーシヴァル・ブレイクニー（Seaman, 2005, p.13）

7-1 カクテルとしての人生の意味

　ボリス・ヴィアン（Boris Vian）の小説「日々の泡（L'Écume des jours）」の冒頭には，カクテルピアノという魅力的な楽器が登場する。この楽器の仕組みはこうである。「音符一つ一つに，アルコール，リキュール，香料などを対応させてある。ペダルの強音(フォルテ)は掻き立て卵に，弱音ペダル(ピアノ)は氷に通じている。炭酸水は，高音域での顫音(トリル)だ。分量は，持続の長さに比例してるんだ」（Vian, 1963 曾根訳 1970, p.17）。このメカニズムによって，曲を奏でるごとにオリジナルな味のカクテルができるわけだ。

　それならば，ある人が「人生」という曲をカクテルピアノで奏でるならばどうだろう。鍵盤（意味の源）を自在に行き来し（意味の幅），それぞれの和音（意味システム）が美しく調和すれば，最終的に，その人だけの

カクテル（人生の意味）を見つけることができるだろう。人生の意味についてのオンラインフォーラムに投稿した上のブレイクニーがカクテルピアノを意識していたかはわからないが，本書でも人生の意味を1つのカクテル（混合物）として捉えたい。これが，意味システム・アプローチの方法であり，ここでは，2章でも取り上げたペールマン（Pöhlmann et al., 2006）によるネットワーク図による分析法と6章で構成したモデルとを組み合わせた質的な分析を試みる。具体的には，人生の意味に関する記述について，その文章から意味の源を抽出し，それを6章で構成したモデル図の上でネットワーク図として図像化することにより，その意味システムを評価する。

　本研究は，新たな方法論への模索という位置づけであるため，それを踏まえて事例を選択する。質的研究における事例の選択方法（サンプリング）には様々な方略が存在するが（Flick, 1995 小田他訳 2002, chap. 7），本章の目的は，各事例の数量的・平均的な属性を探ることではなく，質的な違いを際立たせることによって，事例の性質の違いをわかりやすい形で示すことである。そこで，ここでは，本モデルの主たる特徴である意味の深さや一貫性および統合性の関連を示すため，パットン（Patton, 1990）の目的志向的サンプリング（ランダムに事例を選ぶのではなく，明らかにしたい事象に合わせて事例を選択すること）の提案に従って，「決定的な（critical）」事例，すなわち研究されている事象やその意味の関連が劇的に（dramatically）明らかになるような事例を取り上げることにする。そのため，ここでは社会的に大きな貢献をすることを通して，一貫した「人生の意味」（本モデルの入れ子全体）を実現し，それを明示的に語りうると認められる著名人の事例（意味のレベルも一貫性も高い事例1，2）と，「生活の意味」（個人的意味および関係的意味）が述べられた例のうち，一貫性や統合性が異なる2事例（レベルも一貫性も高くない事例3，およびレベルは高くないが一貫性は高い事例4），および，その他の事例として，ある種の意味の源が否定的に述べられている事例（事例5）をみる。これらの事例を通して，それらの特徴や差異について，本モデルを用いて説明を

試みることによってモデルの適用可能性を検討していく。

　そして，ここまでが意味システム・アプローチを検討するためのメインの部分であるが，本書では，補遺として，意味システム自体を否定する，あるいは超え出るという，無意味や脱意味の立場の事例（事例6，事例7）を取り上げる。脱意味の立場に至って，私たちは，人生の意味への問いのオメガ・ポイント（究極的な到達点）を垣間見ることになるだろう。

7-2　意味システム・アプローチの応用による語りの分析
(1)　人生の意味が述べられた事例
マグワイアの事例（事例1）

　アメリカの大衆雑誌『LIFE』の編集者のフレンドら（Friend & Editors of Life, 1991）は，世界中の各界の著名人に対して「人生の意味は何ですか？」と問い，それらを1冊の本にまとめている。ここでは，その中からとりわけ幅広い意味内容が述べられた例として，北アイルランド問題の平和的解決に取り組み，1976年にノーベル平和賞を受賞した，マイレッド・マグワイア（Mairead Maguire）の回答を取り上げる。文中の傍線および傍線中の括弧内の補足は，筆者によるものであり，括弧内は，前章の表6.1に見られるような意味の要素が述べられた部分として取り上げたことを示している。

> **Case1** マイレッド・マグワイア（市民活動家）
>
> 　私には，肉体と魂（スピリチュアリティ）があります。私は，ある時には身体的な命が奪われ，肉体が死ぬということを知っています。しかし，私の魂（スピリチュアリティ）は，神によって創造されたものであり，死ぬことはないのです。神の恩寵の力と神秘によって，神の愛の精神はどんな人の魂の中にも生きています（スピリチュアリティ・宗教的信仰）。私たちは神から愛されており，私たちは神を愛し（宗教的信仰），どんな人の中にも神の精神を見出し（スピリチュアリティ），他者

> を愛し（関係性），奉仕するため（奉仕）に創造されているのです。
>
> 　生きることに伴って与えられるたくさんの神からの贈り物（gift）（宗教的信仰）があります。しかしその中でも，自由意志（責任性）と愛（関係性）は，ひときわ優れたものです。自由意志には選択と責任が伴います。私たちは日常的に非常に重要な選択をしていかなければなりません。……
>
> 　個人的には，私は生きることを選択します。私は自分の生――すべての人の生――は，聖なる尊いものである（生そのもの）ことを知っています。このことは，私は他の人を殺してはならず，個人的，社会的な暴力を許してはならない（道徳性）ということを意味します。しかし殺すことを拒絶するだけでは十分ではありません。……積極的な非暴力を通じて，私たちは公平さのため，とりわけ，苦しみや貧困のため（道徳性）に働く（奉仕）ことができます。私たちは，真実（真理の把握）や愛（関係性）を通じて，自分自身や世界を変え（ライフワーク），愛し愛されるため（関係性）に生まれてきたことを深く理解する（理解）ことができるのです。
>
> 　　　　　　　　　　　　　（Friend et al., 1991, p.177 翻訳は筆者による）

　この事例をモデルにおいてネットワークとして図化すると，図7.1のような解釈が可能であると考えられる。

　図においては，ペールマン（Pöhlmann et al., 2006）の方法に従って，意味の要素同士の関係への言及がある部分は線で結んでいる。彼らの基準によって意味システムの構造を評定すれば以下のようになる。同じ意味の源が複数述べられているものはまとめて1つとして換算した。

① 意味の源の総数（accessibility）：10
② ネットワーク内にある意味の源の数（differentiation）：10
③ ネットワークのつながりの数（elaboration）：10

　このマグワイアの事例では，キリスト教の信仰によって与えられる人生の意味や価値が中心的に述べられている。図に示したように，「個人的意味」の次元から「宗教的／霊的意味」の次元まで，「人生の意味

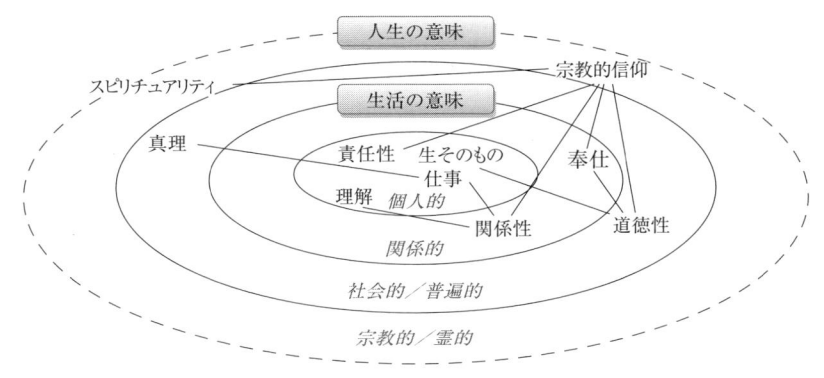

7章 意味システム・アプローチの検討

図7.1 人生の意味が述べられた事例（マグワイア）

(meaning of life)」全体にわたる幅広い領域の意味内容が見られる。そこでは，まず神への愛や信仰などが最も大きな意味として強調され，それに続いてそれらの「宗教的／霊的意味」が保証し包含するような道徳性や他者への愛，奉仕や責任性などの重要性が述べられている。ネットワークのつながり方を見ても，宗教的信仰から最も多くのつながりが出ており，それぞれの次元の意味の源へとつながっていることから，人生全体に意味を与える宗教的な信仰が，その内部の意味の要素と緊密に結びついていることがわかる。すなわち，「宗教的／霊的意味」の大きな文脈が「社会的／普遍的意味」や「関係的意味」および「個人的意味」を入れ子状に包含している。ペールマンらの基準によっても，すべての意味が緊密につなぎ合わされており，意味システムとしての一貫性や統合性も高い例といえるであろう。

ラーマンの事例（事例2）

同じく，幅広い次元の意味が述べられた事例として，次の例を見てみよう。哲学者のデュラン（Durant, 2005）は1931年に，各界の著名人100人に人生の意味についての質問を手紙で送り，その回答を本にまとめている。ここでは，1930年にノーベル物理学賞を受賞したインドの物理学者

第Ⅲ部　人生の意味のモデル構成とその応用

であるサー・チャンドラシェーカル・ヴェンカタ・ラーマンの例を取り上げる。以下がラーマンの事例（手紙の本文）である。

> **Case2　チャンドラシェーカル・ラーマン（物理学者）**
>
> 　私は，一時の喜びや明日への些細な希望だけで人生が価値あるものになると考えたことはありません。人の心はあまりにか弱く，自分自身が存在している世界の偉大な謎を見抜く（真理の把握）ことはできません。しかし，私はその謎を今よりも少しでもよく理解しようとする（理解）ことによって人生が価値あるものになると常に考えています。
> 　知的で科学的な衝動（理解）は，私の人生と活動の推進力となってきました。宗教的な儀式や教義は私にとっては重要ではありません。しかし，ブッダやキリストの教え（宗教的信仰）は，それがあまりに文字通り受け取られさえしなければ，私が認め，時の流れに淘汰されないと信じる価値があります。仕事（ライフワーク）すること，達成（目標達成）すること，他者を助ける（奉仕）ことへの欲求など，私を前進させ続ける（成長）原動力があります。自己統制し自己耽溺しないこと（自己受容）は，幸福（幸福感）の本当の源になっています。最終的に，自分自身に克つ（潜在性の実現）ということが，全世界を制覇するよりも偉大なことなのです。
>
> （Durant, 2005, p.67. 翻訳は筆者による）

この事例もネットワーク図にするならば，図7.2のようになるであろう。

また，ペールマンらの基準によって評定すれば，以下のようになる。

① 意味の源の総数（accessibility）：10
② ネットワーク内にある意味の源の数（differentiation）：7
③ ネットワークのつながりの数（elaboration）：6

このラーマンの例においては，まず世界の謎（真理）を理解しようとするという「社会的／普遍的意味」に人生の価値が置かれ，それとの関連で，自分自身の前進や成長といった「個人的意味」が強調されている。

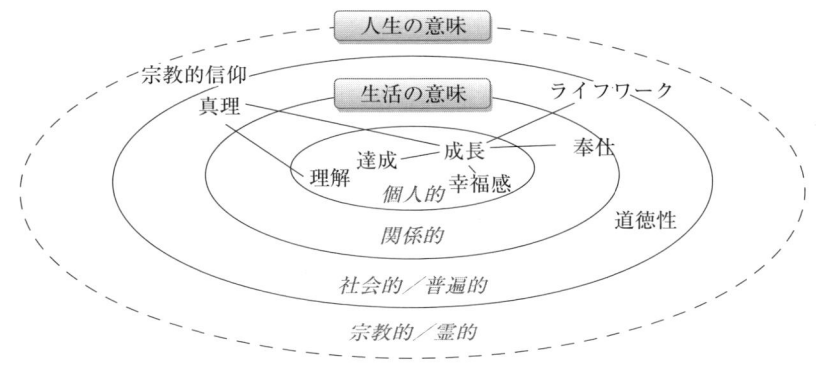

図7.2 人生の意味が述べられた事例（ラーマン）

　キリストやブッダの宗教的な教えという「宗教的／霊的意味」については，それが価値あるものとされつつも単独で述べられているだけであるが，他の意味の要素は，成長を中心に人を助けるという「関係的意味」も含められ，それぞれが緊密に結び付けられた構造になっている。最も外側の「宗教的／霊的意味」に重心はないものの，意味の源は，入れ子全体に広がっており，意味システムのネットワーク全体の一貫性（coherence）と統合性は高いといえよう。

(2) 生活の意味が述べられた事例（事例3，4）

　続いて挙げる2つの事例は，筆者の自由記述による調査で見られた日本の看護学生の事例（事例3），およびデフォーグラー－エバーソールとエバーソール（DeVogler-Ebersole & Ebersole, 1985）で最も意味が深いと判定された事例（事例4）である。それぞれの自由記述の回答は以下の通りである。括弧内および傍線は事例1と同様であるが，事例4のコロン（：）の後は，意味内容の主体を表している。

第Ⅲ部　人生の意味のモデル構成とその応用

Case3　Fさん（看護学生（20歳，女性））

（人生の最も大切な意味は？という問いに対して）楽しむため（快楽）。自分の時間の資源を自分のために使う（体験）。たとえそれが他人のための行為（関係性）であってもそれで自分の気分がよくなるため（快楽）に。何となく気分がよいときに人に優しくする。そうするとその人にとって自分はいい人になる。何かと都合がよくなる。自分のために生活できる（体験）ほど意味があると思う。

Case4　Gさん（母親（年齢不明，女性））

私の人生での最大の意味は，子どもたち（関係性：自分）が自分の人生で優れた選択をして，思いやり（関係性：子ども）と創造力（創造性：子ども）のある大人になる（成長：子ども）ことができるように，適切な知恵（価値，態度や信念）を身につけさせる（成長：子ども）ことです。私にとって，このことをするための1つの方法は，自分の潜在能力を認識し，その実現のために懸命に努力すること（潜在性の実現：自分），すなわち子どもたちにも自分自身を知らせ（理解：子ども），彼らの人間としての自分の可能性を実現させる（潜在性の実現：子ども）ために私自身を十分によく知る（理解：自分）ことです。

（DeVogler-Ebersole & Ebersole, 1985, p.308 翻訳は筆者による）

これらの事例ではいずれも「生活の意味」の次元のみに言及があることから，入れ子の「生活の意味」の領域のみを取り出して図7.3に示す。

また，これまでと同様にそれぞれの意味システムの構造を評価すると以下のようになる。

【事例3】
① 意味の源の総数（accessibility）：3
② ネットワーク内にある意味の源の数（differentiation）：2
③ ネットワークのつながりの数（elaboration）：1

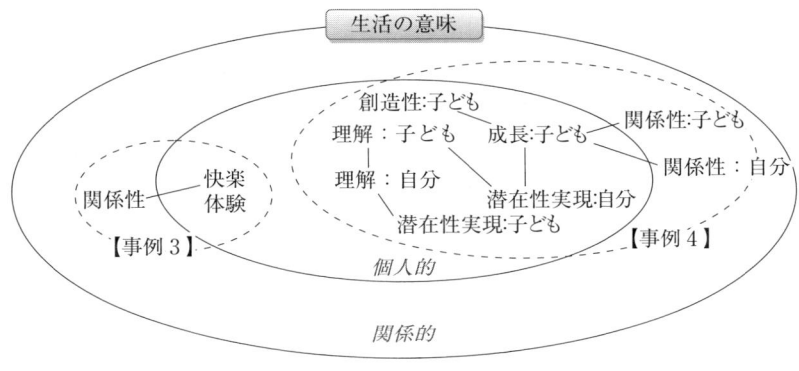

図7.3 生活の意味が述べられた事例

【事例4】（子どもの視点と自分の視点の意味の源を分けて数えている）
① 意味の源の総数（accessibility）：8
② ネットワーク内にある意味の源の数（differentiation）：8
③ ネットワークのつながりの数（elaboration）：7

この2事例とも，「社会的／普遍的意味」や「宗教的／霊的意味」に関わる内容は出てきておらず，「生活の意味（meaning in life）」の中での意味経験が述べられている。事例3では，自分自身の楽しみや体験など（「個人的意味」）が中心的に述べられており，他者との関係性（「関係的意味」）もそれらを満たすためのものとして挙げられている。一方，事例4では，自分にとっての意味と子どもにとっての意味が緊密に結びつけられ，単なる自己実現（「個人的意味」）の次元のみならず，子どもの成長や自己実現をケアする視点（「関係的意味」）が重要なものとして相互に結びつけられつつ重層的に述べられている。

これらの事例は，リーカーとウォン（Reker & Wong, 1988）の意味の深さに関する4つのレベルの概念では，レベル1と2あるいは3の一部に相当する内容しか述べられておらず，「あまりレベルが高くない（意味が浅い）」と判定されるであろう。実際，事例3は事例1と比べ，意味システムとしても一貫性や統合性は低いと判定されるであろう。また，オ

コナーとチェンバレンは,社会的なものや国際的なものに言及されない例では,記述や語りが短いものが多いと指摘している(O' Connor & Chamberlain, 1996)。しかし,事例4に見られるように,「個人的意味」や「関係的意味」の範囲内においても,差異化され,一貫性のある緊密なネットワークは構築しうると思われる。逆に,前章でも少し述べたが,リーカーとウォンのレベル3や4の意味内容が出てきた場合でも,その内部の意味システムに一貫性がなければ,統合された深いレベルの意味とはいえないであろう。この点から,意味の深さという概念は単線的に捉えるのではなく,ネットワークとしての意味システムのあり方からも考えることが妥当であるといえよう。

(3) その他の事例
否定的な意味の源も述べられている事例(事例5)

ここまでは,人生の意味の源が比較的明示的に述べられている事例を取り上げてきた。しかしながら,「人生の意味は何ですか?」という問いに対して自然になされた回答において,意味の源が直接の形で述べられることはそれほど多くない。たとえば,単一の意味の源が詳細に述べられていたり[*1],1つの意味の源に集約して述べられたりする場合[*2]は,意味システム・アプローチでその記述のみから図像化することは難しいだろう。

---

*1 たとえば次のような例である。

「意味ある人生を生きるために,そして人生に誠実であるためには,人は人生を形成し,支えているもの——とりわけご先祖様や自然そのものと,様々な地位で暮らしている人々——に感謝をしてきた。このようなつとめは,宇宙が始まった後に二人の人間の形に似た神が現れ,他の多くの神や自然,大地や日本の人々を生み出したという神道の信条からきている。(中略)私たちは,先祖の努力によってこの地球にいるのだ。私たちは過去に感謝して人生を生きなければならず,ちょうどご先祖様がしてきたように,われわれの子孫にも私たちの意志を伝えていかなければならない。このやり方で人生の意味はたとえ地球や人類がいつか未来に消え去ろうとも,満たされるのである。」(上田賢治,日本の神道学者)(Friend et al., 1991, p.180 翻訳は筆者による)。

この例では,表6.2の分類の中のジェネラティヴィティに相当する,先祖からの子孫への意志の継承が強調されており,その他の意味の源は明示的には述べられていない。

また，ある種の意味の源を否定し，それと対照的な意味の源を重視するという事例もよく見られる。以下は，1986年にノーベル賞生理学・医学賞を受賞した神経学者であり，2012年末に他界したリータ・レーヴィ-モンタルチーニの例である。これまでの事例と同じく，括弧内は意味の源であるが，一部は，表6.1の分類に見出されている意味の源にはない否定的な意味の源もある。

> Case5 リータ・レーヴィ-モンタルチーニ（神経学者）
>
> 　私達はこの問いを自分自身に問わなければなりません。私達はここにいるのだから——そして聞きたくなければ誰も聞かないのですが——私達はそれに対して何をすべきでしょうか？
>
> 　私達は，この難しい，しかし途方もない体験を存分に味わい（体験），自分自身や旅の道連れと仲良く暮らすこと（関係性）に努めなければなりません。私達は，はるかに重大な問題に立ち向かうことに思考と努力を注ぎ込む代わりに大きな利益を得ることができるのに，自分自身への過度の懸念や心配をすること（自己没入）からたいていの不幸が生じることを理解しなければなりません。
>
> 　人間の大部分がとてつもない苦難と飢餓の中を生きている一方で，一部のマイノリティが過度の快適さ（快楽）のみならず贅沢（獲得）を楽しんでいます。この世界で幸福を見出すことができるのは，形あるものの所有（獲得）を通してではない，ということを人々が悟ることが，私の望みです。ただもっと偉大な社会の問題へ関与すること（社会への貢献）によってのみ，自分自身の幸福（幸福感）や，少なくとも調和（自己受容）を達成することができるのです。
>
> 　　　　　　　　　　　　　（Friend et al., 1991, p.86 翻訳は筆者による）

図7.4でこの事例を図示しておく。

＊2　たとえば次のような例である。
　「あなたのご要望におこたえするには，E・M・フォースターの「ただ関わる（only connect）」という言葉がぴったりだと思います」（グレンダ・ジャクソン，イギリスの政治家・女優）(Gabay, 1995 長野訳 1997, p.104)。なお，このように他者の言葉の引用による回答も多数見られる。

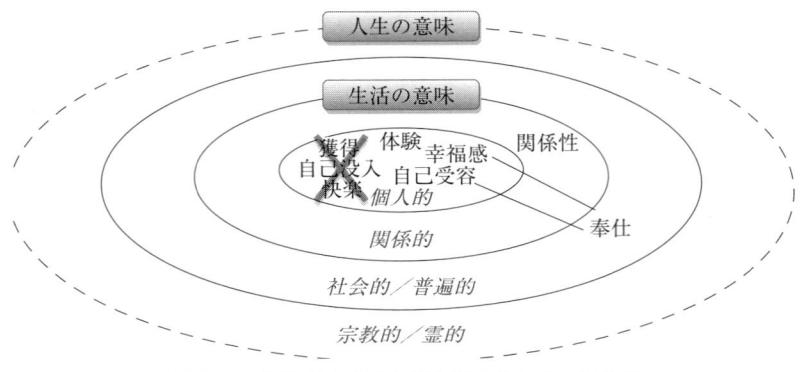

第Ⅲ部　人生の意味のモデル構成とその応用

図7.4　否定的な意味の源も述べられている事例

　また，この事例における意味システムの評価は次の通りである。価値が否定されている意味の源は，意味の源の総数（accessibility）には含めていない。

① 意味の源の総数（accessibility）： 5
② ネットワーク内にある意味の源の数（differentiation）： 3
③ ネットワークのつながりの数（elaboration）： 2

　この事例において，体験や幸福感といった特定の「個人的意味」が，他者との関係性（「関係的意味」）や，社会の貢献（「社会的／普遍的意味」）と並んで重視されている一方で，同じく「個人的意味」の源として述べられている快楽や獲得，自己没入などは，人生を意味あるものにしないという見解が述べられている。このような事例は，「理想的に意味のある人生（ideally meaningful life）」（Wong, 1998a）が語られるときに，それぞれの層のどのような意味の源同士が結ばれやすいのかを示しているといえる。
　しかしながら，この事例5では，否定的な意味との対比が主に述べられているため，肯定的に述べられている意味の源についての記述量自体は少なく，意味システムの評価はそれほど高くないということになってしまう。このように，調査データではない記述を検討する場合，意味シス

248

7章 意味システム・アプローチの検討

テムの評価には，記述量が大きく反映されるという問題点もあるだろう。

無意味を主張する事例（事例6）

次に見ていく2例は，意味システム・アプローチが適用できない例である。以下の事例は，4章で行ったインタビュー調査でのEさんの語りである。以下には，4章で取り上げた内容も含まれているが，もう一度，このモデルで捉え直してみる。下線部は，キーとなる言葉およびモデルにおける2つの次元（「人生の意味」と「生活の意味」）について言及されている部分である。

Case6 Eさん（大学生5回生，22歳）

ただ生きてるっていうのは苦痛じゃないですか。だから，その，そういう風に認識しちゃったら，生きる目的がなくて苦しいんで，じゃあ，一体どういう目的を見出して生きていけばいいのかなっていうのは，最初によく考えたんですよ。で，それで，最初に考えたのは，まあよくいわれていることですけども，意味とか価値（人生の意味）とかがないからこそ，自分の意味とか価値（生活の意味）とかを見出して，それにしたがって生きていったらいい，っていう。それが高校のときぐらいですけど，それを考えたんですけども，なんか思うのは，それもおかしいんじゃないかと。やっぱり，自分で意味とか価値（生活の意味）とかを見出したとしても，やっぱり結局それには意味も価値（人生の意味）もないわけだから，やっぱり，ただ自己満足みたいな感じで生きてるだけなんじゃないかっていう，ことを思って。だから結局その自分で意味とか価値（生活の意味）とかを見出すわけでもないっていうのを，なんとなくその，理解しだして…（生きる意味がないと言い切れるのは）やっぱりその，生きる目的とか意義っていう概念も，概念自体がその人間が作り出したものであって，その人間がいつかは死滅しちゃうからじゃないでしょうか…外から与えられる意味（人生の意味）も，自分で見出す意味（生活の意味）も，何もかもがないっていうことなんじゃないでしょうか。

ここには，人生が無意味であるという考え方とともに，人生の意味に対する考え方の変遷が語られている。ここで，高校生の頃には，「人生の意味」があるのかを考え，暫定的な結論として，自分で見出す「生活の意味」（むしろ meaning in life という英語のほうが当てはまりがよいかもしれない）があればよいという立場に落ち着こうとしたものの，結局生活の意味を包み込むより大きな文脈における意味を見出すことができず，両方を否定すべきであるという結論に至ったと語られている。すなわち，本モデルの意味の部分全体を否定し，無意味という影の部分を肯定するという立場である。この例にも表れているように，無意味を主張する立場においては，与えられる意味や発見される意味の反転として無意味が語られているという点で，人生の意味の否定は，人生の意味そのものに対する考え方を反映しているといえるだろう。

脱意味を主張する事例（事例7）

　さて，さらに話を進めて，最後に人生の意味，生活の意味のみならず，無意味さえ超える立場を見てみよう。以下は，インド生まれの宗教的哲人・思想家であったジッドゥ・クリシュナムルティ（Jiddu Krishnamurti）が1976年9月5日に行った講話からの抜粋である。

> **Case7　ジッドゥ・クリシュナムルティ（思想家）**
>
> 　私たちは人生の意味と意義は何かと，そこにはそもそも意味があるのかどうかということを問うています。もしもあなたが<u>ある（人生の意味）</u>と言えば，あなたはすでに何かに与したことになり，だからあなたは吟味できなくなるのです。あなたはもう歪曲から事を始めたことになるのです。同様に，もしもあなたが<u>人生に意味などない（無意味）</u>と言えば，それもまた別種の歪曲です。ですから，人は積極的な主張からも否定的な主張からも，どちらからも完全に自由でいなければならないのです。
>
> （Krishnamurti, 1991 2006, p.264）

この事例では，人生の意味を認める立場と人生の意味がないという立場のどちらもが歪曲であり，精神の自由を妨げるものであるということが語られている。本モデルの人生の意味の部分のみならず，影である無意味の部分も，意味への問いの出発点としては否定されているわけである。この講話において，彼は次のように主張する。宗教は人生の意味を提供しようとしてきたが，これらは組織化された，プロパガンダ化された，儀式的な宗教であり，表面的なものであった。私たちは，司教やグルや，哲学的な概念に頼るのではなく，何も主張せず，何も信じず，何の理想ももたず，ただ非常に深く観察して，自分で意味を発見しなければならない。そのためには歪みのない静寂をもたらす瞑想が必要であり，その静寂の中では，人生に意味があるのか，ないのか，という問いを持つことは決してない。

このようにクリシュナムルティは，要するに「人生に意味はあるのか，ないのか」という問い自体が，（言語学志向の哲学とは異なる意味で）無意味であるということを言っているのだが，意味を問うこと・吟味すること自体を否定しているわけではない。では，人生の意味の有無を問題にせずに人生の意味を吟味するとはどういうことか。それは，すなわち「あるがまま」ということになるのだが，このような主張は，1章の脱意味の例で見たような，東西の黙想を重視する伝統の共通の見解であるといえるだろう。

いずれにしても，意味，無意味という分別を超えた視点は，ある種の人生の意味への問いのオメガ・ポイントといえるのかもしれない。

7-3 人生の意味を包括的・多次元的に捉えるモデルとして

今回の事例の検討は初めての試みであるが，意味の要素とそれらの結びつきを見るという意味システム・アプローチの観点によって，個人がいかに人生の意味を構築しているかということをより明確に把握することができると思われる。その際，本モデルのように，意味の要素の次元

も考慮し，人生の意味の立場を多次元的に把握することによって，これまで内容が並列されるだけであった従来の研究の枠組みを超え，より詳細に人生観の質的な多様性を問題にすることができるであろう。また，ペールマンらのように，要素の数やつながりの本数によって定量的な分析の材料とすることも可能である。

ただし，このような意味システムの構造を掬い上げるためには研究方法に工夫を要するであろう。ペールマンらは回答時間を区切って意味の要素の関連を具体的に記述させ，それらのランク付けを求めているが，質問紙による自由記述などの条件により制限がある場合，このように有効な回答が得られるようにすることが必要である。インタビューによって豊富な語りが得られる場合は分析方法も多様になりうるが，個人にとって重要な価値観や，その意味づけのあり方を詳細に聞くことができるようなインタビューを設定する必要があろう。

また，このようなアプローチは，単に個人の人生観を捉えるための研究法としてのみならず，人生の意味の（再）構成を支援する方法論としても有効になるかもしれない。普段私たちが意識している人生の意味の源はごく一部だが，5章で開発した意味の源に関する尺度（IMI）の項目のように，一般の人が意味を経験する源は多くある。一貫した人生の意味を経験している人の中では，これらは単にそれぞれが独立して経験されているのではなく，それぞれが水平的に，あるいは垂直的に関係しあっているはずである（Sheldon & Kasser, 1995）。そしてこのアプローチに示したような形で自分の人生の意味を捉えること，さらには，自分の現在の意味システムを把握し，自分の意味の源への興味を深めて，より分厚い意味システムを成長させていくことによって，人は自分がそれに打ち込み，それによって意味を経験することができるような意味システムを見出すことができるかもしれない。このような意味システムによって，ナカムラとチクセントミハイのいう，バイタル・エンゲージメント（vital engagement），すなわち「フローの経験（没入の楽しみ）と意味（主観的意義）の両方によって特徴づけられる世界との関係」（Nakamura & Csikszentmihalyi, 2003, p.87）を活性化させることができるだろう。将来的には，本モデルやアプローチをそのような意味の（再）構成を支援する方法として用いることができるように発展させていきたいところである。

Topic 5

宗教と人生の意味

  めぐまれた　よい生れと資質
  益々順調に
  声望いよいよ高く
  更に世のため　人の為
  心して努めれば
  幸せな一生となる

　これは，以前筆者が近所の神社で引いた大吉のおみくじである。ここには，6章で構成した人生の意味の場所（トポス）モデルのそれぞれの次元が，「世のため（社会的／普遍的意味）」「人のため（関係的意味）」「心して努めれば（個人的意味）」という形で並べられており，「神様からのご託宣（宗教的／霊的意味）」が「幸せな一生となる」ことを保証するという形になっている。

　このおみくじが示しているように，どの宗教においても，それぞれの人へ人生の意味を与えることが最も根幹の役割である（たとえば Pargament, 2002）。人は宗教によって「人生の意味を納得すると同時にまた，意味の発見へと動機づけられ，過去と現在を受容すると同時にまた，未来の創出へと励まされ」（脇本，1997），生きていくための動機づけを維持することが容易になる。

　そして，自明のことであるが，宗教は，神や仏などの聖なる次元のことのみを説いているわけではない。宗教は非常に具体的な日常のふるまいから身近な他者への配慮，そして宗教的な道徳が守られた共同体のことを含みつつ，それらの意味を保証するための宗教的な教義を有している。そのような包括的な世界観とそれに基づいた人生観を提示している

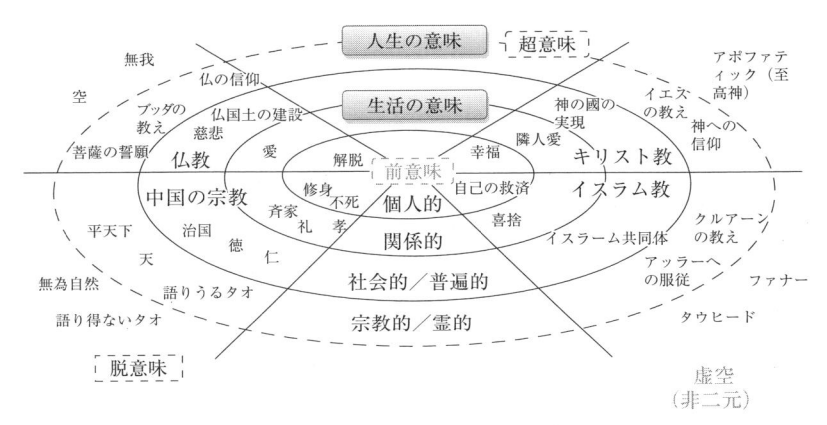

```
                        ┌人生の意味┐ ┌超意味┐
        無我    仏の信仰              神の國の        アポファティック(至高神)
    空    ブッダの  仏国土の建設  ┌生活の意味┐  実現       イエスの教え
        教え  慈悲              幸福  隣人愛        神への信仰
    菩薩の誓願          解脱 ┌前意味┐
            仏教        修身  不死      キリスト教
           中国の宗教   斉家  礼  孝  個人的  自己の救済  イスラム教
                      治国  徳  仁    関係的    喜捨    クルアーンの教え
        平天下                              イスラーム共同体
                 天                                    アッラーへの服従
    無為自然              社会的/普遍的                        ファナー
         語りうるタオ                                タウヒード
      語り得ないタオ         宗教的/霊的
    ┌脱意味┐                                    虚空
                                              (非二元)
```

図　諸宗教における人生の意味

からこそ，宗教は普遍的な役割を担ってきたのである。そしてさらには，それぞれの宗教は，（往々にして異端視されながらも）いわゆる神秘主義的な側面も持ち合わせている。仏教の空や無我などは私たちになじみのものかもしれないが，キリスト教における様々な神秘主義，イスラム教のスーフィズム，道教におけるタオなどでも，二元論を超え，偶像的な神を超越あるいは脱落した無形の神性と合一する境地こそが宗教の神髄であるということが説かれてきた。

　これらは，6章で構成した意味の入れ子モデルで上図のような形で捉えることができるかもしれない。ここでは，代表的なものとして，キリスト教，仏教，イスラム教，中国の宗教についてモデル化している（図）。

　図に示している各用語は，それぞれ多様な意味を持っており，かつ宗派や時代や国によって異なる意味で用いられるために，必ずしも1つの領域に収まらない意味合いを持っているが，ここでは便宜的にそれぞれを各意味の次元にマッピングしている。

　ここに示した多次元的な意味の源はそれぞれの宗教・宗派に繰り返し表現されてきた。たとえば，最も古い仏教聖典の1つとされる「ブッダのことば（スッタニパータ）」（中村訳1984）の「こよなき幸せ」（pp.57-59）の節を見ても，学識や技術を身につけること，妻子や親族を愛し護るこ

と，徳行をゆるがせにしないことなど，幸福をもたらす源泉について，多次元的な人生観，世界観が説かれている（生活の意味，人生の意味）。さらには，この世にもあの世にも執着することなく，他人への愛着を捨てて「犀の角のようにただ独り歩め」とも説かれる（脱意味）。儒教における「修身斉下治国平天下」なども，このような入れ子を一連なりにまとめた言葉とみることができる。

　また宗派によっては，どこに重心が置かれるのか，言い換えれば，どこを出発点にして人生の意味が説かれるのかは異なってくるであろう。上座部仏教と大乗仏教は，一般にそれぞれ個人の悟り，すなわち「知恵」を目指すのか，一切衆生の救済を目指す，すなわち「慈悲」を目指すのかが違いであるといわれる。西洋の伝統では，それらはそれぞれエロスとアガペーに対応するといえるかもしれない。ウィルバーはこれらをそれぞれ上昇と下降としてまとめている（Wilber, 1995 松永 1998）。いずれにしても，一般に「超越」と「内在」としてまとめられるこれらの「存在の大いなる連鎖」（Lovejoy, 1964 内藤訳 1975）が信仰の中で統合され調和しているとき，人は宗教から確固たる人生の意味を与えられるといえるだろう。

終章
人生の意味のさらなる探求のために

> この生きる意味は，われわれがそこから後戻りすることができず，むしろそれを引き受けねばならない城壁である。われわれがこの究極の意味を受けいれねばならないのは，その背後に回って問うことができないからである。というのも存在の意味についての問いに答えようとする試みには，意味の存在がいつもすでに前提とされているからである。要するに，人間の意味信仰は，カントに即して言えば，超越論的なカテゴリーなのである。
>
> フランクル（Frankl, 2005 山田監訳 2011, p.451）

1　心理学で人生の意味を取り上げる意味とは何か？

　ここまで，様々な形で人生の意味について検討してきたが，実は，人生の意味という問題に対して我々が受け入れなければならない自明の答えはすでに出ている。それは，すなわち，私たちには，究極的には「知りえない」ということだ。フランクルが言うように，私たちは，人生の意味をその背後に回って問うことができない。背後というのは，すなわち，生誕から死までを「線分」（青木, 2005）として見たときの，線分の外側のことでもある。私たちが，自分の人生全体，あるいは人類の営為すべてを意味あるものとして正当化するためには，わずか数十年という人生の線分や，たかだか数万年の人類の営為の線分の外側へ超越した視点を持たなければならないが，当然，そのような視点を私たちは持つこ

とができない．人類が跡形もなく滅亡し，赤色巨星となった太陽に地球が飲み込まれた後の世界において，その何十億年か前に人類が起こした一瞬の騒ぎに意味や価値があったかどうか，現在の私たちが判断することは不可能である．もし，正当化の連鎖という形で人生の意味を捉えようとすれば，無限の時空間に拡張する無限背進は避けられず，私たちが究極的な知に達することは決してない，ということになる．

　だが，この自明の事実よりももっと重要な事実を付け足さなければならない．それは，私たちの多くは，人生の意味を「知りえない」ということを知りながらも，意味を問うことを免れることができないということである．私たちは，哲学的にも（Camus, 1942 清水訳 1969; Nagel, 1986），心理学的にも（Bering, 2011 鈴木訳 2012; Frankl, 1972 山田監訳 2005; Humphrey, 2011 柴田訳 2012），さらには脳科学的にも（Newberg, d'Aquili, & Rause, 2001 茂木監訳 2003; Thagard, 2010），生きながら，「生きることの意味」を問わずにはいられない存在（鷲田, 2008）である．それが，フランクルの言う「意味への意志」であり，まさにこれが，心理学で人生の意味を取り上げることの「意味」である．本書の前半で述べたように，心理学では，「人生の意味とは何か」という問いをそのままに扱うことはなく，あくまで意味を問う人間に焦点が当てられてきた．そこでは，意味があると確信することが，心理的健康にとって重要であるということや，意味を喪失することが，様々な心理的リスクを生むということ，そして，人が様々な意味の源を持ちうるということなどに関する証拠が集められてきた．心理学は，これらの研究によって，生きながら生きる意味を問い，答えようとする人間の動機や感情に関する知見を提供してきたのである．

　そして，本書では，そのような流れに従った検討を行いつつも，哲学における人生の意味論とそれらを融合するという試みを行ってきた．その試みがどれほど成功しているか，心許ないところではあるが，ここから，本書で明らかにできたことと残された課題を検討し，人生の意味のさらなる探求のために何ができるかということを見て本書を終えたい．

2 本書で得られた知見とその意義

(1) 人生の意味の概念の明確化

本書では，これまでの心理学では十分に整理されてこなかった人生の意味の概念的な問題について，哲学的・人間学的な論考を整理しつつも，それらの論考とこれまでの心理学で得られてきた知見を整合的に結ぶモデルを構成した。この試みによって，先行研究で暗黙に前提とされていた理論的背景を明示化し，従来の知見をメタ的な視点から捉え直すことができたといえる。

モデルでは，これまで並列的に捉えられがちであった人生の意味の内容（人生の意味の源）を多次元的に捉え直している。このような捉え方によって，従来の心理学の理論で問題とされてきた意味の深さなどの質的な次元の違いを，より整合的に捉えることができると思われる。今後，このモデルの妥当性を，理論と知見および実践の各観点から見直しつつ精緻化していきたいところである。

(2) 新たな方法論の発展

本書では，人生の意味を測るための尺度として，これまでの研究で用いられてきた尺度の問題や課題を踏まえた実存的空虚尺度（EVS）と，Important Meaning Index（IMI）という2つの尺度を作成した。

EVS は，従来，実存的空虚あるいは実存的欲求不満を測定する尺度として用いられてきた PIL に指摘されてきた問題点を踏まえて作成されたものである。因子分析の結果得られた「実存的空虚観」と「実存的空虚感」という認知的側面と情動的側面の2つは，還元主義的な世界観（ニヒリズム）が，生活の中で感じる空虚感を助長するというフランクルの理論（たとえば Frankl, 1972 山田監訳 2004）に対応しており，概念的妥当性も高いといえる。

一方，IMI は，これまで個々になされてきた知見を収集した上で構成した意味の源についての尺度であり，先行研究の同様の尺度よりも，網

羅的な内容の尺度である。また，単に意味の源をどれだけ保有しているかという側面だけでなく，それぞれの意味の源について，スティーガー（Steger et al., 2006）が提示した意味の保有（実現）と追求の2側面を同時に測定することができるという点は，従来の尺度の概念的・方法論的問題を解決したものである。

　これらの尺度については，さらなる妥当性・信頼性の検討が必要であるが，今後，このように，従来の尺度の問題点を踏まえた尺度の精緻化が望まれるところである。

　また，本研究では質的モデル構成を通して，新たなモデル構成の方法論を提示した。この方法論は，近年注目されつつある「質的メタ統合（qualitative meta-synthesis）」や「質的メタ分析（qualitative meta-analysis）」と同様に，質的研究の知見の統合による新たな解釈の枠組みを提示することを目指すものであるが，従来のメタ化の観点に加え，理論とデータの双方を媒介する点や，言語主体の理論構築ではなく，図像によるモデルを構成している点において，やまだ（2002, 2009）の質的方法論によるモデル構成の方法論を継承する独自の試みであるといえる。

　このモデルの有効性を検証することも目的として，本研究ではさらに意味システム・アプローチも発展させることを試みた。意味システム・アプローチでは，ネットワーク図の分析や文章完成法などを通して，人生の意味の一貫性や複雑性などを質的方法と量的方法の双方から分析することを目指している。本研究では，意味の次元も視野に入れたネットワーク図を作成する方法論を提唱し，その有効性の一端を確認した。

　これまでの研究では，意味の深さ（レベル）については，リーカーとウォン（Reker & Wong, 1988）のように，レベル1からレベル4まで，ある意味単線的に次元が深まるという捉え方と，デフォーグラーーエバーソールとエバーソール（DeVogler-Ebersole & Ebersole, 1985）のように，複雑で個性的な意味を深いとする捉え方があったが，本研究では，これらの観点に意味システム・アプローチの観点を加え，意味の深まりを意味の次元の変容と意味の複雑性の双方を，意味システムの構造として記述

することによって，双方の捉え方を統合したものである。

　このように，本研究では，量的尺度の構成と質的モデルの構成の2つを試みる中で，従来の方法論を補完・発展させてきた。このような多様なアプローチは，この領域の臨床的な支援を含めた実践的なアプローチの発展に寄与するところもあるだろう。それが次の点である。

(3) 臨床的・実践的なモデルの提示

　6章で構成したモデルは，従来の理論的概念や研究知見を総合的に捉えなおすことを主たる目的として構成されたものであるが，同時に臨床的・実践的観点からの有効性もあるかもしれない。このモデルは「人生の意味」という概念の意味するところが多様であり，個人が拠って立つ原理によって人生の意味の経験にも多様な次元がありうること，したがって恣意的に意味を限定してその有無を論じるべきではないこと，などについて具体的な示唆を与えている。

　人生の意味が問題とされるとき，「意味」という語が使用される文脈は一般的にも学問的にも多様であるが，往々にして「意味」の意味は恣意的に限定され，その限定された観点から人生の意味の意味が定義されることが多かった（このような批判の例として森岡，2001など）。さらには，その定義内での意味の有無が問題にされ，「人生の意味は〜である」（原理主義的な宗教など），あるいは「人生には意味などない」（実存主義，ニヒリズム，ポストモダンの相対主義的立場など）という主張がなされることとなる。特定の人生の意味が固定化・絶対化されるとき，場合によってはそれ以外の人生の意味が否定され，カルト問題に見られるように，その特定の意味を実現しようとするために反社会的な行為が容認されてしまうこともあるだろう。また人生の意味がないという主張によって，むなしさ，意味喪失感，自殺念慮が助長されてしまうという例は枚挙に暇がない（たとえば藤井・宮台，2003; Orbach, 2008; Tolstoy, 2000）。

　しかし，本モデルで示したように，理論的な観点によっても実証的な研究知見によっても，実際には人生の意味は多次元的な概念であり，意

味は多様な源から得られうるものであるため，単純にその有無を問題とすることはできないと考えるべきであろう。無意味さの感覚に陥るのは，個人が意味の多様性を見失い，ある特定の意味の文脈に囚われてしまうことによる場合が多いと考えられる。そのような人生の意味の文脈の固定化，狭隘化の様相を明らかにすることは，臨床領域においても重要であると思われる。その際，2章やトピック4で紹介した個人の世界観を評価するレオンチェフ（Leontiev, 2007a）の「究極的意味技法（Ultimate Meanings Technique）」や，「意味管理理論（meaning management theory）」（Wong, 2008a）に基づいた「意味中心カウンセリング・心理療法（meaning-centered counseling and therapy: MCCT）・意味療法（meaning therapy）」（Wong, 1998b, 2008b, 2010, 2012）のような方法論（すぐ後にもう少し詳しく取り上げる）なども応用しつつ，個人の意味システムのあり方を明らかにし，新たな意味発見への洞察を深めることが有効であろう。たとえば，レオンチェフは，トピック4でも述べたように，意味の木（meaning tree）を描くことによって，「意味カタルシス（meaning catharsis）」が起こる可能性を示唆している。また，ウォンは，人生の意味についてのソクラテス式問答の材料として，自身が開発した Personal Meaning Profile（PMP）を用いることによって，目標設定や現実の吟味を行う方法などを提案している（Wong, 2012）。これらの方法と同様に，本モデルや本書で作成した尺度を，まさに多様な人生観をそこに投影することができる「モデル」として用いることによって，新たな意味の可能性に気づき，実存的な洞察を得るために用いることができるかもしれない。具体的な方法としては，IMIを用いて個人が追求している意味や実現している意味の源を同定し，それを元に（7章で行ったように）意味システムのネットワーク図をモデル上で作成することによって，自分が暗黙に持っていた人生観を把握し，新たな意味のつながりの可能性を検討するという手続きが考えられるであろう。筆者はすでに現在，このような方法論の予備的検討を始めているところである。

3 人生の意味の心理学の未来

(1) 隣接領域との概念統合

　人生の意味の心理学的研究は，一定の独立した流れを築いてきたといえる。しかし，人生の意味の概念は，その概念の深さおよび幅の広さの点で他の心理学的諸概念とも広くかつ密接に関連している。

　たとえば，人生に意味を与える諸要素については，2章でも少し述べた通り，オルポートら（Allport, Vernon, & Lindzey, 1951）やモリス（Morris, 1956）などに端を発する価値研究（人が重要視する諸価値についての研究）と重なるところがかなり大きい。この価値研究に関しては，ロカーチ（Rokeach, 1973）やシュウォーツによる一連の研究（たとえば Schwartz, 1992; Schwartz & Bilsky, 1987）などが代表的であるが，それらの研究で見出されている価値のカテゴリーと人生の意味の源はかなり共通した内容が多い。また，生活の質（Quality of Life: QOL）概念についても，人生の目的や意味は，下位概念として用いられることが多い（たとえば Sterkenberg, King, & Woodward, 1996; Veenhoven, 2000; Ventegodt, Merrick, & Andersen, 2003）。その一方で，QOLと人生の意味について，それぞれの尺度が用いられて関連が検討されることもある（たとえば Park, Malone, Suresh, Bliss, & Rosen, 2008; Tali, Adiel, & Marc, 2009）。ウェルビーイングについても，その領域（domain）については，諸研究で人生の意味の源とほぼ重なる要素が見出されている。

　また，2章でも少し述べたように，意味の構成要素（認知・動機・情動）については，そのすべてを人生の意味に特有の心理的現象として捉えるべきかについては議論が分かれている。特に情動的な側面については，人生の意味という概念で説明する特定の位置（あるいは意義）を見出すことは難しい。これまで数多く提示されてきた感情や満足感についての理論モデルおよび変数と，たとえば「意味深さ（meaningfulness）」をどのように区別するか，ということについては，自尊感情や自己効力感と同一視する見方もあり（たとえば Baumeister, 1991），結局のところ，ポジ

ティブ感情と人生の意味の概念は特に区別する必要がないのではないか，という議論もある。しかし，ポジティブ感情が生起しなくとも，人生の意味が満たされることはありうる（たとえば Frankl, 1963; Ryff & Singer, 1998）。特に，フランクルが提起した態度価値は，避けがたい苦しみによってこそ満たされうるものであり，人生の意味の問題が単なる情動的な快適さのみで説明しえないとされる（Frankl, 1963）。また，フランクルは，意味感と意味を区別し，たとえ LSD（幻覚剤）の服用によって世界が意味に満たされたように感じても，それは意味感であり，意味ではないと述べ，それによって意味への意志が満たされることはない，と指摘している（Frankl, 1972 山田監訳 2004, p.26）。

このような理論的問題が残されているにも関わらず，実はそれらの重なりを自覚しつつ概念化および実証的検討を行う研究者は少ない。もっとも，近年，ポジティブ心理学の隆盛によって，それらの概念的問題が徐々に検討されるようになってきているが（たとえば Snyder & Lopez, 2009; Wong, 2011），人生の意味はその中でも特にルーズに扱われている概念の1つかもしれない。隣接概念との重なりや相互包摂の側面があるのはむしろ当然であるが，人生の意味という理論的視座によって，何が見えやすくなり，それぞれの心理的現象を整合的に位置づけることができるのかという点から理論モデルの精緻化を目指すべきであろう。

(2) 尺度研究の限界

2章で概観した通り，人生の意味に関する心理学的研究の大半は，質問紙調査によるものであった。しかも，それらの研究の多くで使用されている PIL を代表とする尺度は，これまで問題が指摘されているにも関わらず使用されてきたものである。この点について，たとえばスティーガー（Steger, 2009）は，PIL と抑うつの関連がいくら検討されようとも，PIL が抑うつとかなり重なる概念を検討しているため，あまり有益な結果を導き出すことができない，と指摘している。

また，このような尺度の妥当性の問題のみならず，質問紙調査による

方法自体の限界も存在する。すなわち，このようなアプローチによって，人生の意味についての調査協力者の主観や関心に基づいた尺度得点の評価が可能になったが，そもそもその人がいかにそのような評価をするに至ったのか，という問題である。

その点，人がいかなる文脈で，人生の意味を発見あるいは創造しているのか，ということを見る上で，ナラティヴ・アプローチは非常に有効な方法であるといえる（徳田, 2000）。また，このアプローチは，我が国でも独自の研究が早くから蓄積されつつあり，様々な方法論や視点が提示されている（たとえばやまだ, 1986, 1987；やまだ・南・サトウ, 2001）。今後，このアプローチは，人生の意味の心理学においても盛んに用いられることになるであろう。

ただし，ここで留意しておくべきことは，人生の意味の概念は，これまでのナラティヴ・アプローチでなされてきた，いわゆる「生の意味づけ」についての研究の一部分にすぎないということである。ナラティヴ・アプローチでは，個別具体的な文脈における語り手の（あるいは聞き手と語り手の相互作用の中での）意味づけを広く取り上げてきた。しかし，一般的に（あるいは哲学においても）「人生の意味」という語が単体で使われるときの意味は，多分に，グローバルな意味（たとえばPark & Folkman, 1997），あるいは，1章でも取り上げたシークリス（Seachris, 2009）の用語を用いるならば，「$Narrative_{ER}$」すなわち，実存的な問題に関連した文脈に特化した意味であることが多いといえる。

本書でも，4章において，意味への問いについて，ナラティヴ・アプローチの方法論を用いた検討をおこなったが，今後は，個別具体的な文脈をより詳細に辿ることによって，それぞれの文脈における「意味の独自性」（Frankl, 1969 大沢訳 1979）にアプローチすることも必要であろう。

(3) 多様な領域での基礎づけと応用

度々指摘してきた通り，本研究で主題としてきた人生の意味の概念は，主流の心理学においては背景的に扱われてきた。しかし，逆に言うなれ

ば，多くの領域に理論的・実践的示唆を提供する発展的可能性を持った領域であると見ることもできる。

　おそらく，今後，この概念が最も積極的に検討されていくのは，ポジティブ心理学の領域であろう。2000年以降，ポジティブ心理学の隆盛によって，人生の意味の概念も含め，哲学や倫理学の領域で扱われてきた概念に注目が集まるようになったが，いまだそれぞれの概念が十分に吟味された上で扱われているとはいえず，各研究の視点や方法論の多様性の中で，定義も拡散しているきらいがある。今後は，本書で試みてきたように，これまで乖離してきた理論と実証を結びつつ，人生の意味が有する独自の心理的構造と機能を同定していくことが必要である。

　ポジティブ心理学以外の領域でも，生涯発達心理学，文化心理学，死生学，臨床心理学など，幅広い領域において，人生の意味の概念が関連するところは多く，またその試みの萌芽もすでに各領域に見出すことができる。

　死生学では，たとえば近年では，意味再構成理論（川島, 2008）をその基礎に据えた「ナラティヴ死生学」が川島（2011）によって構想され，これまでの死生学では十分に検討されてこなかった当事者の意味世界に迫るための理論的・方法論的基盤の構築が目指されている。生の意味は死の意味を照らし出し，また死の意味は生の意味を逆照射する側面があるとすれば，具体的な文脈を詳細に辿ることによって，当事者の意味世界に迫ろうとするこのアプローチが人生の意味の心理学に与える示唆は大きいであろう。

　また，死生学とは距離を置きつつも，同じく死に関する独自の理論として発展してきた「恐怖（存在脅威）管理理論（terror management theory）」および，それを含む領域としての「実験実存心理学（experimental existential psychology）」も注目すべきアプローチである。恐怖管理理論では，「人は死すべき運命に気づくことによる恐怖を防衛し，象徴的不死性を獲得することによって，意味ある世界の価値ある参加者であろうとする」という仮説のもとに，人がなぜ自尊感情を維持しようとするのか，

終章　人生の意味のさらなる探求のために

なぜ自らが属する文化的世界観を（他の世界観を排除してまでも）堅持しようとするのか，というような問題に関して多くの実験や調査が行われてきた（Greenberg et al., 2004）。さらにトピック3で見たように，近年では，この理論を批判的・発展的に継承し，死の恐怖よりも意味の脅威や意味への欲求に焦点化した理論モデルとして，「意味維持モデル（meaning maintenance model）」（Heine et al., 2006）や，「意味管理理論（meaning management theory）」（Wong, 2008）なども新たに提唱されている。今後，これらの新たな理論モデルによって，恐怖管理理論の手法を継承した実験的な手法による人生の意味の検討も発展するかもしれない。

　最後に，本書では十分に取り上げなかった臨床実践の領域にも与える示唆は大きいであろう。現在のところ，人生の意味それ自体を直接のテーマとした臨床実践はそれほど多くない。その背景には，人生の意味や生きがいへの問い自体が，存在自体の脅威になりうる危険性を孕んでいることへの懸念（鶴田, 1998）や，この問いの形而上学的問題そのものよりも，なぜクライエントが人生の意味を問うのか，ということをまず重視すべきであるという見方（Raabe, 2000 加藤他訳 2006）などがあるのかもしれない。しかしながら，欧米ではフランクルのロゴセラピーはもちろん，ロゴセラピーに影響を受けた手法が開発され，認知行動療法やナラティヴ療法，集団療法などへ応用しようとする動きも見られる。たとえば，先に取り上げてきたウォン（Wong, 1997, 1998b, 2010）の「意味中心カウンセリング・心理療法（meaning-centered counseling and therapy: MCCT）」や，「構成主義的心理療法」（たとえば Neimeyer, 2001）の他，「意味中心集団心理療法（meaning-centered group psychotherapy）」（Breibart, 2002），「意味中心カップル療法（meaning-centered couple therapy）」（Schulenberg, Schneizer, Winters, & Hutzell, 2010）など，意味に焦点を当てた心理療法が発展してきている。

　たとえば，ウォンの「意味中心カウンセリング・心理療法（以下 MCCT とする）」は，フランクルのロゴセラピーを継承した意味に焦点化した心理療法であり，人生の意味の要素をまとめた PURE モデルと，

意味に焦点化した介入方法としての ABCDE モデル（認知行動療法の ABCDE モデルとは異なる）を提示している。それぞれのモデルは，以下のような頭文字を取った概念である。

意味を定義する4つの要素（ingredients）
P（目的 Purpose）：動機的要素
U（理解 Understanding）：認知的要素
R（責任ある行動 Responsible Action）：行動的要素
E（楽しみ・評価 Enjoyment or Evaluation）：情動的・評価的要素

5つの変化（transfoemative）プロセス
A（受容 Accept）：現実に直面すること──現実原則
B（信念 Believe）：人生は生きるに値すると信じること──信（faith）の原則
C（コミットする Commit）：目的や行為にコミットすること──行動（action）の原則
D（発見する Discover）：自己や状況の意味や意義を発見すること──アハ原則
E（評価する Evaluate）：前述のものを評価すること──自己調整の原則

MCCT は，フランクルの考え方を受け継いだ実存的な人間観や，関係性，人間性のポジティブな側面，多文化的な視点，ナラティヴとしての意味への注目，心理教育的なアプローチなどを特色としており，十全に生きることや，苦しみや有限性にもかかわらず活力を持って生きることの理解を重視する。そして，実存的洞察（existential insight）を得ること，避けられない苦境を変容・超越し，価値のある人生目標を追求する心理的スキルを獲得することを支援する。

ウォンに近い方法として，ウェスターホフら（Westerhof, Blhlmeijer, & Valenkamp, 2004）の「人生の意味の探求（Searching for Meaning in Life）」プログラムもある。これは，高齢者を対象として，最早期記憶や価値観，ライ

フイベント，転機，そして人生の意味やスピリチュアリティなどに焦点を当てた12セッションの介入プログラムであり，抑うつの低減や個人的意味の改善の効果が認められているという。

また，フランクルとは異なる系譜ではあるが，ラービ（Raabe, 2000, 加藤他訳 2006）などが提唱・実践している「哲学カウンセリング（philosophical counseling）」でも，人生の意味への問いをどう考えるかということについて，具体的な探求の諸階梯を提示しており，分析哲学の方法を用いて，人生の意味も含めた哲学的問題を探求する実践も試みられている（たとえば Lahav, 1993）。ラービによる人生の意味を探求するための諸階梯では以下のような問いが検討される。

人生の意味の探求における諸階梯
1 生活が良好で，諸事万端自然な状態であれば，生活と人生に満足していて，そこでは，人生の意味はただそうした生活を続けることであり，人生の意味は何かといった問いは生じることはないとする見方を検討すること。
2 何かがおかしい，何がおかしいのか，という問いが生じたら，この問いがなぜ問われるようになったのか，その理由を探求する。そして，その問題の解決に取りかかること。
3 意味という点に焦点を合わせて，満たされてきた欲求や希望や願いと，満たされてこなかった欲求や希望や願いを吟味すること。
4 意味を付与するものという点で，仕事や家族における過去の個人的な成果を振り返ること。
5 意味を示唆するものとして，あなたの個人的な価値観を検討すること。そして，あなたの属するコミュニティにおいてあなたが他者と共有する価値観を，共通に保有された意味を指示するものとして，吟味すること。
6 意味を，人生に本来備わっているものとしてではなく，あなたが生み出し，創り出し，そしてあなたが人生に付与することのできるものとして考察すること。
7 人生の一般的な意味とあなたがあなたの人生において見い出す意味

とを区別すること。
8 意味と目的を区別すること。
9 人生の意味や目的がどこからくるのかを探求すること。
    9.1 外部——神，宗教，重要な他者，コミュニティ，メディア
    9.2 内部——自己
10 あなたの人生を振り返って，あなたの人生に意味を与えている，あなたがおこなった選択の「糸」を見つけ出すこと。
11 人生の複雑な構造全体において意味を見つけ出すことができない場合は，意味をより単純な一時的諸局面から立ち現れてくるものとして検討してみること。
12 あなたの目的を，あなた自身を超え，他者に対して善なることをおこなうこととして検討すること。
13 意味に対する欲求を，人間性の一つの相面（aspect）として（悩みの種ではなく，祝福されるべきものとして）考察すること。
14 意味を，ただあること（being），すなわち今を生きるということとして考察すること（道教）。
15 人生の意味の発見への気遣いを，人生における幸福にとっては無用のものとして考察すること。
16 人生の意味を追求していくこと自体が人生の目的であり意味であるというようにイメージしてみること。

(Raabe, 2000 加藤他訳 2006, pp.397-400 番号は筆者による)

　ここでは逐一詳述しないが，これらの諸階梯は，6章で提示したモデル図を念頭に置くと，より理解しやすいものになるだろう。たとえば，4，5，9，12などは意味の源に関するものであり，6や7は，入れ子の内側と外側の関係として理解できる。また，14や15などは脱意味のイメージで捉えることもできるだろう。このような問いを，ビジュアルを伴った検討をすることによって，クライエントの世界観の理解と気づきを促すことが可能になるかもしれない。このように，人生の意味に着目する心理的介入法は，今後，他の領域との統合を図りつつ発展していく可能性を有している。

最後に，人生の意味への問いやその充足がもたらす影響は，心理的・精神的側面のみならず，身体的・生理的側面にも深く影響を及ぼすであろう。その点，新たな領域からのアプローチとして注目されつつある，神経学的・生理学的側面についての研究などからも，人生の意味と身体的・生理的側面との関連についての臨床的示唆が得られるかもしれない（たとえば Ryff et al., 2006; Thagard, 2010; Urry et al., 2004）。

4　フランクルの遺産を継承して

　フランクルは，人生の意味についての経験的（empirical）研究によって，「市井の人（the man in street）」が人生の意味と価値を経験する仕方を検討し，科学的言語に翻訳（translate）することによって，人生が有意味であることの根拠を示すことと同時に，それを再び平易な言葉に再翻訳（re-translate）することがロゴセラピーの仕事であると考えていた（Frankl, 1988, p.69）。そのため，PIL などの心理尺度が開発され，ロゴセラピーの概念が科学的・統計学的研究により裏付けを得られることを歓迎していた（たとえば Frankl, 1972 山田監訳 2004, pp.13-17; Frankl & Fabry, 1979, p. 5）。しかし，その一方で，19世紀の遺産として「すっかり成熟を遂げた自然科学がやがて自然主義を生み，技術はやがて功利主義的な思潮を生んでしまっていた」（Frankl, 1948 佐野他訳 2002, p.117）ことを挙げ，人間をも「客体（Objekt）」として扱うに至った科学の還元主義・技術主義を鋭く糾弾してもいた。

　この，一見相反するように見えるフランクルの科学への態度については，当然批判する向きもあろう（たとえば諸富，1997）。そして，たしかにそこには，神経科医としての実証的な研究への関心や，ロゴセラピーが単なる理論的・哲学的な原理以上のものであることを示したいという願いもあったのかもしれない（Batthyany & Guttmann, 2005, p. 3）。しかし，ここでは，このフランクルの2つの主張を，今後の人生の意味の心理学が歩むべき道を指し示している示唆として捉えたい。

おそらく，フランクルが PIL などを用いた心理学的研究に期待していたのは，フランクルの言葉を用いるならば，「現象学（phenomenology, phänomenologie）」としての可能性であった。フランクルの言う「現象学」とは，もちろんブレンターノ（Brentano）やフッサール（Husserl）およびシェーラー（Scheler）などの現象学を指す一方で，人がどのように人生の意味を経験しているかという内面的現象について，ある種の客観性・妥当性・価値中立性を持った言語で記述するという営みも広く含んでいたようである[*1]。当時の心理学において，それは，量的・実証的・測定学的な方法論によって，人生の意味の概念を数量化し，その得点を統計的に分析することを専ら意味していた。そして，そのような仮説検証的方法によって，たしかにこれまで思弁的にしか扱われえなかった人生の意味の現象学的事実が，説得力のある「科学的言語に翻訳」されたことをフランクルは評価していたわけである。

　しかしながら，（もちろんフランクル自身も自覚していたはずであるが），この「科学的言語」は，まさにフランクルが批判の矛先を向けていた要素還元主義を原理的に内包するものでもある。これは心理学自体がむしろ意図的に選択してきた道でもあり，また定量的なデータ解析方法の進展が心理学に寄与してきたところも大きいことは確かであるが，定量的な分析によって捨象されてしまうものの中に，フランクルの諸概念の最も中核的なエッセンスが多く含まれざるを得ないということもまた事実であった[*2]。

[*1] たとえば，「何らかの事実についての価値判断を下さず，むしろ市井の人の価値体験についての事実確認をする」という現象学によって見出した3つの価値（Frankl, 1972 山田監訳 2004, pp.32-33）や，「（意味を満たすという）知恵の核心を，科学的言語（scientific terms）に翻訳することが，現象学の仕事（assignment）である」（Frankl, 2000, p.126, 翻訳は筆者による）などの記述からも，ある種の客観的・科学的方法を「現象学的」と呼んでいたことが読み取れる。

[*2] もっとも，定量的方法論自体が全面的に問題であるということではなく，自覚的・無自覚的を問わず，定量的方法に特権的優位性を認める立場が心理学の主流を占めすぎてきたこと，また，客観性・普遍性を目指す一方で，実は研究者や調査参加者の主観性・特殊性がいわば「密輸」されている側面が十分に反省されてこなかったことなどが問題であるといえるかもしれない。

けれども，現在，心理学を取り巻く状況は大きく変わりつつある。社会科学においては，専ら人の外面的な「ふるまい」のみを対象として仮説を立てて検証しようとする従来の「科学的」方法の特権的優位性を反省しつつ，固有の文脈に埋め込まれた「人」および，「人」と「人」の間に生まれる「意味」[*3]の探求にも新しい〈科学〉としての可能性を見出そうという動きも高まっており，心理学では，まさにナラティヴ・アプローチに代表される新たな視座と方法論を持ったアプローチも急速に成長している。もしかすると，フランクルが言う「現象学的」な方法に，従来の量的方法論よりも近いのがこのような質的なアプローチといえるかもしれない。

一方，科学の還元主義・技術主義を含む「テクノロジー」や「マテリアリズム」が「ニヒリズム」の根深い原因となっているという状況（山田，2002）は，現代においてもむしろより徹底的に当てはまるともいえる。半世紀以上前のフランクルの指摘は，学問上も生活上も，いまだに時代そのものの精神病理への警鐘として生き続けている。

今後の人生の意味の心理学の大きな課題は，フランクルの遺産を，従来の「科学的言語」に加え新たな〈科学的言語〉によってもう1度語り直しつつ，また，それを「再翻訳」する臨床的実践も洗練させることによって，多様かつそれぞれの独自な「意味ある人生」のあり方を提示していくことにあるといえるだろう。

5　おわりに——本書における人生の意味への答え

さて，本書では，人生の意味について特定の考え方を述べることをあ

[*3] もっとも，ここでの「意味」という語と，フランクルの「意味」という語には，重要な違いがありうることは忘れてはならない。おそらく，質的心理学でしばしば使用される「意味生成（meaning-making）」や「意味（再）構成（meaning (re) construction）」という用語をフランクルは是としないであろう。なぜなら，たびたび述べてきたように，フランクルにとって，意味は心の中で主観的に創造されるものではなく，発見されるものだからである（たとえば Frankl, 1963）。

えてしてこなかった。本書の最終的な目的は，人生の意味という様々な概念の混成物について，私たちが半ば暗黙に抱いている問いや答えの内容を明らかにし，それらを哲学的な議論の枠組みを用いつつも，心理学的な観点から適切に位置づけることであり，何らかの固定された答えを提示することではなかったからである。しかしながら，本書で行ってきた作業とそこで示してきた結果は，純粋に価値中立的なものではありえず，確かに一つの人生観を提示するものでもある。よって本書の全体をまとめることは，人生の意味とは何かという問いに対して本書なりの答え方をすることにもなるだろう。

　そこで，最後に本書で追求してきたことを踏まえた上で，それらの理論と知見を数珠つなぎにしてあえて結論を述べてみよう。もちろん，究極的な人生の意味は（少なくとも筆者にとっては）不可知のものである以上，ここには仮説や推論も含まれてはいる。

　たいていの場合，人生の意味の有無が問題となるときに前提とされているのは，「人生の意味（meaning of life）」すなわち，人生全体の意味である。そして，それは私たちが自分の人生の線分を超えて，神の視点を取るということができない以上，論理的に捉え得ないものである。たとえ，人生に意味はある（もしくはない）という仮定のもとで，物理学や進化論などを駆使して，ここに私達が生きている原因や理由や根拠をすべて説明できたとしても，それは，究極的な意味が存在する（もしくは存在しない）という証明をしたことにはならない。それはまさに究極根拠の問題であるから，証明の問題ではなく信仰の問題である。すなわち，私たちが原理的に取りえない神の視点を持たずには，究極的な意味の有無は問えない。そして，人生の意味への問いがこのような答えのない問いに見えるために，「人生の意味はない」という結論が導かれやすいわけである。しかし，人生の意味への答えがないということと，人生の意味はないということは異なる。神や魂の存在を前提とした超自然主義や，創造性や道徳性を認める客観主義，個人的な意味感・幸福感を重視する主観主義などの立場の違いはあれど，実際には人生の意味への答えは絶

えず提供されてきたのである。ここまでが主に分析哲学でなされてきた議論である（1章）。

一方，心理学では，哲学者ではなく一般の人々を対象に研究がなされてきており，それらの人々がどのようなことに人生の意味を見出しているのかということを明らかにしてきた（2章）。そこでは，哲学者の結論と同じく，様々な次元の「意味の源」が見られている。この意味の源には，個人的な喜びから，他者との間に生じる関係性，そして，最終的には「人生の意味（meaning of life）」へと連続的につながっていくような普遍的な真理の探究や宗教的な信仰に至るまで，多層的に様々な次元がある（5章，6章）。また，人は特に青年期を中心に人生の意味を真剣に問う時があるが，意味を問う時に求めている答えには，このような様々な次元と対応したものが含まれている（4章）。

いずれにしても，私たちが普通に明日も生きようと思えるのは，明示的か暗黙かを問わず，これらの様々な意味の源を素朴に信じているからである。そして，ここで重要なことは，たとえ「人生の意味（meaning of life）」への信仰を持たなくても，人は「生活の意味（meaning in life）」を持つことができ，また今持っていないものを追求することもできるということである。社会心理学や進化心理学，そしてフランクルが提唱してきたように，人は意味を追求することを根本動機としており，人生の意味を考える以前に，人生の意味の有無を問うことすら可能となるような「意味の世界」をすでに生きている。そして，これらの意味の源を多く持っており（すなわち「意味の幅」が広く），かつそれらが一貫したつながりを持っている（すなわち「意味の深さ」が深い）時，人は幸福感や満足感を感じ，文字通り，人生を意味あるもの（ライフストーリー）として経験することができる（6章，7章）。

逆に，意味がないと感じたり（実存的空虚感），考えたり（実存的空虚観）してしまうとき，抑うつや自殺念慮，薬物乱用などの様々なリスクを抱えてしまうことになる（3章）。もっとも，そのような実存的な危機を経験することがあっても，自分のネガティブな経験の意味をポジティブに

捉えなおすことによって，またネガティブな出来事をネガティブなままに受け入れることによって，あるいは，全く新しい生きがいを見出すことによって再び人生の意味を取り戻すこともできるかもしれない。

このように，人生に意味をもたらすための道は，いくつもある。これは，至極当たり前のようで重要な結論である。なぜ，人生に意味がないと考えるのかといえば，それは，人生の意味という概念の意味を恣意的に限定し，その限定された視点から人生の意味を考えるためである。「人生の意味がない」という結論以外にないと思えてしまう時は，「意味がない」というときの「意味」に何が暗黙に含まれているのかを再考することが（分析哲学的にも心理学的にも）極めて重要といえるかもしれない。

だが，これまで述べてきたことを全否定するように見える（本当は全肯定というほうが近いのかもしれない）が，人生の意味とは何かという問題は，そもそも，あるいはもはや，考える必要がない（7章）。私たちは，意味がある，あるいは意味がないと問うことを可能にしている「意味の世界」が於いてある「世界の意味」に，常に，すでに包まれているからである（脱意味）。とすれば，実は，最も広義での人生の意味は，今，ここに，常に，すでに，完全に現前しているということになる。これは，哲学でも十分に議論されておらず，心理学でも十分に研究がなされてきているわけではないが，東西の神秘主義的伝統において究極のリアリティとされてきたものであり，ある種の黙想的な修行や，何らかの危機的なライフイベント（自己や他者の生死に関わる出来事，実存的問いの探求）を経てそのような気づきに至る「こともある」らしい。このようなあり方を生きる人は，もはや人生の意味を問わず，人生に意味を与える物語すらも必要としないのかもしれない。そしてそれゆえに，また「意味の世界」にも融通無碍に立ち戻ってくるのかもしれない。

（すでに書きすぎたかもしれないが）本書の結論としていえるのはここまでである。人生の意味の問題は，やはり哲学的な問題であり，（少なくとも現代の）心理学的な見方の前提となる心理的健康や幸福感，主観的満足感などに完全に回収されえないものが残り続けるだろう。しかし，前節

で述べたように，この哲学的な問いに対する心理学的な諸現象を探求することによって，生き方や人生観の様々な可能性と，幸福や意味の(再)発見につながる道を提示していくことは，心理学でもできるかもしれない。本書はいまだ極めて萌芽的な形でその可能性を示そうしたものに過ぎないが，このような試みが，読者のさらなる論究によってはるかに広がり，深まっていくことを願いつつ，本書を結ぶことにしたい。

付録

本書で用いた調査紙の質問項目
(実際の調査紙では,質問項目をランダムに並べ替えて出題した。)

付録

調査1 質問紙項目

①実存的空虚に関する質問

次のそれぞれの項目について,あなた自身に最もよく当てはまるところに○印をつけてください。

		当てはまる	やや当てはまる	どちらでもない	やや当てはまらない	当てはまらない
1	自分はかけがえのない存在であると思う	5	4	3	2	1
2	友達と騒いでいる時でも,心の底では楽しんでいないことがある	5	4	3	2	1
3	毎日同じことをくりかえして生きていくことを考えると,息がつまりそうになる	5	4	3	2	1
4	しょせん人間は醜い存在であると思う	5	4	3	2	1
5	人は結局孤独な存在であり,他人などあてにならないものであると思う	5	4	3	2	1
6	なぜ私が今ここにいるのか,ということがわからない	5	4	3	2	1
7	最後には人間は死ぬのだから,今生きていることもむなしいと思う	5	4	3	2	1
8	「私は今生きている」と心からそう思う	5	4	3	2	1
9	何かに夢中になろうとしてもすぐそれがむなしく感じてしまう	5	4	3	2	1
10	今の世界があるのは,単に偶然が重なった結果にすぎないと思う	5	4	3	2	1

11	自分が熱中していることが，馬鹿らしくなることがよくある	5	4	3	2	1
12	友人と遊んでいても「こんなことをしていて何になる」と思うことがある	5	4	3	2	1
13	「人生なんて，しょせんはこんなものなのかな」と思うことがある	5	4	3	2	1
14	人生は，自分の好きなように生きればいいと思う	5	4	3	2	1
15	私という存在は無意味であると思う	5	4	3	2	1
16	悲しみや苦しみは人生のなかでできるかぎり少ないほうがいいと思う	5	4	3	2	1
17	この世に生まれなかったほうが楽だったのではないかと思うことがある	5	4	3	2	1
18	友達と笑いあっていても，ふと空しい気分になることがある	5	4	3	2	1
19	「人間は結局死ねば無になる」と考えると空虚な気分に襲われる	5	4	3	2	1
20	特に悩みがあるわけではないが，どこか毎日が空虚な感じがする	5	4	3	2	1
21	世界は人智を超えたなんらかの意味や秩序があって成り立っていると思う	5	4	3	2	1
22	「人生の意味」などもとから存在しないと思う	5	4	3	2	1
23	毎日の生活にどこかむなしさを感じる	5	4	3	2	1
24	今ここに生きているということに意味を感じることができる	5	4	3	2	1

25	この世に自分がいてもいなくても大して違いはないと思う	5	4	3	2	1
26	少しいいことがあっても,「そんなことに何の意味があるだろう」とよく思う	5	4	3	2	1
27	自分の人生を生きているという実感があまりない	5	4	3	2	1
28	生きているということが滑稽(こっけい)でバカバカしいと感じることがある	5	4	3	2	1
29	生きることの意味がわからないので,日々の生活がむなしい	5	4	3	2	1
30	人類が今までやってきたことはほとんど無意味であったと思う	5	4	3	2	1

② Purpose in Life Test (PIL) パート A

次のそれぞれの文について,あなたにとって最もぴったりすると思う番号に〇印をつけて下さい(できるだけ「どちらでもない」にならないようにして下さい)。

(1) 私はいつも

1	2	3	4	5	6	7
全く退屈している			どちらでもない			全く元気一杯で張り切っている

(2) 私にとって生きることは

1	2	3	4	5	6	7
いつも面白くてたまらない			どちらでもない			全くつまらない

(3) 生きることに私は

　　　　1　　　　2　　　　3　　　　4　　　　5　　　　6　　　　7

　　何の目標も目　　　　　　　　　どちらで　　　　　　　　ひじょうに
　　的ももってい　　　　　　　　　もない　　　　　　　　　はっきりした
　　ない　　　　　　　　　　　　　　　　　　　　　　　　　目標や目的を
　　　　　　　　　　　　　　　　　　　　　　　　　　　　　もっている

(4) 私という人間は

　　　　1　　　　2　　　　3　　　　4　　　　5　　　　6　　　　7

　　全く目的のな　　　　　　　　　どちらで　　　　　　　　目的をもった
　　い意味のない　　　　　　　　　もない　　　　　　　　　意味のある存
　　存在だ　　　　　　　　　　　　　　　　　　　　　　　在だ

(5) 毎日が

　　　　1　　　　2　　　　3　　　　4　　　　5　　　　6　　　　7

　　いつも新鮮で　　　　　　　　　どちらで　　　　　　　　全く変わりば
　　変化に富んで　　　　　　　　　もない　　　　　　　　　えがしない
　　いる

(6) もし出来ることなら

　　　　1　　　　2　　　　3　　　　4　　　　5　　　　6　　　　7

　　この世に生ま　　　　　　　　　どちらで　　　　　　　　今のような生
　　れたくなかっ　　　　　　　　　もない　　　　　　　　　き方をずっと
　　た　　　　　　　　　　　　　　　　　　　　　　　　　つづけたい

(7) 定年退職後は，私は

　　　　1　　　　2　　　　3　　　　4　　　　5　　　　6　　　　7

　　いつもやりた　　　　　　　　　どちらで　　　　　　　　余生を遊んで
　　いと思ってき　　　　　　　　　もない　　　　　　　　　過したい
　　たことをして
　　暮らしたい

(8) 私は生活の中で見出している目標に対し

　　　　1　　　　2　　　　3　　　　4　　　　5　　　　6　　　　7

　　今まで何の進　　　　　　　　　どちらで　　　　　　　　目標実現にむ
　　歩もなかった　　　　　　　　　もない　　　　　　　　　かって着々と
　　　　　　　　　　　　　　　　　　　　　　　　　　　　　進んできてい
　　　　　　　　　　　　　　　　　　　　　　　　　　　　　る

(9) 私の生活は

   1 2 3 4 5 6 7

   全く空虚でた   どちらで   わくわくする
   だ絶望あるの   もない   ようなことで
   み   いっぱいだ

(10) もし私が今日死ぬとしたら今までの生活は

   1 2 3 4 5 6 7

   ひじょうに価   どちらで   全く価値のな
   値のあるもの   もない   いものだった
   であった

(11) 私の生活を考えると私には

   1 2 3 4 5 6 7

   何故自分が生   どちらで   今ここに私が
   きているのか   もない   生活している
   わからなくな   ことの理由が
   ることがしば   いつもはっき
   しばある   りしている

(12) 今までの私の生活からみると世の中は

   1 2 3 4 5 6 7

   私には全く住   どちらで   私の生き方に
   みにくい   もない   ぴったりして
                   いる

(13) 私は

   1 2 3 4 5 6 7

   責任ある人間   どちらで   責任のある人
   ではない   もない   間である

(14) どんな生き方を選ぶかということについて

   1 2 3 4 5 6 7

   人は全く自由   どちらで   遺伝と環境に
   で何の束縛も   もない   全くしばられ
   うけないと思   ていると思う
   う

(15) 死に対して私は

　　　1　　　2　　　3　　　4　　　5　　　6　　　7

　　十分に心の準　　　　　　　　どちらで　　　　　　　　心の準備もな
　　備ができてお　　　　　　　　もない　　　　　　　　　く恐ろしい
　　り恐れていな
　　い

(16) 自殺について私は

　　　1　　　2　　　3　　　4　　　5　　　6　　　7

　　それを解決の　　　　　　　　どちらで　　　　　　　　本気になって
　　方法として真　　　　　　　　もない　　　　　　　　　考えたことは
　　剣に考えたこ　　　　　　　　　　　　　　　　　　　　ない
　　とがある

(17) 私には人生の意義，目的，使命を見いだす能力が

　　　1　　　2　　　3　　　4　　　5　　　6　　　7

　　ひじょうに　　　　　　　　　どちらで　　　　　　　　ほとんどない
　　ある　　　　　　　　　　　　もない　　　　　　　　　と思う

(18) 私の人生は

　　　1　　　2　　　3　　　4　　　5　　　6　　　7

　　全く私の手中　　　　　　　　どちらで　　　　　　　　全く私の力の
　　にあり私の思　　　　　　　　もない　　　　　　　　　及ばない外部
　　うままになる　　　　　　　　　　　　　　　　　　　　の力で動かさ
　　　　　　　　　　　　　　　　　　　　　　　　　　　　れている

(19) 私の毎日の仕事（勉強）は私に

　　　1　　　2　　　3　　　4　　　5　　　6　　　7

　　ひじょうな喜　　　　　　　　どちらで　　　　　　　　ひじょうに苦
　　びと満足を与　　　　　　　　もない　　　　　　　　　痛でまた退屈
　　えてくれる　　　　　　　　　　　　　　　　　　　　　なものだ

(20) 私は人生に

　　　1　　　2　　　3　　　4　　　5　　　6　　　7

　　何の使命も目　　　　　　　　どちらで　　　　　　　　はっきりとし
　　的も見出さな　　　　　　　　もない　　　　　　　　　た使命と確実
　　い　　　　　　　　　　　　　　　　　　　　　　　　　な人生の目的
　　　　　　　　　　　　　　　　　　　　　　　　　　　　を見出してい
　　　　　　　　　　　　　　　　　　　　　　　　　　　　る

（佐藤，1975，pp.325-327）

調査2 質問紙項目

①実存的空虚

次のそれぞれの項目について,あなた自身に最もよく当てはまるところに○印をつけてください。

	当てはまる	やや当てはまる	どちらでもない	やや当てはまらない	当てはまらない

実存的空虚感

1	特に悩みがあるわけではないが,どこか毎日が空虚な感じがする	5	4	3	2	1
2	友達と笑いあっていても,ふとむなしい気分になることがある	5	4	3	2	1
3	この世に生まれなかったほうが楽だったのではないかと思うことがある	5	4	3	2	1
4	毎日同じことをくりかえして生きていくことを考えると,息がつまりそうになる	5	4	3	2	1
5	私という存在は無意味であると思う	5	4	3	2	1
6	なぜ私が今ここにいるのか,ということがわからない	5	4	3	2	1
7	「人間は結局死ねば無になる」と考えると空虚な気分に襲われる	5	4	3	2	1
8	しょせん人間は醜い存在であると思う	5	4	3	2	1

実存的空虚観

1	「人生の意味」などもとから存在しないと思う	5	4	3	2	1
2	今の世界があるのは，単に偶然が重なった結果にすぎないと思う	5	4	3	2	1
3*	この世界が存在していることには何らかの意味があると思う	5	4	3	2	1
4	人は結局孤独な存在であり，他人などあてにならないものであると思う	5	4	3	2	1
5	この世に自分がいてもいなくても大して違いはないと思う	5	4	3	2	1

*逆転項目

②対人信頼感

以下の項目は，あなたの人間観を尋ねるものです。自分の人間観に最も近いと思う番号に○を付けて下さい。

		そう思う	ややそう思う	どちらともいえない	ややそう思わない	そう思わない
1	人は，基本的には正直である	5	4	3	2	1
2	人は，多少良くないことをやっても自分の利益を得ようとする	5	4	3	2	1
3	人は，頼りにできる人がわずかしかいない。	5	4	3	2	1
4	人は，ほかの人の親切に下心を感じ，気をつけている。	5	4	3	2	1
5	人は，ふつう清く正しい人生を送る。	5	4	3	2	1

6	人は，成功するためにうそをつく。	5	4	3	2	1
7	人は，近ごろだれも知らないところで多くの罪を犯している。	5	4	3	2	1
8	人は，ふつうほかの人と誠実にかかわっている。	5	4	3	2	1
9	人は，だれかに利用されるかもしれないと思い，気をつけている。	5	4	3	2	1
10	人は，ほかの人を信用しないほうが安全であると思っている。	5	4	3	2	1
11	人は，ほかの人に対して，信用してもよいということがはっきりわかるまでは，用心深くしている。	5	4	3	2	1
12	人は，口先ではうまいことを言っても，結局は自分の幸せに一番関心がある。	5	4	3	2	1
13	人は，ほかの人を援助することを内心ではいやがっている。	5	4	3	2	1
14	人は，自分のするといったことは実行する。	5	4	3	2	1
15	人は，チャンスがあれば税金をごまかす。	5	4	3	2	1
16	人は，他人の権利を認めるよりも，自分の権利を主張する。	5	4	3	2	1
17	人は，やっかいなめにあわないために，うそをつく	5	4	3	2	1

(堀井・槌谷，1995, p.30)

③情動的共感性

次にいくつかの短文が書いてあります。それぞれの短文を読んで，あなた自身がどの程度そうだと思うかを判断して下さい。

	全くそうだと思う	かなりそうだと思う	どちらかといえばそうだと思う	どちらともいえない	どちらかといえばちがうと思う	かなりちがうと思う	全くちがうと思う

感情的暖かさ

1. 私は映画を見るとき，つい熱中してしまう。　　7　6　5　4　3　2　1

2. 歌を歌ったり，聞いたりすると，私は楽しくなる。　　7　6　5　4　3　2　1

3. 私は愛の歌や詩に深く感動しやすい。　　7　6　5　4　3　2　1

4. 私は動物が苦しんでいるのを見ると，とてもかわいそうになる。　　7　6　5　4　3　2　1

5. 私は身寄りのない老人を見ると，かわいそうになる。　　7　6　5　4　3　2　1

6. 私は人が冷遇されているのを見ると，非常に腹が立つ。　　7　6　5　4　3　2　1

7. 私は大勢の中で一人ぼっちでいる人を見ると，かわいそうになる。　　7　6　5　4　3　2　1

8. 私は贈り物をした相手の人が喜ぶ様子を見るのが好きだ。　　7　6　5　4　3　2　1

9	私は会計事務所に勤務するよりも，社会福祉の仕事をする方がよい。	7	6	5	4	3	2	1
10	小さい子どもはよく泣くが，かわいい。	7	6	5	4	3	2	1

感情的冷淡さ

1	私は人がうれしくて泣くのを見ると，しらけた気持ちになる。	7	6	5	4	3	2	1
2	私は他人の涙を見ると，同情的になるよりも，いらだってくる。	7	6	5	4	3	2	1
3	私は不幸な人が同情を求めるのを見ると，いやな気分になる。	7	6	5	4	3	2	1
4	私は友人が悩みごとを話し始めると，話をそらしたくなる。	7	6	5	4	3	2	1
5	私はまわりの人が悩んでいても平気でいられる。	7	6	5	4	3	2	1
6	私は人がどうしてそんなに動揺することがあるのか理解できない。	7	6	5	4	3	2	1
7	私は他人が何かのことで笑っていても，それに興味をそそられない。	7	6	5	4	3	2	1
8	人前もはばからずに愛情が表現されるのを見ると私は不愉快になる。	7	6	5	4	3	2	1
9	私はまわりが興奮していても，平静でいられる。	7	6	5	4	3	2	1

10	私は映画を見ていて，まわりの人の泣き声やすすりあげる声を聞くと，おかしくなることがある。	7	6	5	4	3	2	1

感情的被影響性

1	私は感情的にまわりの人からの影響を受けやすい。	7	6	5	4	3	2	1
2*	私は友人が動揺していても，自分まで動揺してしまうことはない。	7	6	5	4	3	2	1
3*	私は他人の感情に左右されずに決断することができる。	7	6	5	4	3	2	1
4	まわりの人が神経質になると，私も神経質になる。	7	6	5	4	3	2	1
5	私は悪い知らせを人に告げに行くときには，心が動揺してしまう。	7	6	5	4	3	2	1

*逆転項目

（加藤・高木，1980，p.34）

④死に対する態度[※]

あなたに当てはまる程度を「そう思う～そう思わない」までの5段階でお答え下さい。

		そう思う	まあそう思う	どちらともいえない	あまりそう思わない	そう思わない
死の恐怖						
1	暴力によって死んでいくことが心配だ。	5	4	3	2	1
2	苦しんで死ぬのがこわい。	5	4	3	2	1
3	私にとって，死の最終的な事実におくせずに立ちむかうことは難しいと思う。	5	4	3	2	1
4	時ならぬ時に死んでいくのではないかと心配だ。	5	4	3	2	1
5	私はゆっくりと死んでいくのがこわい。	5	4	3	2	1
6	人生は短いと思うと心が揺らぐ。	5	4	3	2	1
7	自分自身の死を予想すると不安になる。	5	4	3	2	1
積極的受容						
1	死は，永遠の幸福な場所への道だと思う。	5	4	3	2	1
2	私は死後の世界を楽しみにしている。	5	4	3	2	1
3	私が死んだら，天国に行くと思う。	5	4	3	2	1
4	天国はこの世よりとても良いところだと思う。	5	4	3	2	1

※この死に対する態度尺度は，上記の項目に加え，「中立的受容」の下位尺度に「私は死について心配してもしょうがないと思う」という項目が含まれた21項目の尺度であるが，質問紙を作成の際に，この項目が抜けた堀・吉田（2001）の20項目を誤って参照していた。本来は21項目の原典を用いるべきであることを，原著者および読者にお詫びの上，明記する。

中立的受容

1	私は単に生命の過程の一部である。	5	4	3	2	1
2	私は死を怖れないし,歓迎もしない。	5	4	3	2	1
3	私達すべては死ななければならないという事実をしかたがないとあきらめている。	5	4	3	2	1

回避的受容

1	私は生きることにうんざりしている。	5	4	3	2	1
2	私の人生を延ばすことにどんな目的も意味もみつからない。	5	4	3	2	1
3	この世に期待するものはなにもないと思う。	5	4	3	2	1
4	死は私にとって別にどうでもいいことだ。	5	4	3	2	1
5	痛みは恐ろしいが,死は痛みからの救済だから死を恐れることはない。	5	4	3	2	1
6	死は私の人生の重荷からの救済だと思う。	5	4	3	2	1

(河合・下仲・中里,1996,p.110)

⑤人生の意味についての態度

　あなたには,「自分が,今,ここに生きている意味」というものが与えられていると思いますか。それが与えられているとすれば,どのようなものだと思いますか。あるいは,そのような意味が与えられていないとすれば,あなたがこれからも生き続けることの理由は何でしょうか。どんなことでも構わないですから,できるだけ詳しく書いてみてください。

調査3 質問紙項目

①人生の意味についての関心の程度

「私という存在が，この世界，この時代に生まれ，こうして生きており，そしていつか死んでいくということの意味とは何か」「私はなぜ存在し，何のために生きているのか」と問われるような「人生の意味」について，普段考えることはありますか？

　　　よく考える　　　ときどき考える　　　あまり考えない　　　全く考えない

②問いの内容

「人生の意味」について考えるとき，それはあなたの中でどのような問いとなっていますか？あなたにとっての「人生の意味」への問いを，問いの形のままで，できるだけ具体的にお答えください。

③問いを持った時期ときっかけ・状況

「人生の意味」について，今まで真剣に考えた時期がありますか？あるとすれば，何をきっかけに，どのような状況で考えていましたか？

④問いの重要性とその理由

「人生の意味」を考えることは，一般的に言って，生きていく上で大事なことだと思いますか？

　　　大事だと思う　　　どちらでもない　　　大事ではないと思う

その選択肢を選んだ理由をご記入ください。

⑤自我体験

あなたに当てはまる程度を「そう思う〜そう思わない」までの5段階

でお答え下さい。

自己の根拠への問い

1. この世界はなぜあるのか，と考えたことがある。　はい　いいえ
2. 自分はいったい何者なのか分からなくなったことがある。　はい　いいえ
3. 私はいったいどこから来たのだろうか，と考えたことがある。　はい　いいえ
4. いま，夢の中にいるのかもしれないと思って，不安になったことがある。　はい　いいえ
5. 果てしない，時間と空間の中で，なぜ，いま，ここにいるのか？と考えたことがある。　はい　いいえ
6. 私はなぜ生まれたのか，不思議に思ったことがある。　はい　いいえ
7. ほんとうの自分とは何か，ということを考えたことがある。　はい　いいえ
8. なぜ，他の国や他の時代に生まれずこの国この時代に生まれたのか，不思議に思ったことがある。　はい　いいえ
9. なぜ私は私なのか，不思議に思ったことがある。　はい　いいえ
10. 自分は本当は存在しないのではないか，と思って不安になったことがある。　はい　いいえ

自己の独一性の自覚

1　宇宙は巨大で人間はちっぽけだが，その巨大な宇宙について考えることのできる人間は偉大である，と思ったことがある。　　はい　いいえ

2　ある日，ふと，「自分は人間だ」とか，「自分というものが存在している」といったことを，強く感じたことがある。　　はい　いいえ

3　生きているというだけで，私にはかけがえのない価値がある，と思ったことがある。　　はい　いいえ

4　自分は他の誰でもない自分なのだ，ということを強く感じたことがある。　　はい　いいえ

主我と客我の分離

1　私と他人とは島のように切り離されていて，他人のことは決して分からない，と思ったことがある。　　はい　いいえ

2　鏡に映る自分とか，人の目に見える自分，人にそう思われている自分といったものは，本当の自分ではない，と思ったことがある。　　はい　いいえ

3　自分のことを考えたり観察したりしていると，自分が観察されている自己と観察している自己に分裂して感じられる，と思ったことがある。　　はい　いいえ

独我論的懐疑

1　私が死ねば世界も消滅するのではないか，とか，見えない先は無になっているのではないか，といったことを考えたことがある。　　はい　いいえ

2　他人も自分と同じようにものを考えたり感じ　　はい　いいえ
　　たりするのだろうかとか，私だけが本当に生
　　きていて他人はみんな機械のようなものでは
　　ないかとか，思ったことがある。

(渡辺・小松, 1999, p.15)

　上において，あなたが「はい」と答えた項目のうちでその体験が最も印象に残っている項目について，その体験が何をきっかけに，どのような状況のなかで生じたのか，ということについて，具体的に以下にご記入ください。

　　その体験が最も印象に残っている項目は
　　　　　　　　　　　　＿＿＿＿＿＿番の項目
　体験のきっかけと，体験時の状況
　　　＿＿＿＿＿＿＿＿＿＿＿＿＿＿＿＿＿＿＿＿＿＿＿
　　　＿＿＿＿＿＿＿＿＿＿＿＿＿＿＿＿＿＿＿＿＿＿＿
　　　＿＿＿＿＿＿＿＿＿＿＿＿＿＿＿＿＿＿＿＿＿＿＿
　　　＿＿＿＿＿＿＿＿＿＿＿＿＿＿＿＿＿＿＿＿＿＿＿

調査4 質問紙項目

自我体験

1　自分はどこから来たのだろう，と疑問に思った。
2　自分はどこへ行くのだろう，と不思議に思った。
3　自分は何だろう，とふと思った。
4　自分はだれだろう，と考えた。
5　いったい何が「自分」なのだろう，とわからなくなった。
6　自分の正体って何だろう，と不思議に思った。
7　自分の存在そのものが不思議だ，と思った。
8　自分は本当に自分か？と，わからなくなった。
9　自分はなぜ自分なのだろう，と疑問に思った。
10　自分は自分であることが不思議だ，と思った。
11　だれでもなく，どうして自分なのだろう，と考えた。
12　なぜ私はこの体をえらんだのか？と不思議に思った。
13　いろんな人がいるのに，なぜたまたま私なのだろう，と，ふと思った。
14　私が私でなく，他のだれかとして生まれてもいいのに，どうして私となっているのだろう，と不思議に思った。
15　自分はなぜ他の国や他の時代ではなく，たまたま日本の，この時代に生まれたのか，わからないなあと思った。

（天谷，2001，p.106）

調査6 質問紙項目

①意味についての自由記述(MED)

次の質問についてお答えください。

(1) 今現在のあなたの人生のもっとも大切な意味について,できるだけ詳しく教えてください。

  もしも,あなたが,現在人生に意味を持っていなければ,ここ_____に○をつけて,なぜ意味がないと思うのかを書いてください。

_____
_____
_____
_____
_____

(2) あなたの生きている意味(もしくは無意味さ)が,より分かりやすくなるような例をできるだけたくさん書いてください。

_____
_____
_____
_____
_____

②実存的空虚(EVS)

次のそれぞれの項目について,あなた自身に最もよく当てはまるところに○印をつけてください。

	当てはまる	やや当てはまる	どちらでもない	やや当てはまらない	当てはまらない

実存的空虚感

1	特に悩みがあるわけではないが，どこか毎日が空虚な感じがする	5	4	3	2	1
2	友達と笑いあっていても，ふとむなしい気分になることがある	5	4	3	2	1
3	この世に生まれなかったほうが楽だったのではないかと思うことがある	5	4	3	2	1
4	毎日同じことをくりかえして生きていくことを考えると，息がつまりそうになる	5	4	3	2	1
5	私という存在は無意味であると思う	5	4	3	2	1
6	なぜ私が今ここにいるのか，ということがわからない	5	4	3	2	1
7	「人間は結局死ねば無になる」と考えると空虚な気分に襲われる	5	4	3	2	1
8	しょせん人間は醜い存在であると思う	5	4	3	2	1

実存的空虚観

1	「人生の意味」などもとから存在しないと思う	5	4	3	2	1
2	今の世界があるのは，単に偶然が重なった結果にすぎないと思う	5	4	3	2	1

3	*	この世界が存在していることには何らかの意味があると思う	5	4	3	2	1
4		人は結局孤独な存在であり,他人などあてにならないものであると思う	5	4	3	2	1
5		この世に自分がいてもいなくても大して違いはないと思う	5	4	3	2	1

*逆転項目

調査7 質問紙項目

① Important Meaning Index（IMI）

あなた自身の人生を，意味や目的のあるものにするために，以下の項目はどのくらい追求し，実現しているでしょうか。追求の程度と実現の程度の両方について，あてはまる番号に〇印をつけてください。

	追求	実現
	非常に追求している／かなり追求している／少し追求している／どちらともいえない／あまり追求していない／ほとんど追求していない／全く追求していない	完全に実現している／かなり実現している／少し実現している／どちらともいえない／あまり実現していない／ほとんど実現していない／全く実現していない

自己実現

1　能力や技能を身につけて成長すること　　7 6 5 4 3 2 1　　7 6 5 4 3 2 1

2　知識を広げて，多くのことを理解すること　　7 6 5 4 3 2 1　　7 6 5 4 3 2 1

3　何かを創造すること　　7 6 5 4 3 2 1　　7 6 5 4 3 2 1

4　美しいもの，芸術的なものを味わうこと　　7 6 5 4 3 2 1　　7 6 5 4 3 2 1

5　さまざまなことを体験すること　　7 6 5 4 3 2 1　　7 6 5 4 3 2 1

6　自分の潜在的な可能性を実現すること　　7 6 5 4 3 2 1　　7 6 5 4 3 2 1

7	目標を達成するために努力すること	7	6	5	4	3	2	1	7	6	5	4	3	2	1
8	真理を見つけること	7	6	5	4	3	2	1	7	6	5	4	3	2	1
9	生きていることそれ自体に満足すること	7	6	5	4	3	2	1	7	6	5	4	3	2	1
10	仕事や学業にはげむこと	7	6	5	4	3	2	1	7	6	5	4	3	2	1

ウェルビーイングと共同性

1	親密な恋愛(夫婦)関係を維持していくこと	7	6	5	4	3	2	1	7	6	5	4	3	2	1
2	心身の健康を維持すること	7	6	5	4	3	2	1	7	6	5	4	3	2	1
3	家族と仲良く暮らすこと	7	6	5	4	3	2	1	7	6	5	4	3	2	1
4	遺伝子を残し、人類の存続や進化に貢献すること	7	6	5	4	3	2	1	7	6	5	4	3	2	1
5	友人と楽しく過ごすこと	7	6	5	4	3	2	1	7	6	5	4	3	2	1
6	自立して責任感を持つこと	7	6	5	4	3	2	1	7	6	5	4	3	2	1
7	喜びや満足を感じること	7	6	5	4	3	2	1	7	6	5	4	3	2	1

8	人の役に立ち，奉仕すること	7	6	5	4	3	2	1	7	6	5	4	3	2	1
9	快楽を追求し，楽しむこと	7	6	5	4	3	2	1	7	6	5	4	3	2	1

自己超越

1	神仏を信じてその教えを守ること	7	6	5	4	3	2	1	7	6	5	4	3	2	1
2	スピリチュアルな次元に気づき，つながりを持つこと	7	6	5	4	3	2	1	7	6	5	4	3	2	1
3	自然とつながりを持つこと	7	6	5	4	3	2	1	7	6	5	4	3	2	1
4	社会や政治に関心を持ち，世の中をよくしていくこと	7	6	5	4	3	2	1	7	6	5	4	3	2	1
5	文化の伝統を守っていくこと	7	6	5	4	3	2	1	7	6	5	4	3	2	1
6	正義や道徳を大事にして実践すること	7	6	5	4	3	2	1	7	6	5	4	3	2	1

現世利益

1	地位や名誉を手に入れること	7	6	5	4	3	2	1	7	6	5	4	3	2	1
2	お金で買えるものを所有すること	7	6	5	4	3	2	1	7	6	5	4	3	2	1
3	容姿をよくすること	7	6	5	4	3	2	1	7	6	5	4	3	2	1

4	他者から認められ，尊敬されること	7	6	5	4	3	2	1	7	6	5	4	3	2	1
5	お金をたくさん稼ぐこと	7	6	5	4	3	2	1	7	6	5	4	3	2	1
6	他人に対する影響力を持つこと	7	6	5	4	3	2	1	7	6	5	4	3	2	1

②人生の意味（MLQ）

以下の各文章について，あなた自身に，もっともよく当てはまる番号を1つ選んで○をつけてください。

		非常によく当てはまる	だいたい当てはまる	少し当てはまる	どちらともいえない	あまり当てはまらない	ほとんど当てはまらない	まったく当てはまらない
意味探求								
1	私は自分の人生の意味を理解している	7	6	5	4	3	2	1
2	私の人生にははっきりとした目的がある	7	6	5	4	3	2	1
3	自分の人生が有意義なものであると十分に感じている	7	6	5	4	3	2	1
4	私は充実した人生の目標を見出している	7	6	5	4	3	2	1
5 *	自分の人生にははっきりとした目標はない	7	6	5	4	3	2	1

意味保有

1	私は人生を有意義なものにする何かを見つけたいと思っている	7	6	5	4	3	2	1
2	いつも人生の意味を見つけたいと思っている	7	6	5	4	3	2	1
3	私はいつも自分の人生を有意義にする何かを探している	7	6	5	4	3	2	1
4	私は自分の人生の目的や目標を探している	7	6	5	4	3	2	1
5	私は自分の人生の意味を見つけようとしている	7	6	5	4	3	2	1

（島井・大竹，2005，p.29）

③人生満足度（SWLS）

以下の5つの記述は，あなたがそう思うかどうかを聞くものです。1～7の番号について，適切な番号に○をつけて示してください。

		非常によく当てはまる	だいたい当てはまる	少し当てはまる	どちらとも言えない	あまり当てはまらない	ほとんど当てはまらない	まったく当てはまらない
1	ほとんどの面で，私の人生は私の理想に近い。	7	6	5	4	3	2	1

2	私の人生は，とてもすばらしい状態だ。	7	6	5	4	3	2	1
3	私は自分の人生に満足している。	7	6	5	4	3	2	1
4	私はこれまで，自分の人生に求める大切なものを得てきた。	7	6	5	4	3	2	1
5	もう一度人生をやり直せるとしても，ほとんど何も変えないだろう。	7	6	5	4	3	2	1

（大石，2009，p.29）

④ Big Five

以下のそれぞれの項目はあなた自身にどれくらいあてはまりますか。非常にあてはまる〜まったくあてはまらないの内で，自分に最もあてはまると思うところの数字に〇印をつけて下さい。

			非常にあてはまる	かなりあてはまる	ややあてはまる	どちらとも言えない	あまりあてはまらない	ほとんどあてはまらない	まったくあてはまらない
外向性									
	1	話し好き	7	6	5	4	3	2	1
	2 *	無口な	7	6	5	4	3	2	1
	3	陽気な	7	6	5	4	3	2	1
	4	外交的	7	6	5	4	3	2	1
	5 *	暗い	7	6	5	4	3	2	1
	6 *	無愛想な	7	6	5	4	3	2	1

	7		社交的	7	6	5	4	3	2	1
	8	*	人嫌い	7	6	5	4	3	2	1
	9		活動的な	7	6	5	4	3	2	1
	10	*	意思表示しない	7	6	5	4	3	2	1
	11		積極的な	7	6	5	4	3	2	1
	12	*	地味な	7	6	5	4	3	2	1

神経症傾向

1	悩みがち	7	6	5	4	3	2	1
2	不安になりやすい	7	6	5	4	3	2	1
3	心配性	7	6	5	4	3	2	1
4	気苦労の多い	7	6	5	4	3	2	1
5	弱気になる	7	6	5	4	3	2	1
6	傷つきやすい	7	6	5	4	3	2	1
7	動揺しやすい	7	6	5	4	3	2	1
8	神経質な	7	6	5	4	3	2	1
9 *	くよくよしない	7	6	5	4	3	2	1
10	悲観的な	7	6	5	4	3	2	1
11	緊張しやすい	7	6	5	4	3	2	1
12	憂鬱な	7	6	5	4	3	2	1

開放性

1	独創的な	7	6	5	4	3	2	1
2	多才の	7	6	5	4	3	2	1
3	進歩的	7	6	5	4	3	2	1
4	洞察力のある	7	6	5	4	3	2	1
5	想像力に富んだ	7	6	5	4	3	2	1

6		美的感覚の鋭い	7	6	5	4	3	2	1
7		頭の回転の速い	7	6	5	4	3	2	1
8		臨機応変な	7	6	5	4	3	2	1
9		興味の広い	7	6	5	4	3	2	1
10		好奇心が強い	7	6	5	4	3	2	1
11		独立した	7	6	5	4	3	2	1
12		呑み込みの速い	7	6	5	4	3	2	1

誠実性

1		いい加減な	7	6	5	4	3	2	1
2		ルーズな	7	6	5	4	3	2	1
3		怠惰な	7	6	5	4	3	2	1
4		成り行きまかせ	7	6	5	4	3	2	1
5		不精な	7	6	5	4	3	2	1
6	*	計画性のある	7	6	5	4	3	2	1
7		無頓着な	7	6	5	4	3	2	1
8		軽率な	7	6	5	4	3	2	1
9	*	勤勉な	7	6	5	4	3	2	1
10		無節操	7	6	5	4	3	2	1
11	*	几帳面な	7	6	5	4	3	2	1
12		飽きっぽい	7	6	5	4	3	2	1

調和性

1		温和な	7	6	5	4	3	2	1
2	*	短気	7	6	5	4	3	2	1
3	*	怒りっぽい	7	6	5	4	3	2	1
4		寛大な	7	6	5	4	3	2	1

5		親切な	7	6	5	4	3	2	1
6		良心的な	7	6	5	4	3	2	1
7		協力的な	7	6	5	4	3	2	1
8	*	とげがある	7	6	5	4	3	2	1
9	*	かんしゃくもち	7	6	5	4	3	2	1
10	*	自己中心的	7	6	5	4	3	2	1
11		素直な	7	6	5	4	3	2	1
12	*	反抗的	7	6	5	4	3	2	1

＊逆転項目

（和田，1996，pp.63-64）

⑤ストレス反応尺度

あなたの現在の身体や心の状態についてうかがいます。あてはまる番号を○で囲んでください。

		常にある	しばしばある	時々ある	時にはある	ほとんどない
1	ひどく疲れて，考えることができない	5	4	3	2	1
2	我慢ばかりしている感じだ	5	4	3	2	1
3	不満が溜まっている感じだ	5	4	3	2	1
4	食欲がない	5	4	3	2	1
5	将来のことが不安になる	5	4	3	2	1
6	心配事がある	5	4	3	2	1
7	思い悩むのを止められない	5	4	3	2	1
8	朝起きたとき，気分がすぐれない	5	4	3	2	1

9	人と話すのが苦手になる	5	4	3	2	1
10	寂しさを感じる	5	4	3	2	1
11	毎日が退屈だ	5	4	3	2	1
12	ちょっとしたことでも，すぐ怒り出す	5	4	3	2	1
13	解放感を感じる	5	4	3	2	1
14	物事に熱中できない	5	4	3	2	1
15	ささいなことが気になる	5	4	3	2	1
16	なんとなく気力がない	5	4	3	2	1
17	はつらつとした気分だ	5	4	3	2	1
18	何事もめんどうくさい	5	4	3	2	1
19	胃腸の調子が悪い	5	4	3	2	1
20	自分は一人ぼっちだと思う	5	4	3	2	1
21	なんとなくイライラする	5	4	3	2	1
22	毎日の疲れが取れない	5	4	3	2	1
23	生活に張合いを感じる	5	4	3	2	1
24	ゆううつな気分だ	5	4	3	2	1
25	よく眠れない	5	4	3	2	1
26	今の状況から逃げだしたくなる	5	4	3	2	1
27	頭が重い	5	4	3	2	1
28	やることに自信が持てない	5	4	3	2	1
29	自分が人より劣っていると思えて仕方が無い	5	4	3	2	1
30	家族から忘れられたり，無視されていると感じる	5	4	3	2	1

(田中，1995, p.431)

付記

　本書は，以下の諸論文における理論的・実証的研究を背景として構成しており，特に1章の一部と6章，7章は浦田（2010）に，2章の一部は浦田（2005, 2007b）に，4章は浦田（2006a, 2008a）に，5章の一部は浦田（2007a）に基づいている。

浦田　悠（2005）．「人生の意味」に関する心理学的研究の概要　自己心理学，2，45-55.
浦田　悠（2006a）．人生の意味への問いについての語りの分析　京都大学大学院教育学研究科紀要，52，294-306.
浦田　悠（2006b）．人生の意味についての理論的概観　教育方法の探求（京都大学大学院教育学研究科教育方法学講座紀要），9，41-18.
浦田　悠（2007a）．生きる意味の類型・深さと実存的空虚感との関連——看護学生と大学生の比較から——　京都大学大学院教育学研究科紀要，53，181-193.
浦田　悠（2007b）．人生の意味の心理学——その歴史と展望——　人間性心理学研究，25(2)，129-137.
浦田　悠（2008a）．人生の意味への問いの諸相——問いのきっかけや重要性，自我体験との関連から——　京都大学大学院教育学研究科紀要，54，112-124.
浦田　悠（2008b）．実存的空虚について　榎本博明（編）　自己心理学2——生涯発達心理学へのアプローチ——　金子書房　pp.120-121.
浦田　悠（2010）．人生の意味の心理学モデルの構成——人生観への統合的アプローチにむけて——　質的心理学研究，9，88-114.
浦田　悠（2011）．人生の意味の構造　榎本博明（編）　自己心理学の最先端——自己の構造と機能を科学する——　あいり出版　pp.196-205.

あとがき

　本書は，2011年3月23日に京都大学により博士（教育学）の学位を授与された論文「人生の意味に関する心理学的研究——量的尺度と質的モデル構成——」をもとに加筆修正して出版するものである．出版に際し，京都大学の「平成24年度総長裁量経費　若手研究者に係る出版助成事業」による助成を受けた．

　本文で何度か述べてきたように，心理学のメインストリームにおいて，人生の意味の概念は，他の概念との関連で断片的に取り上げられることが多く，ひとつのまとまりを持ったもの，それ自体が探求可能なもの，あるいは探求に値するものとして扱われることは少なかった．本書はこのような現状を踏まえてできるだけ広く知見を収集し，この概念に理論的，実証的基盤を与えることが主な目的であった．そのため，少し引用が多く，読みづらいところがあるかもしれないけれども，この概念に関心のある読者の方が人生の意味をめぐる心理を探究してみたいと思われることがあった時に，できるだけ利便性の高い本にしたいと思い，細やかな引用をした次第である．私自身が「このような本があれば便利だったのに……」と思えるものにしたかったということもあり，（とりわけ2章などは）専門領域が異なる方にとっては少し記述が細かすぎるところもあるかと思うが，ご寛恕いただければ幸いである．

　また，本書は心理学の立場からのものであり，私自身も哲学を専門としていないことから，人生の意味の哲学的な論考については，これまでの哲学者たちの論究の幅や深みを十分に捉え切れておらず，場合によっては誤解や曲解，取り上げ方の偏りなどもあるかもしれない．この点については今後，読者諸賢の教えを乞いたいところである．

　本書を出版させていただくまでに，多くの方からのご指導や励ましを

いただいた。指導教員である京都大学大学院教育学研究科（当時）のやまだようこ先生には，常に温かくも厳しいご指導をいただいた。また，ともすれば手を広げすぎ，羅列的になりがちな筆者の傾向を的確に正してくださり，研究者としてのあるべき姿を身をもって示してくださった。大学時代からご指導を賜った榎本博明先生には，自己の心理学的研究の幅広さや深さを通して，研究への示唆を多くいただいた。京都大学の明和政子先生は，異分野でありながら筆者の研究に関心を寄せてくださり，また出版に関しても色々お世話をしてくださった。東京大学の遠藤利彦先生には，助言や励ましをいただいた上，研究を深める姿勢を学ばせていただいた。大阪府立大学・羽衣国際大学の山田邦男先生，および山田先生が主催されるフランクル研究会の諸先生方には，筆者の拙い研究に関心を持っていただいた上，深い示唆と温かい励ましのお言葉をいただいた。

　大学時代からの学友であり，いつも刺激を与えてくれる島根大学の家島明彦氏，私にとって模範的な先輩であり多くの示唆をいただいた北海道教育大学の川島大輔氏，有益な助言と励ましをいただいた関西大学の福井斉氏，筆者と同じ研究領域の先輩として温かく見守ってくださった名古屋大学の亀田研氏をはじめ，諸先生方，諸兄にも心より感謝申し上げたい。質問紙調査やインタビュー調査にご協力いただいた皆様にも，この場を借りてお礼申し上げる。

　また，刊行に際して，京都大学学術出版会の永野祥子氏は，隅々まで丁寧に原稿をチェックしてくださった。もし本書が，学位論文よりも読みやすいものになっているとすれば，それは永野氏の的確なコメントや辛抱強い援助によるものであり，読みづらいところが残っているとすれば，私の努力と力量の不足するところである。

　つい先日，大学で担当している講義の中で，人生の意味について各自の考えを聞いた際に，「人生に意味がなければ生きる意味がない」と書いてくれた学生がいた。この学生の回答は，一見同語反復のように見え

るが，そうではない。本書で使ってきた用語で言い換えれば，自分を超えた文脈から付与される大きな「人生の意味（meaning of life）」がないならば，日常の小さな「生活の意味（meaning in life）」も感じられないということを表現しているのだと思う。

　私自身も，このような形で人生の意味への問いをよく考えていた時期があった。小学校に上がった頃に，「いつか自分も必ず死んでしまう」という，死の不可逆性や不可避性や普遍性に思い至ったときが人生の意味を問うようになったきっかけだったと思うが，「どうせ自分も子孫も人類も死んで無になるのだから，人生に意味はないのではないか」という問いはとても強力で反論不可能に思えた。だからこそ卒業論文に実存的空虚をテーマに選んだのだが，その頃は，意味にこだわっていたからこそ，無意味にもこだわっていたのだと思う。その後，20代半ばに度重なる病を得て，生きていることのシンプルな感覚に少し気づいたことや，友人や学問的環境に恵まれたこともあって，意味への問いの境界線を越えた「彼方」，その問いをそもそも問うことを可能にしている「無限の余白」があるのではないだろうか，と時々感じるようになった。脱意味までをイメージ化した人生の意味の場所（トポス）モデルは，その過程で（主に病床で）出来てきたものであり，単にこれまでの知見をまとめた理論モデルというだけでなく，現時点における私自身の個人的な人生観（の理想型）でもある。

　未だに萌芽的な形ではあるが，本書が，人生の意味に関する我が国の研究の進展に少しでも寄与できれば幸甚である。また，人生の意味を現在問うている方や，あるいはかつて考えたことがある方にとっても，新たな人生観を生成する呼び水のひとつになればと願っている。

　最後になったが，私といつも共にいてくれて，私の人生を意味あるものにしてくれている家族や大切な人たちにこの本を捧げる。

2013年1月

引用文献

Adams, D. (1979). The hitchhiker's guide to the galaxy. New York: Harmony Books.
　（アダムス，D. 安原和見（訳）(2005). 銀河ヒッチハイク・ガイド　河出書房新社）

Adams, E. M. (2002). The meaning of life. *International Journal for Philosophy of Religion*, **51**, 71-81.

Addad, M., & Leslau, A. (1989). Moral judgment and meaning in life. *International Forum for Logotherapy*, **12** (2), 110-116.

Adler, A. (1932). *What life should mean to you*. London: George Allen & Unwin.
　（アドラー，A.　高尾利数（訳）(1984). 人生の意味の心理学　春秋社）

Allport, G. W., Vernon, P. E., & Lindzey, G. (1951). *Study of values: A scale for measuring the dominant interests in personality*. Boston: Houghton-Mifflin.

天谷祐子 (2001). 自我体験に関する縦断研究――小学校高学年生・中学1年生を対象として――　名古屋大学大学院教育発達科学研究科紀要, **48**, 97-106.

Anderson, H., & Goolishian, H. A. (1988). Human systems as linguistic systems: Preliminary and evolving ideas about the implications for clinical theory. *Family Process*, **27** (4), 371-393.

安藤　治・湯浅泰雄 (2007). スピリチュアリティの心理学――心の時代の学問を求めて――　せせらぎ出版

Antonovsky, A. (1987). *Unraveling the mystery of health: How people manage stress and stay well*. San Francisco: Jossey-Bass.

青木克仁 (2004). 人生の意味と宇宙論的文脈　安田女子大学紀要, **32**, 51-60.

青木克仁 (2005). イメージから考える人生論　岡山大学教育出版

Ardelt, M. (2003). Effects of religion and purpose in life on elders' subjective well-being and attitudes toward death. *Journal of Religious Gerontology*, **14** (4), 55-77.

Auhagen, A. E. (2000). On the psychology of meaning of life. *Swiss Journal of Psychology*, **59** (1), 34-48.

Auhagen, A. E. (2004). *Positive psychologie. Anleitung zum, "besseren" Leben*. Weinheim: Beltz PVU.

Auhagen, A. E., & Holub, F. (2006). Ultimate, provisional, and personal meaning of life: differences and common ground. *Psycholgical Reports*, **99** (1), 131-146.

Ayer, A. J. (1990). *The meaning of life*. New York: Scribner.

東　浩紀 (2001). 動物化するポストモダン――オタクから見た日本社会――　講談社

Baessler, J. (2001). *The understanding of 'happiness' and 'meaning of life' in the concept of human nature of Germans and Peruvians: An empirical cross-cultural comparison.* Unpublished Doctorial dissertation, Free University of Berlin.

Baggini, J. (2004). *What's it all about?: Philosophy and the meaning of life.* New York: Oxford University Press.

Baier, K. (2000). The meaning of life. In E. D. Klemke (Ed.), *The meaning of life* 2nd ed. New York: Oxford University Press, pp.101-132.

Baird, R. M. (1985). Meaning in life: Discovered or created? *Journal of Religion and Health*, 24 (2), 117-124.

Banaji, M., & Greenwald, A. G. (1994). Implicit stereotyping and prejudice *The psychology of prejudice: The Ontario symposium.* Vol. 7. Hillsdale, NJ: Lawrence Erlbaum Associates, pp.55-76.

Bar-Tur, L., Savaya, R., & Prager, E. (2001). Sources of meaning in life in young and old Israeli Jews and Arabs. *Journal of Aging Studies*, 15 (3), 253-269.

Bassett, M. F., & Warne, C. J. (1919). On the lapse of verbal meaning with repetition. *The American Journal of Psychology*, 30 (4), 415-418.

Batthyany, A., & Guttmann, D. (2005). *Empirical research in logotherapy and meaning-oriented psychotherapy: An annotated bibliography.* AZ: Zeig, Tucker & Theisen.

Battista, J., & Almond, R. (1973). The development of meaning in life. *Psychiatry*, 36 (4), 409-427.

Bauer, J. J., & McAdams, D. P. (2004). Personal growth in adults' stories of life transitions. *Journal of Personality*, 72 (3), 573-602.

Baum, S. K., & Stewart, R. B., Jr. (1990). Sources of meaning through the lifespan. *Psychological Reports*, 67 (1), 3-14.

Baumeister, R. (1991). *Meanings of life.* New York: Guilford.

Becker, E. (1973). *The denial of death.* New York: Free Press.

Behice, E. (2008). Meaning in life for patients with cancer: Validation of the Life Attitude Profile-Revised Scale. *Journal of Advanced Nursing*, 62 (6), 704-711.

Berger, P. L., & Luckman, T. (1966). *The social construction of reality: A treatise in the sociology of knowledge.* New York: Doubleday.

Bering, J. M. (2002). The existential theory of mind. *Review of General Psychology*, 6 (1), 3-24.

Bering, J. M. (2003). Towards a cognitive theory of existential meaning. *New Ideas in Psychology*, 21 (2), 101-120.

Bering, J. M. (2006). The folk psychology of souls. *Behavioral and Brain Sciences*, 29 (5), 453-498.

Bering, J. (2011). *The belief instinct: The psychology of souls, destiny, and the meaning of life.* New York: W. W. Norton & Company.

(ベリング，J. 鈴木光太郎（訳）(2012). ヒトはなぜ神を信じるのか——信仰する本能—— 化学同人)

Biller, K. (2001). Meta-critique of Viktor Emil Frankl. *International Forum for Logotherapy*, 24 (2), 77-82.

Blackburn, S. (2007). Religion and respect. In L. M. Antony (Ed.), *Philosophers Without Gods*. New York: Oxford University Press, pp.179-193

Blumer, H. (1969). *Symbolic interactionism: Perspective and method*. NJ: Prentice-Hall.

Bolt, M. (1975). Purpose in life and religious orientation. *Journal of Psychology and Theology*, 3 (2), 116-118.

Bonebright, C. A., Clay, D. L., & Ankenmann, R. D. (2000). The relationship of workaholism with work-life conflict, life satisfaction, and purpose in life. *Journal of Counseling Psychology*, 47 (4), 469-477.

Braam, A. W., Bramsen, I., van Tilburg, T. G., van der Ploeg, H. M., & Deeg, D. J. (2006). Cosmic transcendence and framework of meaning in life: Patterns among older adults in the Netherlands. *Journal of Gerontology: SOCIAL SCIENCES*, 61 (3), S121-128.

Breitbart, W. (2002). Spirituality and meaning in supportive care: Spirituality- and meaning-centered group psychotherapy interventions in advanced cancer. *Supportive Care in Cancer*, 10 (4), 272-280.

Bronfenbrenner, U. (1979). *The ecology of human development: Experiments by nature and design*. Cambridge, MA: Harvard University Press.

Bruner, J. S. (1986). *Actual minds, possible worlds*. MA: Harvard University Press.
(ブルーナー，J. 田中一彦（訳）(1998). 可能世界の心理 みすず書房)

Bruner, J. S. (1990). *Acts of meaning*. MA: Harvard University Press.

Bruner, J. S. (2004). Life as narrative. *Social Research: An International Quarterly*, 71 (3), 691-710.

Bruner, J. S., & Tagiuri, R. (1954). Person perception. In G. Lindsey (Ed.), *Handbook of social psychology*. Vol. 2. MA: Addison-Wesley, pp.634-654.

Camus, A. (1942). *Le mythe de Sisyphe*. Paris: Gallimard.
(カミュ，A. 清水 徹（訳）(1969). シーシュポスの神話 新潮社)

Carter, R. E. (1986). The ground of meaning: Logotherapy, psychotherapy, and Kohlberg's developmentalism. *International Forum for Logotherapy*, 9 (2), 116-124.

Chamberlain, K., & Zika, S. (1988). Religiosity, life meaning and wellbeing: Some relationships in a sample of women. *Journal for the Scientific Study of Religion*, 27 (3), 411-420.

Cioran, E. M. (1973). *De l'inconvénient d'être né*. Paris: Gallimard.
(シオラン，E. M. 出口裕弘（訳）(1976). 生誕の災厄 紀伊國屋書店)

Coffey, A., & Atkinson, P. (1996). *Making sense of qualitative data: Complementary research strategies*. Thousand Oaks, CA: Sage.

Cooper, D. E. (2005). Life and meaning. *Ratio,* 18 (2), 125–137.

Cottingham, J. (2003). *On the meaning of life*. New York: Routledge.

Craig, W. L. (2000). The absurdity of life without God. In E. D. Klemke (Ed.), *The meaning of life*. 2nd ed. New York: Oxford University Press, pp.40–56.

Crandall, J. E., & Rasmussen, R. D. (1975). Purpose in life as related to specific values. *Journal of Clinical Psychology*, 31 (3), 483–485.

Crumbaugh, J. C. (1977). The Seeking of Noetic Goals test (SONG): A complementary scale to the Purpose in Life test (PIL). *Journal of Clinical Psychology*, 33 (3), 900–907.

Crumbaugh, J. C., & Maholick, L. T. (1964). An experimental study in existentialism: The psychometric approach to Frankl's concept of noogenic neurosis. *Journal of Clinical Psychology*, 20 (2), 200–207.

Crumbaugh, J. C., Wood, W. M., & Wood, W. C. (1980). *Logotherapy: New help for problem drinkers*. Chicago: Nelson-Hall.

Davis, W. (1986). The creation of meaning. *Philosophy Today*, 30, 151–167.

Davis, W. (1987). The meaning of life. *Metaphilosophy*, 18, 288–305.

Debats, D. L. (1990). The Life Regard Index: Reliability and validity. *Psychological Reports*, 67 (1), 27–34.

Debats, D. L. (1999). Sources of meaning: An investigation of significant commitments in life. *Journal of Humanistic Psychology*, 39 (4), 30–57.

Debats, D. L. (2000). An inquiry into existential meaning: Theoretical, clinical, and phenomenal perspectives. In G. T. Reker & K. Chamberlain (Eds.), *Exploring existential meaning: Optimizing human development across the life span*. Thousand Oaks, CA: Sage, pp.93–106.

Debats, D. L., van der Lubbe, P. M., & Wezeman, F. R. (1993). On the psychometric properties of the Life Regard Index (LRI): A measure of meaningful life: An evaluation in three independent samples based on the Dutch version. *Personality and Individual Differences*, 14 (2), 337–345.

Denne, J. M., & Thompson, N. L. (1991). The experience of transition to meaning and purpose in life. *Journal of Phenomenological Psychology*, 22 (2), 109–133.

DePaola, S. J., & Ebersole, P. (1995). Meaning in life categories of elderly nursing home residents. *The International Journal of Aging & Human Development*, 40 (3), 227–236.

DeVogler, K. L., & Ebersole, P. (1980). Categorization of college students' meaning of life. *Psychological Reports*, 46 (2), 387–390.

DeVogler, K. L., & Ebersole, P. (1981). Adults' meaning in life. *Psychological Reports*, 49

(1), 87-90.
DeVogler, K. L., & Ebersole, P. (1983). Young adolescents' meaning in life. *Psychological Reports*, 52 (2), 427-431.
DeVogler-Ebersole, K., & Ebersole, P. (1985). Depth of meaning in life: Explicit rating criteria. *Psychological Reports*, 56 (1), 303-310.
Diener, E., Emmons, R. A., Larsen, R. J., & Griffin, S. (1985). The Satisfaction With Life Scale. *Journal of Personality Assessment*, 49 (1), 71-75.
Dittmann-Kohli, F., & Westerhof, G. J. (1997). The SELE sentence completion questionnaire: A new instrument for the assessment of personal meaning in research on aging. *Anuario de Psicologia*, 73, 7-18.
Dittmann-Kohli, F., & Westerhof, G. J. (2000). The personal meaning system in a life-span perspective. In G. T. Reker & K. Chamberlain (Eds.), *Exploring existential meaning: Optimizing human development across the life span*. Thousand Oaks, CA: Sage, pp.107-122.
Dufton, B. D., & Perlman, D. (1986). The association between religiosity and the Purpose-in-Life Test: Does it reflect purpose or satisfaction? *Journal of Psychology and Theology*, 14 (1), 42-48.
Durant, W. (2005). *On the meaning of life*. Texas: Promethean Press.
Dyck, M. J. (1987). Assessing logotherapeutic constructs: Conceptual and psychometric status of the Purpose in Life and Seeking of Noetic Goals tests. *Clinical Psychology Review*, 7 (4), 439-447.
Eagleton, T. (2007). *The meaning of life: A very short introduction*. New York: Oxford University Press.
Ebersole, P. (1993). Contributions to psychohistory: XXI. Analysis of Conrad's Lord Jim's life meaning. *Psychological Reports*, 72 (1), 31-34.
Ebersole, P. (1998). Types and depth of written life meaning. In P. T. P. Wong & P. S. Fry (Eds.), *The human quest for meaning: A handbook of psychological research and clinical applications*. London: Lawrence Erlbaum Associates, pp.179-191.
Ebersole, P., & DePaola, S. (1987). Meaning in life categories of later life couples. *Journal of Psychology*, 121 (2), 185-191.
Ebersole, P., & DePaola, S. (1989). Meaning in life depth in the active married elderly. *Journal of Psychology*, 123 (2), 171-178.
Ebersole, P., & DeVogler, K. L. (1981). Meaning in life: Category self-ratings. *Journal of Psychology*, 107 (2), 289-293.
Ebersole, P., & DeVogler-Ebersole, K. (1986). Meaning in life of the eminent and the average. *Journal of Social Behavior and Personality*, 1 (1), 83-94.
Ebersole, P., & DeVore, G. (1995). Self-acutualization, diversity, and meaning in life.

Journal of Social Behavior and Personality, 10 (1), 37-51.

Ebersole, P., & Kobayakawa, S. (1989). Bias in meaning in life ratings. *Psycholgical Reports*, 65 (3), 911-914.

Ebersole, P., & Quiring, G. (1991). Meaning in Life Depth: The MILD. *Journal of Humanistic Psychology*, 31 (3), 113-124.

Ebersole, P., & Sacco, J. (1983). Depth of meaning in life: A preliminary study. *Psychological Reports*, 53 (3), 890.

Eckhart, M. 田島照久（編訳）(1990). エックハルト説教集 岩波書店

Edwards, M. J. (2007). *The dimensionality and construct valid measurement of life meaning*. Unpublished doctorial dissertation, Queen's University, Ontario, Canada.

Edwards, M. J., & Holden, R. R. (2003). Coping, meaning in life, and suicidal manifestations: Examining gender differences. *Journal of Clinical Psychology*, 59 (10), 1133-1150.

Edwards, P. (1981). Why. In E. D. Klemke (Ed.), *The meaning of life*. 1st ed. New York: Oxford University Press, pp.227-240.

Ellin, J. (1995). *Morality and the meaning of life: An introduction to ethical theory*. California: Wadsworth Publishing.

Ellison, C. G., & Levin, J. S. (1998). The religion-health connection: Evidence, theory, and future directions. *Health Education & Behavior*, 25 (6), 700-720.

Emmons, R. A. (1999). *The psychology of ultimate concern*. New York: Guilford.

Emmons, R. A., & McCullough, M. E. (2003). Counting blessings versus burdens: An experimental investigation of gratitude and subjective well-being in daily life. *Journal of Personality and Social Psychology*, 84 (2), 377-389.

Emmons, R. A., Cheung, C., & Tehrani, K. (1998). Assessing spirituality through personal goals: Implications for research on religion and subjective well-being. *Social Indicators Research*, 45 (1-3), 391-422.

Emmons, R. A., Colby, P. M., & Kaiser, H. A. (1998). When losses lend to gains: Personal goals and the recovery of meaning. In P. T. P. Wong & P. S. Fry (Eds.), *The human quest for meaning: A handbook of psychological research and clinical applications*. London: Lawrence Erlbaum Associates, pp.168-178.

遠藤利彦 (2006). 質的研究と語りをめぐるいくつかの雑感 能智正博（編），〈語り〉と出会う——質的研究の新たな展開に向けて—— ミネルヴァ書房 pp.191-235.

Erikson, E. H. (1963). *Childhood and society* (2nd ed.). New York: Norton.

Esposito, N. J., & Pelton, L. H. (1971). Review of the measurement of semantic satiation. *Psychological Bulletin*, 75 (5), 330-346.

Farran, C. J., & Kuhn, D. R. (1998). Finding meaning through caring for persons with

Alzheimer's disease: Assessment and intervention. In P. T. P. Wong & P. S. Fry (Eds.), *The human quest for meaning: A handbook of psychological research and clinical applications*. London: Lawrence Erlbaum Associates. pp.335-358.

Fegg, M. J., Kramer, M., Bausewein, C., & Borasio, G. D. (2007). Meaning in life in the Federal Republic of Germany: results of a representative survey with the Schedule for Meaning in Life Evaluation (SMiLE). *Health Qual Life Outcomes*, 5 (10), 59.

Fernandez, D. R., & Perrewe, P. L. (1995). Implicit stress theory: An experimental examination of subjective performance information on employee evaluations. *Journal of Organizational Behavior*, 16 (4), 353-362.

Fiske, M., & Chiriboga, D. A. (1991). *Change and continuity in adult life*. San Francisco: Jossey-Bass.

Flanagan, O. (1996). *Self-expressions: Mind, morals and the meaning of life*. New York: Oxford University Press.

Flick, U. (1995). *Qualitative forschung*. Humburg: Rowohlt.
（フリック，U. 小田博志・山本則子・春日常・宮地尚子（訳）(2002). 質的研究入門——〈人間の科学〉のための方法論—— 春秋社）

Florian, V. (1985). Meaning in life of cancer patients receiving adjuvant therapy. *International Forum for Logotherapy*, 8 (2), 109-121.

Florian, V., & Kravetz, S. (1983). Fear of personal death: Attribution, structure, and relation to religious belief. *Journal of Personality and Social Psychology*, 44 (3), 600-607.

Folkman, S., & Moskowitz, J. T. (2000). Positive affect and the other side of coping. *American Psychologist*, 55 (6), 647-654.

Fowler, J. W. (1981). *Stages of faith: The psychology of human development and the quest for meaning*. San Francisco: Harper & Row.

Frankl, V. E. (1946). *Aerztliche seelsorge*. Wien: Franz Deuticke.
（フランクル，V. E. 霜山徳爾（訳）(1957). 死と愛 みすず書房）

Frankl, V. E. (1947). *Ein psycholog erlebt das konzentrationslager*. Wien: für Jugend und Volk.
（フランクル，V. E. 霜山徳爾（訳）(1961). 夜と霧 みすず書房）

Frankl, V. E. (1947). *...trotzdem ja zum leben sagan*. Wien: Franz Deuticke.
（フランクル，V. E. 山田邦男・松田美佳（訳）(1993). それでも人生にイエスと言う 春秋社）

Frankl, V. E. (1951). *Logos und existenz: Drei Vorträge*. Wien: Amandas.
（フランクル，V. E. 佐野利勝・木村敏（訳）(1962). 識られざる神 みすず書房）

Frankl, V. E. (1955). *Pathologie des zeitgeistes: Rundfunkvorträge über seelenheilkunde*. Wien: Verlag: Franz Deuticke.

（フランクル，V. E. 宮本忠雄（訳）（2002）．時代精神の病理学――心理療法の26章―― みすず書房）

Frankl, V. E. (1956). *Theorie und therapie der neurosen*. Wien: Urban & Schwarzenberg.

（フランクル，V. E. 霜山徳爾（訳）（2002）．神経症Ⅱ――その理論と治療――みすず書房）

Frankl, V. E. (1963). *Man's search for meaning*. New York: Washington Square Press.

Frankl, V. E. (1966). Self-transcendence as a human phenomenon. *Journal of Humanistic Psychology*, 6 (2), 97-106.

Frankl, V. E. (1969). *The will to meaning: Foundations and applications of logotherapy*. New York: New American Library.

（フランクル，V. E. 大沢 博（訳）（1979）．意味への意志――ロゴセラピイの基礎と応用―― ブレーン出版）

Frankl, V. E. (1972). *Ausgesählte vorträge über logotherapie*. Wien: Hans Huber.

（フランクル，V. E. 山田邦男（監訳）（2004）．意味による癒し――ロゴセラピー入門―― 春秋社）

Frankl, V. E. (1972). *Der wille zum sinn*. München: Piper.

（フランクル，V. E. 山田邦男（監訳）（2004）．意味への意志 春秋社）

Frankl, V. E. (2000). *Man's search for ultimate meaning*. New York: Basic Books.

Frankl, V. E. (2005). *Ärztliche seelsorge: Grundlagen der logotherapie und existenzanalyse*. Wien: Deuticke Im Zsolnay Verlag.

（フランクル，V. E. 山田邦男（監訳）岡本哲雄・雨宮 徹・今井伸和（訳）（2011）．人間とは何か――実存的精神療法―― 春秋社）

Frazier, P., Oishi, S., & Steger, M. (2003). Assessing optimal human functioning. In W. B. Walsh (Ed.), *Counseling psychology and optimal human functioning*. Mahwah, NJ: Erlbaum. pp.251-278.

Freud, S. (1930). *Civilization and its discontents*. Oxford: Hogarth.

（フロイト，S. 中山 元（訳）（2007）．幻想の未来／文化への不満 光文社）

Freud, S., & Robson-Scott, W. D. (1928). *The future of an illusion*. Honolulu, HI: Hogarth Press.

Friend, D., & Editors of *Life* (Eds.). (1991). *The meaning in life*. Boston: Little, Brown.

Friend, D., & Editors of *Life* (Eds.). (1992). *More reflections on the meaning of life*. Boston: Little, Brown.

Fry, P. S. (1998). The development of personal meaning and wisdom in adolescence: A reexamination of moderating and consolidating factors and influences. In P. T. P. Wong & P. S. Fry (Eds.), *The human quest for meaning: A handbook of psychological research and clinical applications*. London: Lawrence Erlbaum Associates, pp.91-110.

藤井誠二・宮台真司 (2003). この世からきれいに消えたい。――美しき少年の理由なき自殺―― 朝日新聞社
Gabay, J. (Ed.). (1995). *The meaning of life: Revelation, reflections and insights from all walks of life*. London: Virgin Books.
  (ギャベイ, J. 長野 (訳) (1997). ミーニング・オブ・ライフ――人生の意味―― 人間と歴史社)
Garfield, C. A. (1973). A psychometric and clinical investigation of Frankl's concept of existential vacuum and of anomia. *Psychiatry*, 36 (4), 396-408.
Gergen, K. J., & Gergen, M. M. (1983). Narratives of the self. In T. R. Sarbin & K. E. Scheibe (Eds.), *Studies in Social Identity*. New York: Praeger, pp.254-273.
Gesser, G., Wong, P. T. P., & Reker, G. T. (1987-88). Death attitudes across the life-span: The development and validation of the Death Attitude Profile (DAP). *Omega: Journal of Death and Dying*, 18 (2), 113-128.
Giere, R. (1999). *Science without laws*. Chicago: University of Chicago Press.
Gillies, J., & Neimeyer, R. A. (2006). Loss, grief, and the search for significance: Toward a model of meaning reconstruction in bereavement. *Journal of Constructivist Psychology*, 19 (1), 31-65.
Gilligan, C. (1982). *In a different voice: Psychological theory and woman's development*. Cambridge, MA: Harvard University Press.
Giorgi, B. (1982). The Belfast Test: A new psychometric approach to logotherapy. *International Forum for Logotherapy*, 5 (1), 31-37.
Gordon, J. (1983). Is the existence of God relevant to the meaning of life? *Modern Schoolman*, 60, 227-246.
Gould, W. (1993). *Frankl: Life with meaning*. Belmont, CA: Wadsworth.
Greenberg, J., Koole, S. L., & Pyszczynski, T. (Eds.). (2004). *Handbook of experimental existential psychology*. New York: Guilford Press.
Grünberg, D. (2005). The meaning of life vis-à-vis the challenges of the present-day world. In A. T. Tymieniecka (Ed.), *Analecta Husserliana*. Vol. 84.. Dordrecht, Netherlands: Springer, pp.13-31.
Hablas, R., Hutzell, R. R., & Bolin, E. (1980). Life purpose and subjective well-being in schizophrenic patients. *International Forum for Logotherapy*, 3 (2), 44-45.
Hanfling, O. (1987). *The quest for meaning*. New York: Basil Blackwell.
  (ハンフリング, O. 良峯徳和 (訳) (1992). 意味の探求――人生論の哲学入門―― 玉川大学出版部)
Hanley, S. J., & Abell, S. C. (2002). Maslow and relatedness: Creating an interpersonal model of self-actualization. *Journal of Humanistic Psychology*, 42 (4), 37-56.
Harlow, L. L., & Newcomb, M. D. (1990). Towards a general hierarchical model of

meaning and satisfaction in life. *Multivariate Behavioral Research*, 25 (3), 387-405.

Harlow, L. L., Newcomb, M. D., & Bentler, P. M. (1987). Purpose in Life Test assessment using latent variable methods. *British Journal of Clinical Psychology*, 26 (3), 235-236.

Hazell, C. G. (1984). A scale for measuring experienced levels of emptiness and existential concern. *Journal of Psychology*, 117 (2), 177-182.

Heine, S. J., Proulx, T., & Vohs, K. D. (2006). The meaning maintenance model: On the coherence of social motivations. *Personality and Social Psychology Review*, 10 (2), 88-110.

Heisel, M. J., & Flett, G. L. (2004). Purpose in life, satisfaction with life, and suicide ideation in a clinical sample. *Journal of Psychopathology and Behavioral Assessment*, 26 (2), 127-135.

Hepburn, R. W. (2000). Question about the meaning of life. In E. D. Klemke (Ed.), *The meaning of life*. 2nd ed. New York: Oxford University Press, pp.261-276.

Hermans, H. J. M. (1989). The meaning of life as an organized process. *Psychotherapy*, 26 (1), 11-22.

Hermans, H. J. M. (1998). Mening as an organized process of valuation: A self-confrontational approach. In P. T. P. Wong & P. S. Fry (Eds.), *The human quest for meaning: A handbook of psychological research and clinical applications*. London: Lawrence Erlbaum Associates, pp.317-334.

Hermans, H. J. M. (2000). Meaning as movement: The relativity of the mind. In G. T. Reker & K. Chamberlain (Eds.), *Exploring existential meaning: Optimizing human development across the life span*. Thousand Oaks, CA: Sage, pp.23-38.

Hermans, H. J. M., & Kempen, H. J. G. (1993). *The dialogical self*. CA: Elsevier.
（ハーマンス，H. J. M.・ケンペン，H. J. G. 溝上慎一・水間玲子・森岡正芳（訳）(2006). 対話的自己——デカルト／ジェームズ／ミードを超えて—— 新曜社）

Hick, J. (2000). The religious meaning of life. In J. Runzo & N. M. Martin (Eds.), *The meaning of life in the world religions*. New York: Oneworld, pp.269-286.

Hilgard, E. R., & Bower, G. H. (1975). *Theories of learning* (4th ed.). NJ: Prentice-Hall.

Hoffman, N. (1984). Cognitive therapy: Introduction to the subject (E. Lachman, Trans.). In N. Hoffman (Ed.), *Foundations of cognitive therapy: Theoretical methods and practical applications*. New York: Nashville: Abingdon Press, pp.1-10.

本荘可宗（1938）．不惑の人生観　千倉書房

堀　洋道・吉田富二雄（2001）．心理測定尺度集Ⅱ　ナカニシヤ出版

堀井俊章・槌谷笑子（1995）．最早期記憶と対人信頼感との関係について　性格心理学研究，3 (1), 27-36.

Hospers, J. (1967). *An introduction to philosophical analysis* (2nd ed.). NJ: Prentice-Hall.
Humphrey, N. (2011). *Soul dust: The magic of consciousness*. New York: Princeton University Press.
　　（ハンフリー，N．柴田裕之（訳）（2012）．ソウルダスト――＜意識＞という魅惑の幻想――　紀伊國屋書店）
Hutzell, R. R. (1992). A Values Worksheet. *International Forum for Logotherapy*, 15 (2), 22-29.
Hutzell, R. R., & Peterson, T. J. (1985). An MMPI Existential Vacuum Scale for Logotherapy research. *International Forum for Logotherapy*, 8 (2), 97-100.
今成元昭（1978）．仏教文学の世界　日本放送出版協会
印東太郎（1973）．心理学におけるモデル構成　印東太郎（編）　モデル構成　東京大学出版会　pp.1-28.
糸島陽子（2005）．死生観形成に関する調査――看護学生と大学生の比較――　京都市立看護短期大学紀要，30，141-147.
Jankélévitch, V. (1966). *La mort*. Paris: Flammarion.
　　（ジャンケレヴィッチ，V．仲澤紀雄（訳）（1978）．死　みすず書房）
Jenerson-Madden, D., Ebersole, P., & Romero, A. M. (1992). Personal life meaning of Mexicans. *Journal of Social Behavior and Personality*, 7 (1), 151-161.
Jim, H. S., Purnell, J. Q., Richardson, S. A., Golden-Kreutz, D., & Andersen, B. L. (2006). Measuring meaning in life following cancer *Quality of Life Research*, 15 (8), 1355-1371.
Jones, E. (1957). *The life and work of Sigmund Freud* (Vol. 3). New York: Basic Books.
Joske, W. D. (2000). Philosophy and the meaning of life. In E. D. Klemke (Ed.), *The meaning of life*. 2nd ed. New York: Oxford University Press, pp.283-294.
Josselson, R., & Lieblich, A. (Eds.). (1993). *The narrative study of lives*. CA: Sage.
Jung, C. G. (1933). *Modern man in search of a soul*. New York: Harcourt, Brace & World.
Jung, C. G. (1963). *Memories, dreams, reflections*. New York: Randam House.
　　（ユング，C．G．河合隼雄・藤縄　昭・出井淑子（訳）（1973）．ユング自伝――思い出・夢・思想――　2　みすず書房）
影山任佐（1999）．「空虚な自己」の時代　日本放送出版協会
Kahn, R. L., & Antonucci, T. C. (1980). Convoys over the life course: Attachment, roles, and social support. In P. B. Baltes & O. G. Brim (Eds.), *Life span development and behavior*. Vol. 3. San Diego, CA: Academic Press, pp. 253-286.
梶田叡一（1980）．自己意識の心理学　東京大学出版会
Kalkman, B. (2003). *Personal meaning among Indocanadians and South Asians*. Unpublished Master's thesis, Trinity Western University, BC, Canada.
亀田　研（2002）．青年期における「生きる意味への問い」に関する研究（1）．日本

発達心理学会第14回大会発表論文集, 429.
亀田　研（2003a）．青年期における生きる意味への問いに関する探索的検討——問いの契機に関する自由記述による分析——　日本青年心理学会第11回大会発表論文集, 40-41.
亀田　研（2003b）．青年期における生きる意味への問いに関する研究（2）　日本教育心理学会第45回総会発表論文集, 234.
神谷美恵子（1980）．生きがいについて　みすず書房
金児暁嗣（1997）．日本人の宗教性——オカゲとタタリの社会心理学——　新曜社
唐木順三（1965）．無常　筑摩書房
笠原嘉（2002）．アパシー・シンドローム　岩波書店
Kashdan, T. B., & Steger, M. F. (2007). Curiosity and pathways to well-being and meaning in life: Traits, states, and everyday behaviors. *Motivation and Emotion*, 31, 159-173.
加藤隆勝・高木秀明（1980）．青年期における情動的共感性の特質　筑波大学心理学研究, 2, 33-42.
Kaufman, S. R. (1986). *The ageless self: Sources of meaning in late life*. Wisconsin: University of Wisconsin Press.
河合千恵子・下仲順子・中里克治（1996）．老年期における死に対する態度　老年社会科学, 17 (2), 107-116.
川喜田二郎（1967）．発想法　中央公論新社
川島大輔（2008）．意味再構成理論の現状と課題——死別による悲嘆における意味の探求——　心理学評論, 51 (4), 485-499.
川島大輔（2009）．死の意味づけへの生涯発達心理学的研究——老年期における死と宗教へのナラティヴ・アプローチ——　京都大学大学院教育学研究科博士論文（未公刊）．
川島大輔（2011）．生涯発達における死の意味づけと宗教——ナラティヴ死生学に向けて——　ナカニシヤ出版
Kekes, J. (1986). The informed will and the meaning of life. *Philosophy and Phenomenological Research*, 47 (1), 75-90.
Kelly, G. A. (1955). *The psychology of personal constructs*. New York: W. W. Norton.
Kenyon, G. M. (2000). Philosophical foundations of existential meaning. In G. T. Reker & K. Chamberlain (Eds.), *Exploring existential meaning: Optimizing human development across the life span*. Thousand Oaks, CA: Sage, pp.7-22.
Khayyám, O. 小川亮作（訳）（1949）．ルバイヤート　岩波書店
Kim, M. (2001). *Exploring sources of life meaning among Koreans*. Unpublished master's thesis, Trinity Western University, BC, Canada.
King, G. A. (2004). The meaning of life experiences: Appliation of a meta-model to rehabilitation sciences and services. *American Journal of Orthopsychiatry*, 74 (1), 72-88.

King, L. A., & Raspin, C. (2004). Lost and found possible selves, subjective well-being, and ego development in divorced women. *Journal of Personality*, 72 (3), 603-632.

King, L. A., & Smith, N. G. (2004). Gay and straight possible selves: Goals, identity, subjective well-being, and personality development. *Journal of Personality*, 72 (5), 967-994.

King, L. A., Scollon, C. K., Ramsey, C., & Williams, T. (2000). Stories of life transition: Subjective well-being and ego development in parents of children with Down Syndrome. *Journal of Research in Personality*, 34 (4), 509-536.

Kinnier, R. T., Kernes, J. L., Tribbensee, N. E., & Puymbroeck, C. M. (2003). What eminent people have said about the meaning of life. *Journal of Humanistic Psychology*, 43 (1), 105-118.

Klaassen, D. W., & McDonald, M. J. (2002). Quest and identity development: Re-examining pathways for existential search. *The International Journal for the psychology of Religion*, 12 (3), 189-200.

Klemke, E. D. (Ed.). (1981). *The meaning of life*. 1st ed. New York: Oxford University Press.

Klemke, E. D. (2000a). Living without appeal: An affirmative philosophy of life. In E. D. Klemke (Ed.), *The meaning of life*. 2nd ed. New York: Oxford University Press, pp.186-197.

Klemke, E. D. (Ed.). (2000b). *The meaning of life*. 2nd ed. New York: Oxford University Press.

Klemke, E. D., & Cahn, S. M. (Eds.). (2007). *The meaning of life*. 3rd ed. New York: Oxford University Press.

Klinger, E. (1977). *Meaning and void: Inner experience and the incentives in people's lives*. Minneapolis: Univ of Minnesota Press.

Klinger, E. (1998). The search for meaning in evolutionary perspective and its clinical implications. In P. T. P. Wong & P. S. Fry (Eds.), *The human quest for meaning: A handbook of psychological research and clinical applications*. London: Lawrence Erlbaum Associates, pp.27-50.

小林智昭（1959）．無常観の文学　弘文堂

Kohlberg, L. (Ed.). (1980). *The philosophy of moral development*. New York: Harper & Row.

Kohlberg, L., & Power, C. (1981). Moral development, religious thinking, and the question of a seventh stage. *Zygon*, 16 (3), 203-241.

Koltko-Rivera, M. E. (2004). The psychology of worldviews. *Review of General Psychology*, 8 (1), 3-58.

小松栄一（2004）．自我体験──沈思のディスコース──　渡辺恒夫・高石恭子（編）

〈私〉という謎——自我体験の心理学——　新曜社　pp.165-184.
近藤　勉・鎌田次郎（1998）．現代大学生の生きがい感とスケール作成　健康心理学研究，11（1），73-82.
近藤　勉（2007）．生きがいを測る——生きがい感てなに？——　ナカニシヤ出版
河野勝彦（2002）．死と唯物論　青木書店
Krause, N. (2004). Stressors arising in highly valued roles, meaning in life, and the physical health status of older adults. *Journals of Gerontology Series B: Psychological Sciences and Social Sciences*, 59 (5), S287-S297.
Krishnamurti, J. (1991). *Meeting life: Writings and talks on finding your path without retreating from society*. Hampshire, England: Krishnamuriti Foundation Trust.
（クリシュナムルティ，J．大野龍一（訳）（2006）．生と出会う——社会から退却せずに，あなたの道を見つけるための教え——　コスモス・ライブラリー）
熊野道子（2003）．人生観のプロファイルによる生きがいの2次元モデル　健康心理学研究，16（2），68-76.
熊野道子（2006）．生きがいとその類似概念の構造　健康心理学研究，19（1），56-66.
熊野道子（2007）．生きがい対象の集中・分散による満足度・ストレス反応の相違——定年前後の男性の場合——　高齢者のケアと行動科学，13（1），1-9.
Kunzendorf, R. G., & Maguire, D. (1995). *Depression: The reality of "no meaning" versus the delusion of negative meaning*. Unpublished manuscript. Lowell, MA: University of Massachusetts.
Lahav, R. A. N. (1993). Using analytic philosophy in philosophical counselling. *Journal of Applied Philosophy*, 10 (2), 243-251.
Lambert, N. M., Stillman, T. F., Baumeister, R. F., Fincham, F. D., Hicks, J. A., & Graham, S. M. (2010). Family as a salient source of meaning in young adulthood. *Journal of Positive Psychology*, 5 (5), 367-376.
Landau, M. J., Solomon, S., Pyszczynski, T., & Greenberg, J. (2007). On the compatibility of terror management theory and perspectives on human evolution. *Evolutionary Psychology*, 5 (3), 476-519.
Laverty, W. H., Kelly, I. W., Janzen, B. L., Pringle-Nelson, C., & Miket, M. J. (2005). Expressions of life meaning among college students. *Psychological Reports*, 97 (3), 945-954.
Leontiev, D. A. (2007a). Approaching worldview structure with ultimate meanings technique. *Journal of Humanistic Psychology*, 47 (2), 243-266.
Leontiev, D. A. (2007b). The phenomenon of meaning: How psychology can make sense of it. In P. T. P. Wong, L. C. J. Wong, M. J. McDonald & D. W. Klaassen (Eds.), *The positive psychology of meaning and spirituality*. BC, Canada: INPM Press, pp.33-44.
Leslie, J. F., & Peter, R. H. (2008). The development of the Meaning in Life Index

(MILI) and its relationship with personality and religious behaviours and beliefs among UK undergraduate students. *Mental Health, Religion & Culture*, 11 (2), 211–220.

Levine, M. (1987). What does death have to do with the meaning of life? *Religious Studies*, 23 (4), 457–465.

Levy, N. (2005). Downshifting and meaning in life. *Ratio, 18* (2), 176–189.

Lin, A. (2001). *Exploring sources of life meaning among Chinese*. Unpublished Master's thesis, Trinity Western University, BC, Canada.

Linehan, M. M., Goodstein, J. L., L., N. S., & Chiles, J. A. (1983). Reasons for staying alive when you are thinking of killing yourself: The Reasons for Living Inventory. *Journal of Consulting and Clinical Psychology*, 51 (2), 276–286.

Little, B. R. (1998). Personal project pursuit: Dimensions and dynamics of personal meaning. In P. T. P. Wong & P. S. Fry (Eds.), *The human quest for meaning: A handbook of psychological research and clinical applications*. London: Lawrence Erlbaum Associates, pp.193–212.

Lloyd Jones, M. (2007). Overview of method. In C. Webb & B. Roe (Eds.), *Reviewing research evidence for nursing practice: Systematic reviews*. Oxford: Blackwell Publishing, pp.63–72.

Loevinger, J. (1976). *Ego development*. San Francisco: Jossey-Bass.

Lopez, S. J. (Ed.). (2009). *The encyclopedia of positive psychology*. West Sussex: Wiley-Blackwell.

Lovejoy, A. O. (1964). *The great chain of being: A study of the history of an idea*. Cambridge: Harvard University Press.
　　（ラブジョイ，A. O. 内藤健二（訳）(1975). 存在の大いなる連鎖　晶文社）

Lukas, E. (1972). Zur validierung der logotherapie. In V. E. Frankl (Ed.), *Ausgesählte vorträge über logotherapie*. Wien: Verlag Hans Huber.
　　（ルーカス，E. S. 山田邦男（監訳）(2004). ロゴセラピーの有効性　フランクル, V. E. 意味による癒し――ロゴセラピー入門――　春秋社　pp.175-231）

Lyon, D. E., & Younger, J. (2005). Development and preliminary evaluation of the Existential Meaning Scale. *Journal of Holistic Nursing*, 23 (1), 54.

Längle, A. (1992). What are we lokking for when we search for meaning? *Ultimate Reality and Meaning*, 1 (4), 306–314.

Längle, A., Orgler, C., & Kundi, M. (2003). The Existence Scale: A new approach to assess the ability to find personal meaning in life and to reach existential fulfilment. *European Psychotherapy*, 4 (1), 135–151.

MacIntyre, A. (1984). *After virtue*. 2nd ed. Notre Dame, Ind: University of Notre Dame Press.

（マッキンタイア，A. 篠崎　栄（訳）（1993）．美徳なき時代　みすず書房）

Maddi, S. R. (1967). The existential neurosis. *Journal of Abnormal Psychology*, 72 (4), 311-325.

Maddi, S. R. (1970). The search for meaning. In A. Williams & M. Page (Eds.), *The Nebraska symposium on motivation*. Lincoln, NE: University of Nebraska Press, pp.134-183.

Maddi, S. R. (1998). Creating meaning through making decisions. In P. T. P. Wong & P. S. Fry (Eds.), *The human quest for meaning: A handbook of psychological research and clinical applications*. London: Lawrence Erlbaum Associates, pp.3-26.

Magen, Z., & Aharoni, R. (1991). Adolescents' contributing toward others: Relationship to positive experiences and transpersonal commitment. *Journal of Humanistic Psychology*, 31 (2), 126-143.

真木悠介（2003）．時間の比較社会学　岩波書店

Markus, H. R., & Kitayama, S. (1998). The cultural psychology of personality. *Journal of Cross-Cultural Psychology*, 29 (1), 63-87.

Markus, A. (2003). Assessing views of life: A subjective affair? *Religious Studies*, 39 (2), 125-143.

Marshall, M., & Marshall, E. (2012). *Logotherapy revisited: Review of the tenets of Viktor E. Frankl's Logotherapy*. Ottawa, ON: CreateSpace Independent Publishing.

Mascaro, N., Rosen, D. H., & Morey, L. C. (2004). The development, construct validity, and clinical utility of the spiritual meaning scale. *Personality and Individual Differences*, 37 (4), 845-860.

Maslow, A. H. (1954). *Motivation and personality*. New York: Harper.
（マズロー，A. H. 小口忠彦（訳）（1987）．人間性の心理学──モチベーションとパーソナリティ──　産業能率大学出版部）

Maslow, A. H. (1966). Comments on Dr. Frankl's Paper. *Journal of Humanistic Psychology*, 6 (2), 107-112.

Maslow, A. H. (1968). *Toward a psychology of being*. New York: D. Van Nostrand.

Maslow, A. H. (1971). *The farther reaches of human nature*. New York: Viking Press.
（マズロー，A. H. 上田吉一（訳）（1973）．人間性の最高価値　誠信書房）

松田克進（2004）．＜人生の意味＞を巡る幾つかの哲学的議論　人間環境学研究，2 (2)，45-57.

松田信樹（2003）．恐怖管理理論研究の概要　自己心理学，1，41-53.

McAdams, D. P. (1993). *The stories we live by: Personal myths and the making of the self*. New York: William Morrow & Co.

McAdams, D. P. (1996). Personality, modernity, and the storied self: A contemporary framework for studying persons. *Psychological Inquiry*, 7 (4), 295-321.

McAdams, D. P. (2006). *The redemptive self: Stories Americans live by.* New York: Oxford University Press.

McAdams, D. P. (2008). Personal narratives and the life story. In O. John, R. Robins & L. Pervin (Eds.), *Handbook of personality psychology: Theory and research.* 3rd ed. New York: Guilford Press, pp.242–262.

McAdams, D. P. (2009). The problem of meaning in personality psychology from the standpoints of dispositional traits, characteristic adaptations, and life stories. *The Japanese Journal of Personality*, 18 (3), 173–186.

McAdams, D. P., & Olson, B. D. (2010). Personality development: Continuity and change over the life course. *Annual Review of Psychology*, 61, 517–542.

McAdams, D. P., & Pals, J. L. (2006). A new Big Five: Fundamental principles for an integrative science of personality. *American Psychologist*, 61 (3), 204–217.

McAdams, D. P., Josselson, R., & Lieblich, A. (2006). *Identity and story: Creating self in narrative.* Washington, DC: American Psychological Association.

McCann, J. T., & Biaggio, M. K. (1988). Egocentricity and two conceptual approaches to meaning in life. *International Forum for Logotherapy*, 11 (1), 31–37.

McCarthy, J. D., & Hoge, D. R. (1982). Analysis of age effects in longitudinal studies of adolescent self-esteem. *Developmental Psychology*, 18 (3), 372–379.

McCormick, J., Rodney, P., & Varcoe, C. (2003). Reinterpretations across studies: An approach to meta-analysis. *Qualitative Health Research*, 13 (7), 933–944.

McDonald, M. J., Wong, P. T. P., & Gingras, D. T. (2012). Meaning-in-life measures and development of a brief version of the Personal Meaning Profile. In P. T. P. Wong (Ed.), *The Human Quest for Meaning.* New York: Routledge, pp.357–382.

McGregor, L., & Little, B. R. (1998). Personal projects, happiness, and meaning: On doing well and being yourself. *Journal of Personality and Social Psychology*, 74 (2), 494–512.

McLean, K. C., & Pratt, M. W. (2006). Life's little (and big) lessons: Identity statuses and meaning-making in the turning point narratives of emerging adults. *Developmental Psychology*, 42 (4), 714–722.

McLean, K. C., Pasupathi, M., & Pals, J. L. (2007). Selves creating stories creating selves: A process model of self-development. *Personality and Social Psychology Review*, 11 (3), 262–278.

Meier, A., & Edwards, H. (1974). Purpose-in-Life Test: Age and sex differences. *Journal of Clinical Psychology*, 30 (3), 384–386.

Metz, T. (2000). Could God's purpose be the source of life's meaning? *Religious Studies*, 36 (3), 293–313.

Metz, T. (2001). The concept of a meaningful life. *American Philosophical Quarterly*, 38

(2), 137-153.

Metz, T. (2002). Recent work on the meaning of life. *Ethics*, 112 (4), 781-814.

Metz, T. (2007). New developments in the meaning of life. *Philosophy Compass*, 2, 196-217.

Milkov, N. (2005). The meaning of life: A topological approach. In A. T. Tymieniecka (Ed.), *Analecta Husserliana*. Vol. 84. Dordrecht, Netherlands: Springer, pp.217-234.

Molcar, C. C., & Stuempfig, D. W. (1988). Effects of world view on purpose in life. *Journal of Psychology*, 122 (4), 365-371.

Moreland, J. P. (1987). *Scaling the secular city: A defense of christianity*. Grand Rapids, Mich.: Baker Book House.

Morgan, J., & Farsides, T. (2009). Psychometric evaluation of the Meaningful Life Measure. *Journal of Happiness Studies*, 10 (3), 351-366.

森本和夫（1999）．デリダから道元へ　筑摩書房

森岡正博（2001）．「意味なんかない人生」の意味——フィッシュマンズ，宮台真司を素材として——　竹内整一・古東哲明（編）　ニヒリズムからの出発　ナカニシヤ出版　pp.196-215.

森岡正博（2003）．無痛文明論　トランスビュー

諸富祥彦（1997）．フランクル心理学入門——どんな時も人生には意味がある——　コスモス・ライブラリー

Morris, C. W. (1956). *Varieties of human value*. Chicago, IL: The University of Chicago Press.

Morris, T. (1992). *Making sense of it all: Pascal and the meaning of life*. Grand Rapids, Mich.: William B. Eerdmans Publishing.

村山達也（2005）．人生の意味について——問いの分析の観点から——　哲学，113, 69-91.

Muzio, G. (2006). Theism and the meaning of life. *Ars Disputandi: The Online Journal for Philosophy of Religion*, 6, 1-12.〈http://www.arsdisputandi.org/publish/articles/000241/article.pdf〉（2013年2月13日）

Nagel, T. (1986). *The view from nowhere*. New York: Oxford University Press.

中村　元（1984）．ブッダのことば　岩波書店

Nakamura, J., & Csikszentmihalyi, M. (2003). The construction of meaning through vital engagement. In C. L. M. Keyes & J. Haidt (Eds.), *Flourishing: positive psychology and the life well lived*. Washington, DC: American Psychological Association, pp.83-104.

中新美保・谷原政江・長江宏美・大場広美・太田にわ・砂田正子・山口三重子・留田通子・福山礼子（2005）．看護学生の心理社会的発達——看護大学生・看護専門生・非看護系学生の比較——　川崎医療福祉学会誌，15, 289-293.

Neimeyer, R. A. (Ed.). (2001). *Meaning reconstruction and the experience of loss*. Washington, DC: American Psychological Association.

Newberg, A., d'Aquili, E., & Rause, V. (2001). *Why god won't go away*. New York: Random House.
　（ニューバーグ，A. ・ダギリ，E. ・ローズ，V. 茂木健一郎（監訳）(2003). 脳はいかにして＜神＞を見るか——宗教体験のブレイン・サイエンス——　PHP研究所）

Newcomb, M. D., & Harlow, L. (1986). Life events and substance use among adolescents: Mediating effects of perceived loss of control and meaninglessness in life. *Journal of Personality and Social Psychology*, 51 (3), 564-577.

Nichols, S. (2007). Imagination and immortality: Thinking of me. *Synthese*, 159 (2), 215-233.

Nicholson, T., Higgins, W., Turner, P., James, S., Stickle, F., & Pruitt, T. (1994). The relation between meaning in life and the occurrence of drug abuse: A retrospective study. *Psychology of Addictive Behaviors*, 8 (1), 14-28.

Nielsen, K. (2000a). Death and the meaning of life. In E. D. Klemke (Ed.), *The meaning of life*. 2nd ed. New York: Oxford University Press, pp.153-159.

Nielsen, K. (2000b). Linguistic philosophy and "the meaning of life". In E. D. Klemke (Ed.), *The meaning of life*. 2nd ed. New York: Oxford University Press, pp.233-256.

Nietzsche, F. (1906). *Der wille zur macht*. Leipzig: Naumann.
　（ニーチェ，F. 原佑（訳）(1993). 権力への意志　筑摩書房）

二瀬由理・行場次朗（1996）．持続的注視による漢字認知の遅延——ゲシュタルト崩壊現象の分析——　心理学研究，67 (3)，227-231.

西田幾多郎（1950）．善の研究　岩波書店

西田幾多郎（1996）．西田幾多郎随筆集　岩波書店

西田幾多郎（2005）．西田幾多郎全集　第11巻　岩波書店

西尾　実（1957）．日本古典文学大系　30　方丈記　徒然草　岩波書店

Nozick, R. (1981). *Philosophical explanations*. New York: Oxford University Press.

Ochsmann, R., & Reichelt, K. (1994). Evaluation of moral and immoral behavior: Evidence for terror management theory. *Unpublished manuscript, Universitat Mainz, Mainz, Germany*.
　（Harmon-Jones, E., Simon, L., Greenberg, J., Pyszczynski, T., et al. (1997). Terror management theory and self-esteem: Evidence that increased self-esteem reduced mortality salience effects. *Journal of Personality and Social Psychology*, 72 (1), 24-36. より）

O'Connor, K., & Chamberlain, K. (1996). Dimensions of life meaning: A qualitative investigation at mid-life. *British Journal of Psychology*, 87 (3), 461-477.

Ogden, C. K., & Richards, I. A. (1936). *The meaning of meaning*. 4th ed. London: Routledge & Kegan Paul Ltd.
(オグデン,C. K. ・リチャーズ,I. A. 石橋幸太郎(訳)(1982). 意味の意味 新泉社)

大石繁宏(2009). 幸せを科学する——心理学からわかったこと—— 新曜社

岡堂哲雄(監修)・PIL 研究会(編)(1993). 生きがい——PILテストつき—— システムパブリカ

Orbach, I. (2008). Existentialism and suicide. In A. Tomer, G. T. Eliason & P. T. P. Wong (Eds.), *Existential and spiritual issues in death attitudes*. London: Lawrence Erlbaum Associates, pp.281-316.

Orbach, I., Iluz, A., & Rosenheim, E. (1987). Value systems and commitment to goals as a function of age, integration of personality, and fear of death. *International Journal of Behavioral Development*, 10 (2), 225-239.

尾崎仁美(1997a). 人生における意味・目的の「獲得」と「探求」から捉えた人生態度の研究(1) 日本心理学会第61回大会発表論文集,81.

尾崎仁美(1997b). 人生における意味・目的の「獲得」と「探求」から捉えた人生態度の研究(2) 日本教育心理学会第39回総会発表論文集,200.

尾崎仁美(1998). 人生の意味・目的の「獲得」と「探求」から捉えた人生態度の研究(2) 日本教育心理学会第40回総会発表論文集,199.

Paloutzian, R. F. (1981). Purpose in life and value changes following conversion. *Journal of Personality and Social Psychology*, 41 (6), 1153-1160.

Pargament, K. I. (2002). The bitter and the sweet: An evaluation of the costs and benefits of religiousness. *Psychological Inquiry*, 13 (3), 168-181.

Pargament, K. I., & Park, C. L. (1995). Merely a defense? The variety of religious means and ends. *Journal of Social Issues*, 51 (2), 13-32.

Park, C. L. (2005). Religion and meaning. In R. F. Paloutzian & C. L. Park (Eds.), *Handbook of the psychology of religion and spirituality*. New York: The Guilford Press, pp.295-314.

Park, C. L., & Folkman, S. (1997). Meaning in the context of stress and coping. *Review of General Psychology*, 1 (2), 115-144.

Park, C. L., Malone, M. R., Suresh, D. P., Bliss, D., & Rosen, R. I. (2008). Coping, meaning in life, and quality of life in congestive heart failure patients. *Quality of Life Research*, 17 (1), 21-26.

Patton, M. Q. (1990). *Qualitative evaluation and research methods* (2nd ed.). New Delhi: Sage.

Peterson, C. (2006). *A primer in positive psychology*. New York: Oxford University Press.
(ピーターソン,C. 宇野カオリ(訳)(2010). 実践入門 ポジティブ・サイコロ

ジー──「よい生き方」を科学的に考える方法──　春秋社）

Peterson, J. B. (2007). The meaning of meaning. In P. T. P. Wong, L. C. J. Wong, M. J. McDonald & D. W. Klaassen (Eds.), *The positive psychology of meaning and spirituality*. BC, Canada: INPM Press, pp.11-32.

PIL研究会（編）(1998). PILテスト日本語版マニュアル　システムパブリカ

PIL研究会（編）(2008). PILテスト日本語版マニュアル　改訂新版　システムパブリカ

Pinquart, M. (2002). Creating and maintaining purpose in life in old age: A meta-analysis. *Ageing International*, 27 (2), 90-114.

Polkinghorne, D. E. (1988). *Narrative knowing and the human sciences*. New York: State University of New York Press.

Prager, E. (1996). Exploring personal meaning in an age-differentiated australian sample: Another look at the Sources of Meaning Profile (SOMP). *Journal of Aging Studies*, 10 (2), 117-136.

Prager, E. (1998a). Men and meaning in later life. *Journal of Clinical Geropsychology*, 4 (3), 191-203.

Prager, E. (1998b). Observations of personal meaning in sources for Israeli age cohorts. *Aging and Mental Health*, 2 (2), 128-136.

Prager, E., Savaya, R., & Bar-Tur, L. (2000). The development of a culturally sensitive measure of sources of life meaning. In G. T. Reker & K. Chamberlain (Eds.), *Exploring existential meaning: Optimizing human development across the life span*. Thousand Oaks, CA: Sage, pp.123-136.

Pöhlmann, K., Gruss, B., & Joraschky, P. (2006). Structural properties of personal meaning systems: A new approach to measuring meaning of life. *Journal of Positive Psychology*, 1 (3), 109-117.

Pyszczynski, T., Solomon, S., & Greenberg, J. (2002). *In the wake of 9/11: The psychology of terror*. Washington, DC: American Psychological Association.

Pytell, T. (2000). The missing pieces of the puzzle: A reflection on the odd career of Viktor Frankl. *Journal of Contemporary History*, 35 (2), 281-306.

Pytell, T. E. (2001). The genesis of Viktor Frankl's third Viennese school of psychotherapy. *Psychoanalytic Review*, 88 (2), 311-334.

Pytell, T. E. (2003). Redeeming the unredeemable: Auschwitz and Man's Search for Meaning. *Holocaust and Genocide Studies*, 17 (1), 89-113.

Pytell, T. (2006). Transcending the angel beast: Viktor Frankl and humanistic psychology. *Psychoanalytic Psychology*, 23 (3), 490-503.

Quinn, P. L. (2000). The meaning of life according to Christianity. In E. D. Klemke (Ed.), *The meaning of life*. 2nd ed. New York: Oxford University Press, pp.57-63.

Quinn, P. L. (2000a). How Christianity secures life's meanings. In J. Runzo & N. M. Martin (Eds.), *The meaning of life in the world religions*. New York: Oneworld, pp.53-68.

Quinn, P. L. (2000b). The meaning of life according to Christianity. In E. D. Klemke (Ed.), *The meaning of life*. 2nd ed. New York: Oxford University Press, pp.57-63.

Raabe, P. B. (2000). *Philosophical counseling: Theory and practice*. CT: Greenwood Publishing.

　（ラービ，P. B. 加藤恒男・岸本春雄・松田博幸・水野信義（訳）（2006）．哲学カウンセリング——理論と実践—— 法政大学出版局）

Read, H., Fordham, M., Adler, G., & McGuire, W. (1967-1978). *The collected works of C. G. Jung*. New Jersey: Princeton University Press.

　（ユング，C. G. 島津彬郎・松田誠思（編訳）（1989）．オカルトの心理学——生と死の謎—— サイマル出版会）

Reed, P. G. (1991). Self-transcendence and mental health in oldest-old adults. *Nursing Research*, 40 (1), 5-11.

Reker, G. T. (1991, July). *Cotextual and thematic analyses of sources of provisional meaning: A life-span perspective*. Paper presented at the Biennial Meeting of the International Society for the Study of Behavioral Development.

Reker, G. T. (1992). *Manual of the Life Attitude Profile-Revised*. Peterborough: Student Psychologists Press.

Reker, G. T. (1994). Logotheory and logotherapy: Challenges, opportunities, and some empirical findings. *International Forum for Logotherapy*, 17, 47-55.

Reker, G. T. (1996). *Manual of the Sources of Meaning Profile-Revised (SOMP-R)*. Peterborough, ON: Student Psychologists Press.

Reker, G. T. (2000). Theoretical perspective, dimensions, and measurement of existential meaning. In G. T. Reker & K. Chamberlain (Eds.), *Exploring existential meaning: Optimizing human development across the life span*. Thousand Oaks, CA: Sage, pp.39-55.

Reker, G. T. (2002). Prospective predictors of successful aging in community-residing and institutionalized Canadian elderly. *Ageing International*, 27 (1), 42-64.

Reker, G. T. (2005). Meaning in life of young, middle-aged, and older adults: Factorial validity, age, and gender invariance of the Personal Meaning Index (PMI). *Personality and Individual Differences*, 38, 71-85.

Reker, G. T., & Chamberlain, K. (Eds.). (2000). *Exploring existential meaning: Optimizing human development across the life span*. Thousand Oaks, CA: Sage.

Reker, G. T., & Cousins, J. B. (1979). Factor structure, construct validity and reliability of the Seeking of Noetic Goals (SONG) and Purpose in Life (PIL) tests. *Journal of

Clinical Psychology, 35 (1), 85-91.

Reker, G. T., & Fry, P. S. (2003). Factor structure and invariance of personal meaning measures in cohorts of younger and older adults. *Personality and Individual Differences*, 35 (5), 977-993.

Reker, G. T., & Peacock, E. J. (1981). The Life Attitude Profile (LAP): A multidimensional instrument for assessing attitudes toward life. *Canadian Journal of Behavioral Science*, 13 (3), 264-273.

Reker, G. T., & Wong, P. T. P. (1988). Aging as an individual process: Toward a theory of personal meaning. In J. E. Birren & V. L. Bengtson (Eds.), *Emergent theories of aging*. New York: Springer, pp.214-246.

Reker, G. T., Peacock, E. J., & Wong, P. T. P. (1987). Meaning and purpose in life and well-being: A life-span perspective. *Journals of Gerontology*, 42 (1), 44-49.

Robak, R. W., & Griffin, P. W. (2000). Purpose in life: What is its relationship to happiness, depression, and grieving? *North American Journal of Psychology*, 2 (1), 113-119.

Rokeach, M. (1973). *The nature of human values*. New York: Free Press.

Rosenblatt, A., Greenberg, J., Solomon, S., Pyszczynski, T., et al. (1989). Evidence for terror management theory: I. The effects of mortality salience on reactions to those who violate or uphold cultural values. *Journal of Personality and Social Psychology*, 57 (4), 681-690.

Rosenwald, G., & Ochberg, R. L. (Eds.). (1992). *Storied lives: The cultural politics of self-understanding*. New Haven: Yale University Press.

Runzo, J. (2000). Eros and meaning in life and religion. In J. Runzo & N. M. Martin (Eds.), *The meaning of life in the world religions*. New York: Oneworld, pp.188-201.

Runzo, J., & Martin, N. M. (Eds.). (2000). *The meaning of life in the world religions*. New York: Oneworld.

Ryff, C. D. (1989). Happiness is everything, or is it? Explorations on the meaning of psychological well-being. *Journal of Personality and Social Psychology*, 57 (6), 1069-1081.

Ryff, C. D., Dienberg Love, G., Urry, H. L., Muller, D., Rosenkranz, M. A., Friedman, E. M., et al. (2006). Psychological well-being and ill-being: Do they have distinct or mirrored biological correlates? *Psychother Psychosom*, 75 (2), 85-95.

Ryff, C. D., & Singer, B. (1998). The contours of positive human health. *Psychological Inquiry*, 9 (1), 1-28.

Sagoff, M. (1991). Zuckermans dilemma: A plea for environmental ethics. *The Hastings Center Report*, 21 (5), 32-40.

齋藤和樹・小林寛幸・丸山真理子・花屋道子・柴田　健（2002）．看護学生における

人生の意味・目的意識の変化について——PILのパートAの縦断的分析—— 日本赤十字秋田短期大学紀要，6，9-18.

齋藤和樹・小林寛幸・丸山真理子・花屋道子・柴田　健・田多香代子（2000）．看護学生の学科志望動機，人生の意味・目的意識，性格特性の関連について——PILとTEGの分析を通して—— 日本赤十字秋田短期大学紀要，4，3-8.

齋藤和樹・丸山真理子・小林寛幸・花屋道子・柴田　健（2001）．看護学生の学科志望動機，人生の意味・目的意識，性格特性の関連について（Ⅱ）　日本赤十字秋田短期大学紀要，5，43-37.

Salmon, P., Manzi, F., & Valori, R. M. (1996). Measuring the meaning of life for patients with incurable cancer: The Life Evaluation Questionnaire (LEQ). *European Journal of Cancer*, **32A** (5), 755-760.

Sandelowski, M., & Barroso, J. (2007). *Handbook for synthesizing qualitative research*. New York: Springer.

Sanders, S., & Cheney, D. (Eds.). (1980). *The meaning of life: Questions, answers, and analysis*. NJ: Prentice-Hall.

Sarbin, T. R. (1986). *Narrative psychology: The storied nature of human conduct*. Westport, CT: Praeger Publishers.

Sartre, J. P. (1943). *L'être et le néant: Essai d'ontologie phénoménologique*. Paris: Gallimard.

　　（サルトル，J. P. 松浪信三郎（訳）（2008）．存在と無——現象学的存在論の試み—— 筑摩書房）

佐藤文子（1975）．実存心理検査——PIL—— 岡堂哲雄（編）　心理検査　垣内出版　pp.323-343.

佐藤文子（監修）（1998）．PILテストハンドブック　システムパブリカ

佐藤文子（監修）（2008）．PILテストハンドブック（改訂版）　システムパブリカ

佐藤　透（2012）．人生の意味の哲学——時と意味の探求—— 春秋社

Scheier, M. F., Wrosch, C., Baum, A., Cohen, S., Martire, L. M., Matthews, K. A., et al. (2006). The life engagement test: Assessing purpose in life. *Journal of Behavioral Medicine*, **29** (3), 291-298.

Schneider, D. J., Hastorf, A. H., & Ellsworth, P. C. (1979). *Person perception* (2nd ed.). MA: Addison-Wesley.

Schnell, T., & Becker, P. (2006). Personality and meaning in life. *Personality and Individual Differences*, 41, 117-129.

Schreiber, R., Crooks, D., & Sterm, P. N. (1997). Qualitative meta-analysis. In J. M. Morse (Ed.), *Completing a qualitative project: Details and dialogue*. Thousand Oaks, Carifornia: Sage, pp.311-326.

Schulenberg, S. E., & Melton, A. M. A. (2010). A confirmatory factor-analytic evaluation of the Purpose in Life test: Preliminary psychometric support for a replicable two-factor model. *Journal of Happiness Studies*, 11 (1), 95-111.

Schulenberg, S. E., Schnetzer, L. W., Winters, M. R., & Hutzell, R. R. (2010). Meaning-centered couples therapy: Logotherapy and intimate relationships. *Journal of Contemporary Psychotherapy*, 40 (2), 95-102.

Schwartz, S. H. (1992). Universals in the content and structure of values: Theoretical advances and empirical tests in 20 countries. *Advances in Experimental Social Psychology*, 25, 1-65.

Schwartz, S. H., & Bilsky, W. (1987). Toward a universal psychological structure of human values. *Journal of Personality and Social Psychology*, 53 (3), 550-562.

Seachris, J. W. (2009). The meaning of life as narrative: A new proposal for interpreting philosophy's 'primary' question. *Philosophia*, 12 (1).

Seachris, J. W. (2013a). Death, futility, and the proleptic power of narrative ending. In J. W. Seachris (Ed.), *Exploring the meaning of life: an anthology and guide*. West Sussex: Wiley-Blackwell, pp.461-480

Seachris, J. W. (Ed.). (2013b). Exploring the meaning of life: An anthology and guide. West Sussex: Wiley-Blackwell.

Seachris, J. W. (2013c). General introduction. In J. W. Seachris (Ed.), *Exploring the meaning of life: an anthology and guide*. West Sussex: Wiley-Blackwell, pp.1-20.

Seaman, D. (Ed.). (2005). *The real meaning of life*. CA: New World Library.

関口忠男 (1983). 方丈記考2――その無常観の詠嘆性の問題について―― 日本文学研究, 22, 52-68.

関口忠男 (2005). 日本文学研究における無常観について 日本文学研究, 44, 1-14.

Shapiro, S. B. (1976). Development of a life-meaning survey. *Psychological Reports*, 39 (2), 467-480.

Shek, D. T. (1988). Reliability and factorial structure of the Chinese version of the Purpose in Life Questionnaire. *Journal of Clinical Psychology*, 44 (3), 384-392.

Shek, D. T. (1992). Meaning in life and psychological well-being: An empirical study using the Chinese version of the Purpose in Life questionnaire. *The Journal of Genetic Psychology*, 153 (2), 185-200.

Shek, D. T. (1993). The Chinese Purpose-in-LIfe Test and psychological well-being in Chinese college students. *International Forum for Logotherapy*, 16 (1), 35-42.

Shek, D. T. L., Hong, E. W., & Cheung, M. Y. P. (1987). The Purpose In Life Questionnaire in a Chinese context. *Journal of Psychology*, 121 (1), 77-83.

渋谷治美 (2001). 現代自然科学と＜宇宙論的ニヒリズム＞ 竹内整一・古東哲明 (編), ニヒリズムからの出発 ナカニシヤ出版 pp.26-46.

島井哲志・大竹恵子 (2005). 日本版「人生の意味」尺度 (MLQ) の開発 日本

ヒューマンケア心理学会第7回大会発表論文集，29-30.
Showalter, S. M., & Wagener, L. M. (2000). Adolescents' meaning in life: A replication of DeVogler and Ebersole (1983). *Psychological Reports*, 87 (1), 115-126.
Simon, L., Arndt, J., Greenberg, J., Pyszczynski, T., & Solomon, S. (1998). Terror management and meaning: Evidence that the opportunity to defend the worldview in response to mortality salience increases the meaningfulness of life in the mildly depressed. *Journal of Personality*, 66 (3), 359-382.
Singer, I. (1992). *Meaning in life: The creation of value*. New York: The Free Press.
　　（シンガー，I. 工藤政司（訳）(1995). 人生の意味――価値の創造――　法政大学出版局）
Smart, N. (2000). The nature of religion: Multiple dimensions of meaning. In J. Runzo & N. M. Martin (Eds.), *The meaning of life in the world religions*. New York: Oneworld, pp.31-46.
Smith, H. (1976). *Forgotten truth*. San Francisco: Harper Collins Publishers.
　　（スミス，H. 菅原　浩（訳）(2003). 忘れられた真理――世界の宗教に共通するビジョン――　アルテ）
Smith, H. (2000). The meaning of life in the world's religions. In J. Runzo & N. M. Martin (Eds.), *The meaning of life in the world religions*. New York: Oneworld, pp.255-266.
Snyder, C. R., & Lopez, S. J. (2009). *Handbook of positive psychology* (2nd ed.). New York: Oxford University Press.
Solomon, R. (1993). *The passions: Emotions and the meaning of life*. IN: Hackett Publishing.
Stace, W. T. (2000). Man against darkness. In E. D. Klemke (Ed.), *The meaning of life*. 2nd ed. New York: Oxford University Press, pp.84-93.
Stanich, J., & Örtengren, I. (1990). The Logotest in Sweden. *International Forum for Logotherapy*, 13 (1), 54-60.
Starck, P. L. (1983). Patients' perceptions of the meaning of suffering. *International Forum for Logotherapy*, 6 (2), 110-116.
Steger, M. F. (2009). Meaning in life. In S. J. Lopez (Ed.), *Oxford Handbook of positive psychology*. 2nd ed. Oxford, UK: Oxford University Press, pp.679-687.
Steger, M. F., & Frazier, P. (2005). Meaning in life: One link in the chain from religiousness to well-being. *Journal of Counseling Psychology*, 52 (4), 574-582.
Steger, M. F., & Kashdan, T. B. (2007). Stability and specificity of meaning in life and life satisfaction over one year. *Journal of Happiness Studies*, 8 (2), 161-179.
Steger, M. F., Frazier, A., Oishi, S., & Kaler, M. (2006). The Meaning in Life Questionnaire: Assessing the presense of and search for meaning in life. *Journal of Counsel-

ing Psychology, 53（1）, 80–93.

Steger, M. F., Kashdan, T. B., & Oishi, S.（2008）. Being good by doing good: Daily eudaimonic activity and well-being. *Journal of Research in Personality,* 42（1）, 22–42.

Steger, M. F., Kashdan, T. B., Sullivan, B. A., & Lorentz, D.（2008）. Understanding the search for meaning in life: Personality, cognitive style, and the dynamic between seeking and experiencing meaning. *Journal of Personality,* 76（2）, 199–228.

Steger, M. F., Kawabata, Y., Shimai, S., & Otake, K.（2008）. The meaningful life in Japan and the United States: Levels and correlates of meaning in life. *Journal of Research in Personality,* 42（3）, 660–678.

Steger, M. F., Oishi, S., & Kashdan, T. B.（2009）. Meaning in life across the life span: Levels and correlates of meaning in life from emerging adulthood to older adulthood. *Journal of Positive Psychology,* 4（1）, 43–52.

Sterkenberg, C. A., King, B., & Woodward, C. A.（1996）. A reliability and validity study of the McMaster Quality of Life Scale（MQLS）for a palliative population. *Journal of Palliative Care,* 12（1）, 18–25.

Stern, K.（1986）. *The flight from woman.* New York: Paragon House.

Sternberg, R. J.（1985）. Implicit theories of intelligence, creativity, and wisdom. *Journal of Personality and Social Psychology,* 49（3）, 607–627.

Suppe, F.（1989）. *The semantic conception of theories and scientific realism*: University of Illinois Press.

高井弘弥（2004）．発達心理学から見た自我体験　渡辺恒夫・高石恭子（編）〈私〉という謎──自我体験の心理学──　新曜社　pp.195–213.

滝沢克己（1969）．現代の事としての宗教　法蔵館

Tali, S., Rachel, L. W., Adiel, D., & Marc, G.（2009）. The meaning in life for hospitalized patients with schizophrenia. *Journal of Nervous and Mental Disease,* 197（2）, 133–135.

Tamney, J. B.（1992）. Religion and self-actualization. In J. F. Schmaker（Ed.）, *Religion and mental health*. New York: Oxford University Press, pp.132–137.

田中佑子（1995）．単身赴任による家族分離が勤労者の心理的ストレスに及ぼす影響──ストレス反応を中心として──　心理学研究，65（6），428–436.

Tännsjö, T.（1988）. The moral significance of moral realism. *Southern Journal of Philosophy,* 26（2）, 247–261.

Taylor, R.（1999）. The meaning of life. *Philosophy Now,* 24, 13–14.

Taylor, R.（2000）. The meaning of life. In E. D. Klemke（Ed.）, *The meaning of life*. 2nd ed. New York: Oxford University Press, pp.167–175.

Taylor, S. J., & Ebersole, P.（1993）. Young children's meaning in life. *Psychological Reports,* 73（3）, 1099–1104.

Thagard, P. (2010). *The brain and the meaning of life*. NJ: Princeton University Press.
Thege, B. K., Martos, T., Bachner, Y. G., & Kushnir, T. (2010). Development and psychometric evaluation of a revised measure of meaning in life: The Logo-Test-R. *Studia Psychologica*, 52 (2), 133-146.
Thomson, G. (2003). *On the meaning of life*. South Melbourne: Wadsworth.
戸田山和久（2005）．科学哲学の冒険――サイエンスの目的と方法をさぐる――　日本放送出版協会
戸田山和久（2009）．心の科学におけるモデルと還元　人工知能学会誌，24 (2), 260-267.
徳田治子（2000）．「生きる意味」の心理学――ナラティブ・アプローチの成果と課題――　人間文化論叢，3, 123-131.
徳田治子（2004）．ナラティヴから捉える子育て期女性の意味づけ――生涯発達の視点から――　発達心理学研究，15 (1), 13-26.
徳田治子（2007）．半構造化インタビュー　やまだようこ（編）質的心理学の方法　新曜社　pp.100-113
Tolstoy, L.（1973）．トルストイ全集14　宗教論　上　河出書房新社．
Tolstoy, L. (2000). My confession. In E. D. Klemke (Ed.), *The meaning of life*. 2nd ed. New York: Oxford University Press, pp.11-20.
Tomer, A., Eliason, G. T., & Wong, P. T. P. (Eds.). (2008). *Existential and spiritual issues in death attitudes*. London: Lawrence Erlbaum Associates.
Tornstam, L. (1997). Gerotranscendence: The contemplative dimension of aging. *Journal of Aging Studies*, 11 (2), 143-154.
Trisel, B. A. (2002). Futility and the meaning of life debate. *Sorites*, 14, 70-84.
鶴田一郎（1998）．「生きがい」の心理学へのアプローチ――「生きがい」という言葉の意味と，「生きがい」の心理学の目指すもの――　人間性心理学研究，16 (2), 190-197.
堤　雅雄（1994）．むなしさ――青年期の実存的空虚感に関する発達的一研究――　社会心理学研究，10 (2), 95-103.
上田紀行（2005）．生きる意味　岩波書店
上田閑照・柳田聖山（1992）．十牛図――自己の現象学――　筑摩書房
上田閑照（1999）．実存と虚存――二重世界内存在――　筑摩書房
上田閑照（2007a）．哲学コレクションⅠ　宗教　岩波書店
上田閑照（2007b）．哲学コレクションⅡ　経験と場所　岩波書店
Urry, H. L., Nitschke, J. B., Dolski, I., Jackson, D. C., Dalton, K. M., Mueller, C. J., et al. (2004). Making a life worth living. *Psychological Science*, 15 (6), 367-372.
Van den Bos, K. (2009). Making sense of life: The existential self trying to deal with personal uncertainty. *Psychological Inquiry*, 20 (4), 197-217.

Van Ranst, N., & Marcoen, A. (1997). Meaning in life of young and elderly adults: An examination of the factorial validity and invariance of the Life Regard Index. *Personality and Individual Differences*, 22 (6), 877-884.

Van Ranst, N., & Marcoen, A. (2000). Structural components of personal meaning in life and their relationship with death attitudes and coping mechanisms in late adulthood. In G. T. Reker & K. Chamberlain (Eds.), *Exploring existential meaning: Optimizing human development across the life span*. Thousand Oaks, CA: Sage, pp.59-74.

Veenhoven, R. (2000). The four qualities of life. *Journal of Happiness Studies*, 1 (1), 1-39.

Ventegodt, S., Merrick, J., & Andersen, N. J. (2003). Quality of life theory I. The IQOL theory: An integrative theory of the global quality of life concept. *The Scientific World Journal*, 3, 1030-1040.

Vian, B. (1963). *L'Écume des jours*. Paris: Jean-Jacques Pauvert.
（ヴィアン，B. 曾根元吉（訳）（1970）．日々の泡　新潮社）

和田さゆり（1996）．性格特性用語を用いたBig Five尺度の作成　心理学研究，67 (1), 61-67.

脇本平也（1997）．宗教学入門　講談社

Walters, L. H., & Klein, A. E. (1980). A cross-validated investigation of the Crumbaugh purpose-in-life test. *Educational and Psychological Measurement*, 40 (4), 1065-1071.

Warner, S. C., & Williams, J. I. (1987). The Meaning in Life Scale: Determining the reliability and validity of a measure. *Journal of Chronic Disease*, 40 (6), 503-512.

鷲田清一（2008）．死なないでいる理由　角川書店

渡辺恒夫（1992）．自我の発見とは何か――自我体験の調査と考察――　東邦大学教養紀要，24，25-50.

渡辺恒夫（2002）．自我体験の類型，判定基準，およびアイデンティティとの関係　東邦大学教養紀要，24，25-50.

渡辺恒夫（2004）．〈自我の発見〉の再発見　渡辺恒夫・高石恭子（編）〈私〉という謎――自我体験の心理学――　新曜社　pp.131-152.

渡辺恒夫・小松栄一（1999）．自我体験――自己意識発達研究の新たなる地平――　発達心理学研究，10 (1), 11-22.

渡辺恒夫・高石恭子（2004）．〈私〉という謎――自我体験の心理学――　新曜社

Webb, C., & Roe, B. (Eds.). (2007). *Reviewing research evidence for nursing practice: Systematic reviews*. Oxford: Blackwell Publishing.

Widdershoven, G. A. M. (1993). The story of life: Hermeneutic perspectives on the relationship between narrative and life history. In R. Josselson & A. Lieblich (Eds.), *The narrative study of lives*. CA: Sage, pp.1-20.

Wiggins, D. (1988). Truth, invention, and the meaning of life. In G. Sayre-McCord

(Ed.), *Essays on moral realism*. New York: Cornell University Press, pp.127-165.

Wilber, K. (1979). *No boundary*. Boston: Shambhala.
　　（ウィルバー，K. 吉福伸逸（訳）（1986）. 無境界——自己成長のセラピー論 —— 平河出版社）

WIlber, K. (1991). *Grace and grit: Spirituality and healing in the life and death*. Boston: Shambhala.
　　（ウィルバー，K. 伊東宏太郎（訳）（1999）. グレース＆グリット（上）　春秋社）

WIlber, K. (1995). *Sex, ecology, spirituality*. Boston: Shambhala.
　　（ウィルバー，K. 松永太郎（訳）（1998）. 進化の構造2　春秋社）

Wilber, K. (2000). Integral psychology. In *The collected works of Ken Wilber*. Vol.4. Boston: Shambhala, pp.423-717.

Wolf, S. (1997). Happiness and meaning: Two aspects of the good life. *Social Philosophy and Policy*, 14 (1), 207-225.

Wolf, S. (2010). *Meaning in life and why it matters*. Princeton NJ: Princeton University Press.

Wong, P. T. P. (1997). Meaning-centered counseling: A cognitive-behavioral approach to logotherapy. *International Forum for Logotherapy*, 20 (2), 85-94.

Wong, P. T. P. (1998a). Implicit theories of meaningful life and the development of the Personal Meaning Profile. In P. T. P. Wong & P. S. Fry (Eds.), *The human quest for meaning: A handbook of psychological research and clinical applications*. London: Lawrence Erlbaum Associates, pp.111-140.

Wong, P. T. P. (1998b). Meaning-centered counseling. In P. T. P. Wong & P. S. Fry (Eds.), *The human quest for meaning: A handbook of psychological research and clinical applications*. London: Lawrence Erlbaum Associates, pp.395-435.

Wong, P. T. P. (1998c). Spirituality, meaning, and successful aging. In P. T. P. Wong & P. S. Fry (Eds.), *The human quest for meaning: A handbook of psychological research and clinical applications*. London: Lawrence Erlbaum Associates, pp.359-394.

Wong, P. T. P. (2000). Meaning in life and meaning in death in successful aging. In A. Tomer (Ed.), *Death attitudes and older adults: Theories, concepts, and application*. Philadelphia: Taylor and Francis, pp.23-35.

Wong, P. T. P. (2008a). Meaning management theory and death acceptance. In A. Tomer, G. T. Eliason & P. T. P. Wong (Eds.), *Existential and spiritual issues in death attitudes*. London: Lawrence Erlbaum Associates, pp.65-87.

Wong, P. T. P. (2008b). Transformation of grief through meaning: Meaning-centered counseling for bereavement. In A. Tomer, G. T. Eliason & P. T. P. Wong (Eds.), *Existential and spiritual issues in death attitudes*. London: Lawrence Erlbaum Associates, pp.375-396.

Wong, P. T. P. (2009). Existential psychology. In S. J. Lopez (Ed.), *The encyclopedia of positive psychology*. West Sussex: Wiley-Blackwell, pp.361-368.

Wong, P. T. P. (2010). Meaning therapy: An integrative and positive existential psychotherapy. *Journal of Contemporary Psychotherapy*, 40 (2), 85-93.

Wong, P. T. P. (2011). Positive psychology 2.0: Towards a balanced interactive model of the good life. *Canadian Psychology*, 52 (2), 69-81.

Wong, P. T. P. (2012a). From logotherapy to meaning-centered counseling and therapy. In P. T. P. Wong (Ed.), *The Human Quest for Meaning* (2nd ed.). New York: Routledge, pp.619-647.

Wong, P. T. P. (Ed.). (2012b). *The human quest for meaning* (2nd ed.). New York: Routledge.

Wong, P. T. P., & Fry, P. S. (Eds.). (1998). *The human quest for meaning: A handbook of psychological research and clinical applications*. London: Lawrence Erlbaum Associates.

Yalom, I. D. (1980). *Existential psychotherapy*. New York: Basic Books.

山田　晶（1985）．世界の意味　新岩波講座（編）　世界と意味　岩波書店．pp.1-37

山田邦男（1993）．解説　フランクルの実存思想　フランクル, V. E. 山田邦男・松田美佳（訳）それでも人生にイエスと言う　春秋社　pp.163-217.

山田邦男（1999）．生きる意味への問い　佼成出版社

山田邦男（2002）．現代の精神状況とその超克――フランクルを手がかりとして――　山田邦男（編）フランクルを学ぶ人のために　世界思想社　pp.290-349.

やまだようこ（1986）．モデル構成をめざす現場心理学の方法論　愛知淑徳短期大学研究紀要，25．31-51.

　　（やまだようこ（編）（1997）．現場心理学の発想　新曜社　pp.151-186）

やまだようこ（1987）．ことばの前のことば　新曜社

やまだようこ（1988）．私をつつむ母なるもの　有斐閣

やまだようこ（1995）．生涯発達をとらえるモデル　無藤　隆・やまだようこ（編）生涯発達心理学とは何か――理論と方法――　金子書房　pp.57-92

やまだようこ（編）（2000a）．人生を物語る――生成のライフストーリー――　ミネルヴァ書房

やまだようこ（2000b）．人生を物語ることの意味――なぜライフストーリー研究か――　教育心理学年報，39．146-161.

やまだようこ（2002）．現場心理学における質的データからのモデル構成プロセス――「この世」と「あの世」イメージ画の図像モデルを基に――　質的心理学研究．1．107-128.

やまだようこ（編）（2007a）．質的心理学の方法――語りをきく――　新曜社

やまだようこ（2007b）．喪失の語り――生成のライフストーリー――　新曜社

やまだようこ (2008). 多声テクスト間の生成的対話とネットワークモデル――「対話的モデル生成法」の理論的基礎―― 質的心理学研究, 7, 21-42.

やまだようこ・加藤義信・戸田有一・伊藤哲司 (2010). この世とあの世のイメージ――描画のフォーク心理学―― 新曜社

やまだようこ・南博文・サトウタツヤ (編) (2001). カタログ現場(フィールド)心理学 金子書房

やまだようこ・山田千積 (2006).「ライフストーリーの樹」モデル――専門家と生活者の場所と糖尿病のナラティヴ―― 看護研究, 39 (5), 385-397.

やまだようこ・山田千積 (2009). 対話的場所モデル――多様な場所と時間をむすぶクロノトポス・モデル(トポス)―― 質的心理学研究, 8, 25-42.

山本真理子・松井 豊・山成由紀子 (1982). 認知された自己の諸側面の構造 教育心理学研究, 30, 64-68.

Young, J. (2003). *The death of God and the meaning of life*. New York: Routledge.

Zika, S., & Chamberlain, K. (1992). On the relation between meaning in life and psychological well-being. *British Journal of Psychology*, 83 (1), 133-145.

事項索引

〔ア行〕

アイデンティティ　139, 148, 175, 235
暗黙理論　53, 110
生きがい感スケール　101
生きる意味　43
　　——への問い経験尺度　101
意味維持モデル（meaning maintenance model: MMM）　54, 168, 267
意味カタルシス（meaning catharsis）　201, 262
意味管理理論（meaning management theory: MMT）　54, 168, 262, 267
意味再構成理論　54, 266
意味システム　98–99, 197, 213, 227, 237, 260
　　——・アプローチ　54, 92, 99, 212
意味療法（meaning therapy）　262
意味中心カウンセリング・心理療法（meaning-centered counseling and therapy: MCCT）　54, 262, 267
意味中心カップル療法（meaning-centered couple therapy）　267
意味中心集団心理療法（meaning-centered group psychotherapy）　267
意味の意味　25–27
意味の感情　98
意味の木　95, 197
意味の構成要素　263
意味の消滅　11
意味の世界　40
意味の認知　98
意味の幅　77–84, 98, 130, 229, 237, 275
意味の深さ（レベル）　84–87, 98, 112–114, 176, 229, 275
意味の源（sources of personal meaning）　58–59, 77–84, 98–99, 110–111, 128–129, 151, 164, 176, 182–183, 185–196, 216, 229, 237, 275
意味への意志　61–62, 98, 113, 117, 168, 224, 258

意味飽和　11
ウェルビーイング　22, 76, 233, 263
英知　235
オメガ・ポイント　39, 239, 251

〔カ行〕

快楽への意志　62, 117
科学哲学　210
価値研究　54
神中心理論　31–32
逆説志向　69
客観主義　31, 35, 274
客観的意味　35–36
究極的意味技法（Ultimate Meanings Technique: UMT）　95, 197, 262
究極的関心　235
共感性　122
恐怖（存在脅威）管理理論（terror management theory）　8, 167, 266
空虚感　129
ゲシュタルト崩壊　11
現象学（phenomenology, phänomenologie）　272
　　——的社会学　59
構成主義　54, 60
　　——的心理療法　54, 267
行動主義　56
幸福　22
　　——感　233, 275
心の理論（theory of mind）　74, 152, 169
個人心理学　54
個人的（実存的）意味のモデル　54
個人的意味　71, 227
　　——システム　93, 96
混成物（amalgam）　5, 26, 44
混成論　41

〔サ行〕

シーシュポスの神話　36
ジェネラティヴィティ（生成継承性）　165–166, 246

索　引

ジェネラティヴィティ（世代継承性）　166
自我体験　139, 146-154
自己実現　57, 67, 168, 227, 245
自己対面法（self confrontation method）　96
自己超越　57, 67, 84, 110, 168, 183, 194, 222-223
自己物語論　59
死生学　266
死生観　165-166, 216
自然主義　30-31, 35, 37
自尊感情　8, 167
　——尺度　197
実験実存心理学（experimental existential psychology）　266
実存主義　24
実存心理学　54
実存的意味（existential meaning）　167
実存的空虚　7, 62-65, 132, 176
　——尺度（EVS）　101, 176, 180, 197, 259
実存的洞察　268
実存的な心の理論（existential theory of mind: EToM）　74, 169
実存的欲求不満　63
実存分析（ロゴセラピー）　54, 58
実存療法　54
質的心理学　54
質的メタ統合（qualitative meta-synthesis）　210, 232, 260
質的メタ分析（qualitative meta-analysis）　210, 232, 260
死に対する態度　122
死ぬべき運命（mortality）　167
　——の顕現化仮説（mortality salience hypothesis）　167
死の恐怖　168
死の不安　123
死への態度　123
社会構成主義　59
宗教　5, 10, 251, 254-256
集団療法　267

主観主義　31, 35, 274
主観的ウェルビーイング　227
純粋経験　38
象徴的相互作用論　59
象徴的不死性　166
進化論　170
人生観　16, 166, 179, 183, 216, 221, 227, 231, 252, 255, 262
人生の意味（meaning of life）　43, 215, 221, 229, 238, 240, 251, 256, 273-277
　——尺度（MLQ）　187
　——についての問いのコペルニクス的転回　65-66
　——の心理学　52
　——の場所モデル　208-213　→場所
　——論　22
人生の線分　3
人生の年輪モデル　90
人生満足度　76, 107
　——尺度（SWLS）　187
心的表象（mental representations）　26
神秘主義　255, 276
信頼感　122
心理尺度　99-111
心理的ウェルビーイング　107
心理的場所　212-214　→場所
ストレス反応尺度　189
スピリチュアリティ　14, 216, 235
生活の意味（meaning in life）　43, 215, 221, 238, 245, 256, 275
生活の質（Quality of Life: QOL）　263
精神因性神経症　64
精神分析　54-56
世界価値観調査（World Values Survey）　58
世界観　10, 71, 183, 221, 235, 255, 262, 270
世界の意味　40, 276
禅　38-39, 57
前意味　38-40, 43, 215
創造　30-31
　——価値　67-68, 72

〔タ行〕

体験価値　67-68, 72
対自的自己意識　153
態度価値　67-68, 72
対話的自己　93
　——論　54
脱意味　14, 38-40, 43, 207, 214-215, 233, 239, 250, 256, 276
魂中心理論　31-33
力への意志　62
超意味　38-40, 43, 66-67, 215, 223-224
超自然主義　30-32, 37, 274
超自然的意味　32-35
超主観的　13
テクノロジー　5-6
哲学カウンセリング（philosophical counseling）　54, 269
道徳性　235, 274
道徳哲学　22
場所　90
　——の場所モデル　208-213
　心理的——　212-214
トランスパーソナル心理学　54, 57

〔ナ行〕

ナラティヴ　40-41, 87-92
　——・アプローチ　13, 60, 70, 98-99, 140, 265
　——・ターン　40, 99, 233
　——療法　267
二重世界内存在　214
ニヒリズム　5-6, 34, 37, 65, 123, 261
人間性心理学　54, 56
認知意味論　42
認知行動療法　267
認知療法　69

〔ハ行〕

パーソナル・コンストラクト理論　54, 59-60, 73
バイタル・エンゲージメント（vital engagement）　252

ハシディズム　38-39
発見　30-31
不確実性管理モデル（uncertainty management model: UMM）　168
フロー　252
文化的世界観　167
分析心理学　54
分析哲学　12, 22, 24, 206-207, 232, 269, 274
ポジティブ実存心理学　54, 61
ポジティブ心理学　13, 54, 60, 70, 99, 266

〔マ行〕

マテリアリズム　5-6
無意味　5, 14, 37-38, 43, 207, 215, 227, 239, 249, 251
　——さ　262
無常観　132-135
「むなしさ」感尺度　100
目的理論　32
モデル構成　208, 213-219, 260

〔ラ行〕

ライフストーリー　89-90, 98-99, 166, 275
　——研究　54
「——の樹」モデル　213, 218
理論の意味論的捉え方（semantic conception of theories）　210-211
理論のモデルベースの捉え方（model-based view of theories）　210
老年超越（gerotranscendence）　222
ロゴセラピー　54, 69, 84, 271

〔アルファベット〕

A scale for measuring experienced levels of emptiness and existential concern　100
Assessment of structural properties of personal meaning systems　101
Belfast Test　100
Big Five 尺度　189
Characteristics of an Ideally Meaningful

索　引

Life　101
Daily Meaning Scale（DMS）　101
Existence Scale（ES）　101
Existential Meaning Scale（EMS）　101
Existential Vacuum Scale（EVS）　176
Existential Vacuum Screening（EVS）Scale　100, 129
Frankl Questionnaire　100
Important Meaning Index（IMI）　187, 259
KJ法　142, 144, 187
LeBe（SoMe）　54, 101, 111
Life Attitude Profile（LAP）　54, 108
Life Attitude Profile-Revised（LAP-R）　100
Life Engagement Test　101
Life Evaluation Questionnaire（LEQ）　101
Life Purpose Questionnaire（LPQ）　100
Life Regard Index（LRI）　54, 100, 107
Life-meanings Survey　100
Logotest　54, 100, 107-108
Meaning Essay Document（MED）　54, 78-79, 82, 85-86, 100, 174, 176, 186
Meaning in life　101
Meaning in Life Evaluation scale（MILE）　100
Meaning in Life Index（MILI）　101
Meaning in Life Questionnaire（MLQ）　54, 77, 101, 109-110, 113, 186, 190, 192
Meaning in Life Scale　100
Meaning in Life Scale（MIL）　100
Meaning in Life Scale（MiLS）　101
Meaning in Suffering Test（MIST）　100
Meaningful Life Measure（MLM）　101
Multidimensional Life Meaning Scale（MLMS）　101
No Meaning Scale　100
Perceived Personal Meaning Scale（PPMS）　101
Personal Meaning Index（PMI）　109
Personal Meaning Profile B（PMP-B）　101
Personal Meaning Profile（PMP）　54, 101, 110-111, 179, 262
Purpose in Life Subscale（PWB-P）　100
Purpose in Life test（PIL）　54, 58, 76-77, 86, 99-100, 102-106, 112, 117-118
Questions in Life　101
Reasons for Living Inventory（RFL）　100
Schedule for Meaning in Life Evaluation（SMiLE）　101
Seeking of Noetic Goals test（SONG）　54, 100, 106
SELE
SELE-Instrument　54, 96, 101
Self-confrontation Procedure　100
Self-Transcendence Scale（STS）　100
Sense of Coherence Scale（SOC）　54, 100
Sources of Life Meaning Scale（SLM）　101
Sources of Meaning Questionnaire　101
Sources of Meaning Profile（SOMP）　54, 84, 128
Sources of Meaning Profile-Revised（SOMP-R）　100, 110, 179
Spiritual Meaning Scale（SMS）　101
Three Item Meaningless Scale　100
Ultimate Meanings Technique（UMT）　101
Values Worksheet　100

人名索引

〔ア行〕

アーモンド（Almond, R.） 54, 72-73, 80, 100, 107, 138, 188
アイゼンク（Eysenck, H.） 49
青木克仁 26, 28, 42
東 浩紀 131
アダムス（Adams, D.） 137
アドラー（Adler, A.） 54, 56
アナイス・ニン（Nin, A.） 48
天谷祐子 149
アントヌッチ（Antonucci, T. C.） 218
イーグルトン（Eagleton, T.） 23
今成元昭 132
ヴァン・デン・ボス（Van den Bos, K.） 168
ウィトゲンシュタイン（Wittgenstein, L.） 22
ウィルバー（Wilber, K.） 54, 218, 231, 256
ウェスターホフ（Westerhof, G. J.） 54, 72-73, 93, 96, 101
上田閑照 40, 43, 213-214
ウォルターズ（Walters, L. H.） 104
ウォン（Wong, P. T. P.） 28, 54, 59, 70-73, 76, 80, 84, 86-87, 93, 101, 110, 112, 168, 179, 183, 188, 193, 220, 226, 245-246, 260
ウッディ・アレン（Allen, W.） 5
ウマル・ハイヤーム（Khayyám, O.） 117
ウルフ（Wolf, S.） 23
エックハルト（Eckhart, M.） 38
エバーソール（Ebersole, P.） 28, 54, 78, 80, 82, 85-86, 100, 112, 128, 174-176, 178-179, 188, 243, 260
エプスタイン（Epstein, N.） 124
エミール・シオラン（Cioran, E.） 48
岡堂哲雄 103
オグデン（Ogden, C. K.） 25
オコナー（O'Connor, K.） 80, 87, 188, 221, 245
尾崎仁美 138, 145
オルポート（Allport, G. W.） 54, 77

〔カ行〕

ガーフィールド（Garfield, C. A.） 105
カーン（Kahn, R. L.） 218
影山任佐 131
梶田叡一 153
カズンズ（Cousins, J. B.） 106
加藤隆勝 124
金児暁嗣 177
カミュ（Camus, A.） 83, 226
亀田 研 28, 101, 138, 141, 144, 227
唐木順三 132
カント（Kant, I.） 22, 40
キラン（Quiring, G.） 179
ギリガン（Gilligan, C.） 218-219
キンニール（Kinnier, R. T.） 83
クイン（Quinn, P. L.） 27-28
グットマン（Guttmann, D.） 58
熊野道子 84
クライン（Klein, A. E.） 104
クラヴェッツ（Kravetz, S.） 234
クランボウ（Crumbaugh, J. C.） 54, 58, 72, 100, 106, 118
クリシュナムルティ（Krishnamurti, J.） 250
クリンガー（Klinger, E.） 73, 75, 80
クレイグ（Craig, W. L.） 31, 36
クレムケ（Klemke, E. D.） 28, 31
ケリー（Kelly, G. A.） 54, 60, 73
コールバーグ（Kohlberg, L.） 218-219
コッティンガム（Cottingham, J.） 23, 31
小林智昭 132
小松栄一 139, 141, 145-147, 150, 152-153

〔サ行〕

サゴフ（Sagoff, M.） 33

佐藤　透　26, 28
サルトル（Sartre, J-P.）　48
シークリス（Seachris, J. W.）　22, 28, 40
シーマン（Seaman, D.）　45, 237
ジェームズ（James, W.）　93
シェーラー（Scheler, M.）　22, 272
ジカ（Zika, S.）　107
ジャッキー・メーソン（Mason, J.）　47
シュウォーツ（Schwartz, S. H.）　218, 263
シュネル（Schnell, T.）　54, 80, 101, 111, 189
ジョスケ（Joske, W. D.）　28, 37-38
シンガー（Singer, I.）　24, 26, 28
スタース（Stace, W. T.）　34
スティーガー（Steger, M.）　54, 72-73, 75, 101, 109, 113, 187, 186, 193, 260, 264
スミス（Smith, H.）　28, 218
関口忠男　132

〔タ行〕

高井弘弥　152
高木秀明　124
ダフトン（Dufton, B. D.）　104
ダライ・ラマ（Lama, D.）　46, 83
チェンバレン（Chamberlain, K.）　80, 87, 107, 188, 221, 246
槌谷笑子　123
ディーナー（Diener, E.）　187
ディック（Dyck, M. J.）　106
ディットマン-コーリ（Dittmann-Kohli, F.）　28, 54, 72-73, 93, 96, 101
テイラー（Taylor, R.）　28, 31, 36-37
デズモンド・ツツ（Tutu, D. M.）　47
デバ（Debats, D. L.）　80, 101, 107, 188
デパオラ（DePaola, S. J.）　80, 128, 176, 178, 188
デフォーグラー（DeVogler, K. L.）　80, 86, 100, 112, 128, 174-175, 178-179, 188, 243, 260
デュラン（Durant, W.）　83, 241
徳田治子　155

戸田山和久　211
トムソン（Thomson, G.）　23, 28
トルストイ（Tolstoy, L.）　1-2, 31

〔ナ行〕

ニーチェ（Nietzsche, F.）　40, 83, 117
西尾　実　132
西田幾多郎　9, 21
ニューカム（Newcomb, M. D.）　100, 129
ネーゲル（Nagel, T.）　226
ノージック（Nozick, R.）　25, 31

〔ハ行〕

ハーマンス（Hermans, H. J. M.）　28, 54, 93, 96, 100
パールマン（Perlman, D.）　104
ハーロー（Harlow, L. L.）　100, 129
ハイデガー（Heidegger, M.）　22
パイテル（Pytell, T.）　69
バウマイスター（Baumeister, R.）　26, 28, 72, 75
パスカル（Pascal, B.）　117
ハゼル（Hazell, C. G.）　100, 125
バッジーニ（Baggini, J.）　23
ハッツェル（Hutzell, R. R.）　100, 129
パットン（Patton, M. Q.）　238
バティスタ（Battista, J.）　54, 72-73, 80, 100, 107, 138, 188
バティヤニー（Batthyany, A.）　58
バフチン（Bakhtin, M.）　93
パンチ・ボー（Bor, P.）　49
ハンフリー（Humphrey, N.）　2
ハンフリング（Hanfling, O.）　26
PIL研究会　103, 119
ピーコック（Peacock, E. J.）　108
ピーターソン（Peterson, T. J.）　100, 129
ヒック（Hick, J.）　27-28, 205, 219
ヒューム（Hume, D.）　22
ヒルガード（Hilgard, E. R.）　51-52
ファウラー（Fowler, J. W.）　219
ファブリー（Fabry, J.）　68
フッサール（Husserl, E.）　272
プラトン（Plato）　40, 83

356

フランクル（Frankl, V. E.） 12–13, 27–28, 38, 42, 52, 54, 58, 61–70, 72–73, 75, 84, 100, 103, 105, 107, 109, 113, 118, 129, 168, 183, 222–225, 257, 267
フレーゲ（Frege, F. L. G.） 25
プレガー（Prager, E.） 28, 80, 101, 110, 188
ブレンターノ（Brentano, F. C.） 272
フレンド（Friend, D.） 239
フロイト（Freud, S.） 54, 83, 55
フローリアン（Florian, V.） 100, 234
ブロンフェンブレンナー（Bronfenbrenner, U.） 218, 231
ヘーゲル（Hegel, G. W. F.） 40
ペールマン（Pöhlmann, K.） 80, 94, 101, 189, 238, 240, 242
ベッカー（Becker, E.） 54, 80, 101, 111, 189
ヘップバーン（Hepburn, R. W.） 41
ベリング（Bering, J. M.） 28, 165, 169
ホスパーズ（Hospers, J.） 25
堀井俊章 123
ボリス・ヴィアン（Vian, B.） 237
ボワー（Bower, G. H.） 51–52

〔マ行〕

マイケル・ジャクソン（Jackson, M.） 46
マイレッド・マグワイア（Maguire, M.） 239
マカダムス（McAdams, D. P.） 54, 89
マザー・テレサ（Mother Teresa） 49, 83
マズロー（Maslow, A.） 54, 57, 67
マッキンタイア（MacIntyre, A.） 4
松田克進 22
マッディ（Maddi, S. R.） 30, 73, 75
マホーリック（Maholick, L. T.） 54, 58, 72, 100, 118
マルクーン（Marcoen, A.） 76, 128
ミル（Mill, J. S.） 22
ミルコフ（Milkov, N.） 23

メーラビアン（Mehrabian, A.） 124
メッツ（Metz, T.） 22, 28, 30, 35, 37
森岡正博 165–166, 261
モリス（Morris, C. W.） 54, 263

〔ヤ行〕

山田　昌 39
山田邦男 5, 26, 28, 38, 64, 108
山田千積 213, 218
やまだようこ 54, 90, 166, 208, 213, 218, 225, 231, 260
ヤング（Young, J.） 40
ユング（Jung, C. G.） 54, 56

〔ラ行〕

ラービ（Raabe, P. B.） 269
ラーマン（Raman, C. V.） 242
ランスト（Van Ranst, N.） 76, 128
リーカー（Reker, G. T.） 54, 59, 70–73, 76, 80, 84, 86–87, 93, 100, 106, 108, 110, 112, 179, 183, 188, 193, 220, 226, 245–246, 260
リチャーズ（Richards, I. A.） 25
リチャード・ギア（Gere, R.） 47
ルーカス（Lukas, E.） 54, 68, 80, 100, 107, 224
レイモンド・スマリヤン（Smullyan, R.） 48
レヴィナス（Lévinas, E.） 22
レーヴィーモンタルチーニ（Levi-Montalcini, R.） 247
レオンチェフ（Leontiev, D. A.） 28, 94–95, 101, 197, 262
ロイ・ステンタフォード（Stentaford, R.） 173
ロールズ（Rawls, J.） 34
ロカーチ（Rokeach, M.） 54, 78, 84, 183, 263
ロッター（Rotter, J. B.） 123

〔ワ行〕

渡辺恒夫 139, 141, 145–147, 150, 152–153

著者略歴

浦田　悠（うらた　ゆう）

2003年，大阪大学人間科学部卒業。2005年，同大学院修了後，京都大学大学院教育学研究科博士後期課程に編入学し，2011年に博士（教育学）。現在，京都大学大学院教育学研究科研究員，立命館大学衣笠総合研究機構研究員。
著書に，『自己心理学の最先端』（分担執筆，あいり出版，2011）『現代心理学の視点シリーズ　カウンセリング心理学』（分担執筆，おうふう，2011）『質的心理学の方法』（分担執筆，新曜社，2007）などが，翻訳書にパーマー＆ワイブラウ『コーチング心理学ハンドブック』（分担翻訳，金子書房，2011）などがある。

（プリミエ・コレクション30）
人生の意味の心理学——実存的な問いを生むこころ

2013年3月31日　初版第一刷発行

著　者　　浦　田　　　悠
発行人　　檜　山　爲　次　郎
発行所　　京都大学学術出版会
　　　　　京都市左京区吉田近衛町69
　　　　　京都大学吉田南構内（〒606-8315）
　　　　　電話　075（761）6182
　　　　　FAX　075（761）6190
　　　　　URL　http://www.kyoto-up.or.jp
印刷・製本　亜細亜印刷株式会社

© Y. Urata 2013　　　　　　　　　　　Printed in Japan
ISBN978-4-87698-267-7　　定価はカバーに表示してあります

本書のコピー，スキャン，デジタル化等の無断複製は著作権法上での例外を除き禁じられています。本書を代行業者等の第三者に依頼してスキャンやデジタル化することは，たとえ個人や家庭内での利用でも著作権法違反です。